Das Buch

Graf Ernst Ahasverus Heinrich von Lehndorff (1727 bis 1803) kommt als junger Mann an den Hof Friedrichs des Großen nach Berlin – wegen eines lahmen Fußes nicht als Offizier oder Diplomat, wie er es sich gewünscht hat, sondern als Höfling. 1748 macht ihn der König zum Kammerherrn seiner ungeliebten Gemahlin Elisabeth Christine, ein Dienst, aus dem Lehndorff erst 1775 wieder entlassen wird. Fast dreißig Jahre muß er widerwillig das Leben eines Höflings führen. In dieser Zeit schrieb er ein geheimes Tagebuch.
Dieses achtzehn Bände umfassende Tagebuch wurde erst um die Jahrhundertwende entdeckt und in vier Bänden herausgegeben, aus denen Haug von Kuenheim die Aufzeichnungen aus den Jahren 1753 bis 1767 auswählte. Es ist die Zeit der großen Kriege, aber davon ist wenig die Rede. Lehndorff beschreibt vielmehr mit Sarkasmus und Distanz den Alltag bei Hofe mit seinen oberflächlichen Zerstreuungen, mit Soupers, Bällen und Maskeraden, mit Intrigen, Affären und Hochzeiten. Er charakterisiert die zahlreichen Fürstlichkeiten und urteilt streng über die laszіven Sitten dieses Rokokohofes. Nur zuweilen behelligt der Krieg das Leben, muß der Hof vor den Russen die Flucht ergreifen, kommt es zwischen Bällen und Amouren zu Plünderungen und Katastrophen. So geben diese Tagebücher ein amüsantes, oft schockierendes, aber auch bewegendes Bild von der Kehrseite einer »großen Zeit«.

Der Herausgeber

Haug von Kuenheim wurde 1934 in Ostpreußen geboren, studierte Jura, volontierte beim ›Tagesspiegel‹ in Berlin und arbeitet seit 1963 bei der ›Zeit‹ in Hamburg, heute als Ressortleiter.

Aus den Tagebüchern des Grafen Lehndorff

Herausgegeben und eingeleitet von
Haug von Kuenheim
Mit 39 Abbildungen

Deutscher
Taschenbuch
Verlag

dtv

Im Text ungekürzte Ausgabe
Dezember 1984
Deutscher Taschenbuch Verlag GmbH & Co. KG,
München

ISBN 3-88680-029-6
Umschlaggestaltung: Celestino Piatti
Umschlagabbildung: Radierung von
Daniel Chodowiecki: Park eines Schlosses
(AKG Archiv für Kunst und Geschichte, Berlin)
Gesamtherstellung: C. H. Beck'sche Buchdruckerei,
Nördlingen
Printed in Germany · ISBN 3-423-10361-2

Einleitung

I

Graf Ernst Ahasverus Heinrich von Lehndorff war dreiundzwanzig Jahre alt, als er im Jahre 1750 Tagebuch zu führen begann. Er war zu dieser Zeit Kammerherr der Königin Elisabeth Christine, der Gemahlin Friedrichs des Großen. In einem Lebenslauf, den er der ersten Tagebuchnotiz voranstellt, schreibt er über sich: »Ich bin am 7. Mai 1727 geboren. Mein Vater, welcher Oberstleutnant war und den man mir als einen durch und durch ehrenwerten Mann gerühmt hat, starb zwei Tage nach meiner Geburt an einem hitzigen Fieber und ließ meine Mutter als Witwe von 28 Jahren mit sechs Kindern zurück. Sie liebte ihren Gatten aufrichtig, daher wollte sie niemals von irgendeiner neuen Ehe hören, die man ihr vorschlug, und zog sich auf ihr Landgut Steinort zurück, wo sie ihre ganze Sorge darauf richtete, unsere Angelegenheiten zu ordnen und ihren Kindern eine gute Erziehung zu geben. Ich wurde zu meiner Großmutter nach Landkeim, meinem Geburtsort, gegeben, wo ich bis zu meinem sechsten Jahre blieb. Ich denke immer mit dankerfülltem Herzen an die Wohltaten zurück, die mir diese würdige und achtbare Frau erwiesen hat. Ich wage zu behaupten, daß, wollte man die Tugend malen, man ihr Modell nehmen müßte. Auch war sie die Zuflucht aller Bekümmerten und das Vorbild aller derer, die sie kannten. Stets denke ich mit Hochachtung an all die Lehren, die sie mir gegeben hat, ich will sagen, an ihr Vorbild, denn sie sprach wenig, aber alle ihre Handlungen waren immerwährende Lehren. Sie hatte sehr jung und gleich nach dem Tode ihres Gatten die Welt verlassen, sich ganz der Erziehung zweier Söhne und einer Tochter widmend, die ihr aus einer höchst glücklichen Ehe geblieben waren. Sie hatte das Unglück, ihre beiden Söhne zu verlieren, und es blieb ihr nur diese einzige Tochter, die meine Mutter wurde. Ihr einziges Streben war, das Glück dieser Tochter zu fördern, und sie hat daran so tüchtig gearbeitet, daß sie ihr nach ihrem Tode im Jahre 1736 ein sehr beträchtlichs Vermögen hinterließ. Mein erster Kummer war der Verlust dieser würdigen Großmutter, die mich immer außerordentlich geliebt hatte und deren letzte Wünsche ihrem Ahasverus gegolten hatten. Im Hause meiner Mutter blieb ich bis zum zwölften Jahre. Ich hatte einen Erzieher und eine Erzieherin; die letztere war eine verständige Person. In meiner ersten Jugend bin ich ziemlich vernachlässigt worden; meine Mutter liebte meinen Bruder viel mehr als mich. In meinem vierten Jahre war ich mit meinem rechten Fuß verunglückt; niemand hat mir sagen können, ob es durch einen Fall oder durch eine Krankheit gekommen ist, aber ich habe das Unglück gehabt, davon lahm zu bleiben. Mein Bruder, der ein großer, wohlgestalteter Knabe war, hatte die ganze Zärtlichkeit meiner Mutter auf sich gezogen; man schickte ihn nach Königsberg zum Studieren, und mich ließ man auf dem Lande mit meinem Erzieher, der sich gänzlich der Wirtschaft widmete und mich tun ließ, was mir gut schien. Die Huldigung des Königs im Jahre 1740 war die Ursache, daß ich nach Königsberg kam. Meine Verwandten, welche ich hier fand, überhäuften mich mit Freundschaft und veranlaßten meine Mutter, mich in Königsberg zu lassen, wo man mir einen Erzieher gab. Das erste Jahr tat ich mein Möglichstes, um mich zu vervollkommnen, aber die Gesellschaft meines Bruders und anderer Studenten wurde mir sehr nachteilig, indem sie mich in ihr Treiben hineinzogen. Während jener Zeit ließ man mich schreckliche Schmerzen ertragen, indem man Arzeneimittel auf meinen Fuß legte; es wurde aber schlechter statt besser. Im Jahre 1743 wurde ich nach Kloster Berge bei Magdeburg geschickt um zu studieren. Ich blieb hier zwei und ein halbes Jahr. Während dieser Zeit machte ich zwei Reisen nach Pyrmont, wo ich Gelegenheit hatte, allerlei schöne Bekanntschaften zu machen. Im Jahre 1745 ging ich mit dem Staatsminister Dankelmann nach Frankfurt a.M., um der Kaiserkrönung Franz' I. beizuwohnen. Drei Monate hielt ich mich in Kirchheim bei einem Prinzen von Nassau auf, der mich mit Aufmerksamkeiten überhäufte, und ging dann an den Hof des Kurfürsten von der Pfalz und an den von Mainz. In Berlin langte ich im Februar 1746 an. Der König machte mich zum Legationsrat und zwei Jahre danach zum Kammerherrn bei der Königin.«

Er war dies dreißig Jahre lang. 1775 bat er um seinen Abschied und zog sich nach Ostpreußen zurück. Ihm war

Steinort zugefallen, ein Besitz am Mauersee in Masuren, nachdem sein älterer Bruder den Verwundungen erlegen war, die er sich in der Schlacht von Hochkirch zugezogen hatte. Zweimal war Lehndorff verheiratet. Seine erste Frau und vier Kinder starben, sein Sohn aus der zweiten Ehe setzte die Lehndorffsche Linie fort.

Ernst Ahasverus Heinrich Lehndorff war ein Höfling, und er litt darunter. Immer wieder schrieb er in sein Tagebuch, wie er das oberflächliche Leben am Hofe verachtete, die unzähligen Essen, Maskeraden, die Tratschereien und Intrigen satt hätte. Er sehnte sich nach einem anderen Leben. Er wäre gerne Diplomat geworden und hätte lieber auf einem wichtigeren Posten seinem König gedient. Als er sich schließlich ganz seinen Aufgaben als Gutsbesitzer widmete, seine Höfe ausbaute, Land urbar machte, die berühmten Eichen in Steinort pflanzte, mag er vielleicht glücklicher geworden sein. »Ich segne die Vorsehung immer mehr dafür, daß sie mich den Entschluß hat fassen lassen, mich dem Landleben zu widmen«, schreibt er zum Jahresende 1779. Oder ein paar Jahre später, 1783: »Ich lächle in meiner Einsamkeit, und wenn ich über die Aufregungen an all den Höfen, die ich kenne, über das Leben und Treiben auf den Gesellschaften nachgedacht habe, dann ziehe ich mich in meine Wälder zurück, mache Spaziergänge und sehe die jungen Eichen wachsen, die ich mit meinen Kindern aus der Frucht gezogen habe.«

Vielleicht gerade weil er dem Leben und Treiben um sich herum so skeptisch gegenüberstand, wurde er zu einem eindrucksvollen Chronisten seiner Zeit, wobei er das traurige Glück hatte, in eine dramatische Epoche hineingeboren worden zu sein: Der König zieht 1756 in einen Krieg, der sieben Jahre dauern wird, Preußen wird zu einer beherrschenden Macht in Europa. Lehndorff analysiert allerdings weniger die kriegerischen und politischen Ereignisse, vielmehr schreibt er über die handelnden Personen, wie sie sich im Umkreis des Hofes in Berlin und Potsdam darstellen. Bemerkenswert ist schließlich seine Intimität mit den Brüdern Friedrichs des Großen, dem Prinzen von Preußen, August Wilhelm, den Prinzen Heinrich und Ferdinand, die in seinen Tagebüchern immer wieder auftauchen. So simpel es klingt: In den Lehndorffschen Tagebüchern werden Menschen charakterisiert, wie sie leben, was sie treiben. Das Preußen Friedrichs des Großen ist auf einmal ganz nah.

II

Es war ein ostpreußischer Historiker aus Lötzen, Dr. Karl Eduard Schmidt, der die Tagebücher des Grafen Lehndorff entdeckt hatte. Er hatte einen Aufsatz über Masuren geschrieben, in dem auch Steinort erwähnt worden war, als er, wie er schrieb, an einem schönen Herbsttag des Jahres 1891 auf Einladung einer Gräfin Anna Lehndorff Steinort besuchte. Im Laufe der Unterhaltung zeigte die Gräfin ihm einen alten Folianten. Es war der erste Band der Lehndorffschen Tagebücher. Er bekam sie zu treuen Händen, übersetzte sie aus dem Französischen und veröffentlichte 1897 erstmals einen kleinen Teil von ihnen in den »Mitteilungen der Literarischen Gesellschaft Masovia«. Die Veröffentlichung erregte sogleich Aufsehen, und wenig später konnte der Herausgeber Schmidt schreiben: »Sie gelten jetzt unbestritten als eine Quelle ersten Ranges für die Kenntnis des Berliner Hoflebens in einer Zeit, als die Gestalt Friedrichs des Großen im Mittelpunkt des europäischen Interesses stand.« Diesem Interesse ist es wohl zu verdanken, daß der Friedrich Andreas Perthes Verlag in Gotha die Tagebücher herausbrachte. Der erste Band erschien 1906 unter dem Titel »Dreißig Jahre am Hofe Friedrichs des Großen – Aus den Tagebüchern des Reichsgrafen Ernst Ahasverus Heinrich von Lehndorff, Kammerherrn der Königin Elisabeth Christine von Preußen«.

Dem ersten Band folgte vier Jahre später, 1910, ein Band Nachträge, 1913 ein dritter Band. 1921 schließlich ein Band: »Des Reichsgrafen Ernst Ahasverus Heinrich Lehndorff Tagebücher nach seiner Kammerherrenzeit«. Insgesamt also vier Bände. Offenbar stieß der Herausgeber Schmidt-Lötzen mit seinem Lehndorff auf ein so großes Interesse, daß er aus den insgesamt achtzehn Folianten immer wieder interessante Tagebuch-Notizen herausholte; vollständig sind die Lehndorff-Tagebücher nie erschienen. In seiner Einleitung zum ersten Band schreibt der Herausgeber: »Die Eintragungen sind fast durchweg in gut leserlicher Schrift in französisch abgefaßt, aber in recht mangelhafter Orthographie, wodurch nicht selten das Verständnis erschwert wird. Wir hoffen, das Französische immer richtig wiedergegeben zu haben, müssen aber bekennen, daß uns ab und zu doch ein Wort oder ein Satz unverständlich oder die Orthographie eines Eigennamens zweifelhaft geblieben ist.«

Das vorliegende Buch setzt sich zusammen aus Teilen des ersten Bandes und der beiden Nachtragsbände. Es umfaßt fünfzehn Jahre, die Jahre 1753 bis 1767. Am Wortlaut der Schmidtschen Übersetzung, seiner Schreibweise und der gelegentlichen eigenwilligen Grammatik ist wenig geändert worden. Das französische Original ist verschollen. Vielleicht liegt es in einem polnischen Archiv.

III

Durch einen Zufall stieß ich bei Friederike Solms auf die Tagebücher. Die vier Bände standen im Regal. Sie hatte sie von einem Onkel geerbt, der viel Literatur über Preußen gesammelt hatte. Ich blätterte, blieb hier hängen, dort. Ich las mich fest. In den nächsten Monaten begleitete mich Lehndorff. Je öfter ich in ihm las, um so vertrauter wurde er mir. Was muß der Sechsundzwanzigjährige gelitten haben! »Die Zeit verrinnt so schnell«, schreibt er, »so wird auch bald meine Jugend zu Ende gehen«.

Ich sah ihn vor mir, wie er, leicht humpelnd, sich von der Königin schikanieren läßt. Wie er auf ein Zeichen des von ihm angebeteten Prinzen Heinrich wartet. Wie er hofft und Hoffnungen begräbt. Wie er resigniert und sich fügt. Wie er sich über die mannstollen adligen Damen lustig macht. Keine Minute hat mich der gute Lehndorff gelangweilt.

Manchmal erinnerte er mich an Samuel Pepys und sein Tagebuch aus dem London des 17. Jahrhunderts. Wie dieser reflektiert auch Lehndorff des öfteren über sein eigenes Leben, zieht am Ende eines jeden Jahres Bilanz und lamentiert über die Schlechtigkeiten der Menschen. Und wie dieser ist auch er in seiner oftmals lakonischen Kürze umwerfend komisch.

Die Idee, auch andere an der Lektüre der Tagebücher teilhaben zu lassen, kam mit dem Preußenjahr. Freunde in der ZEIT, die mehr von Geschichte verstehen als ich, Gerhard Prause und Karl-Heinz Janßen, ermunterten zu einem Abdruck. Über zehn Wochen veröffentlichten wir also im vergangenen Sommer unseren Lehndorff. Offenbar hatten auch unsere Leser Spaß. Fragen, wo das Tagebuch zu erhalten sei, häuften sich. Aber antiquarisch war es nicht mehr zu bekommen, und auch nicht jede unserer großen Staats- und Universitätsbibliotheken hatte Lehndorff in ihren Beständen. So entstand der Plan zu diesem Buch.

Hans Graf von Lehndorff, Arzt und Verfasser des Ostpreußischen Tagebuchs aus den Jahren 1945 bis 1947, dieser so schlichten, aufrichtigen und vom christlichen Glauben geprägten Aufzeichnungen aus dem verlorenen Ostpreußen, war erstaunt, daß der Abdruck der Tagebücher seines Vorfahren auf ein solches Interesse stieß. Er regte an, daß anfallende Honorare karitativen Zwecken zugeführt werden sollen – etwa der Friedland-Hilfe.

Vor Jahren, als ich meine alte Heimat Ostpreußen besuchte, fuhr ich auch nach Steinort. Der Kammerherr war mir damals noch ein Unbekannter. Aber ich kannte das Tagebuch von Hans Lehndorff. Er stellte seinen Aufzeichnungen die Sätze voran: »Inzwischen aber ist aus dem Geschehen der damaligen Zeit Geschichte geworden und das Persönliche aus den Grenzen der Personen herausgetreten. Deshalb soll es jetzt gewagt werden, Erlebtes aus der Hand zu geben, auch auf die Gefahr hin, altes Leid von neuem in Bewegung zu bringen. Mögen diese Blätter mithelfen, ein Stück Vergangenheit zu begreifen und dem Leben dienstbar zu machen, das täglich seine Forderungen an uns stellt.«

Ich ging durch den Park mit den wunderschönen alten Eichen. Einen kleinen Eichen-Sprößling grub ich aus. In unserem Garten wächst er heran.

Wentorf, im Januar 1982 *Haug von Kuenheim*

1. Januar 1753. Ich laufe den ganzen Vormittag umher, um allen Prinzessinnen im Namen der Königin Glück zu wünschen. Ich diniere bei der Königin. – Man geht in die Oper. Danach gehe ich zur Probe für ein Fest, das der Prinz von Preußen gibt. Man glaubt, daß dies geheim bleibt, aber der ganze Hof weiß es. Was mich betrifft, so bin ich dabei behilflich aus Gefälligkeit, nicht weil ich daran Vergnügen habe. Aber ich finde, daß uns unser Ruf über alles gehen muß. Unser Benehmen, selbst der Schein kann uns schaden; wir müssen als vernünftige Wesen jeden bösen Schein meiden. Es gibt nichts auf der Welt, was mich mehr aus der Fassung bringt, als wenn ich merke, daß man mich einer Handlung fähig hält, die den Grundsätzen eines Ehrenmannes widerspricht.

König Friedrich mit Elisabeth Christine. Darunter Ansicht von Berlin. Kupferstich von G. P. Busch, 1742

6. Januar 1753. Zur Predigt und zum Diner bei der Königin. Ich lasse mich dem Fürsten von Köthen vorstellen. Es ist ein eigentümlicher Mann. Er unterhält mich mehr als eine Stunde von seinem Aufenthalt in Paris, wo er im Jahre 1709 gewesen ist. Der König gibt ihm einen Herrn von Gröben zur Dienstleistung, der ein anderer Narr ist. Se. Majestät weiß seine Leute wohl zu sortieren. Ganz besonders spaßhaft ist der Empfang bei ihm. Da ist ein kleiner Herr Frobin, nicht höher als ein Kohlkopf und ganz bucklig, der uns empfängt und würdevoll diesem Fürsten vorstellt, der von einer erstaunlichen Größe ist; es macht sich wie Polyphem in Begleitung eines Zwerges.

7. Januar 1753. Vormittag gehe ich an den Hof des Königs, zur Predigt und zum Diner bei der Königin. Auf einen Augenblick besuche ich den Baron Pöllnitz, der bei seinen 64 Jahren höchst unglücklich ist, daß er nicht mehr an allen schönen Festen teilnehmen kann. Er will entsagen, aber man merkt doch, wie er leidet. Er ist ein Mensch, der immer in der großen Welt gelebt, der alles genossen, der nie in seiner Jugend daran gedacht hat, es könne einmal die Zeit kommen, da ein vernünftiger Mensch sich mit ernsteren und reelleren Dingen beschäftigen muß. Es steht fest, daß der, der seinen Geist nicht in der Jugend bildet, dazu im Alter gar nicht mehr fähig ist.

10. Januar 1753. Zum Diner bei der Königin. Gegen Abend besuche ich Herrn von Maupertius, den ich sehr schwach und sehr erzürnt über Voltaires Schmähschrift finde. Zum Souper bin ich bei Herrn v. Printz, der ein sehr lächerlicher Mensch ist. Er hat eine sehr hübsche und liebenswürdige Frau. Ich finde hier den Grafen Schaffgotsch, einen Bruder des Oberstallmeisters. Er ist ein schrecklicher Hasardspieler und Geck. Es gibt nichts Lächerlicheres, als einen Mann in Jahren, der sich doch Achtung verschaffen müßte, den Spaßvogel der Gesellschaft spielen zu sehen. Es ist doch sehr gut, sich in der Jugend ein ernstes Wesen anzueignen, das uns im reifen Alter ermöglicht, anständig zu leben und uns die Achtung aller ehrbaren Leute zu erwerben.

15. Januar 1753. Der alte Fürst von Köthen diniert bei der Königin. Das genügt, um zu wissen, daß man sich dabei langweilt. Er hat Verdienst, das man anerkennt, aber seine Reden sind schrecklich und verraten das Altertum dessen, der sie führt.

Ich besuche den Marquis d'Argens, den Verfasser der jüdischen und kabbalistischen Briefe. Seine schlechte Führung hat aus ihm einen Gelehrten gemacht. Ungehorsam gegen seinen Vater, verläßt er den Militärdienst, heiratet eine Tänzerin, die er wieder verstößt, um eine Schauspielerin zu ehelichen, und gerät dermaßen in zerrüttete Verhältnisse, daß ihm keine andere Zuflucht bleibt, als seine Talente zu verwerten. Am Stuttgarter Hof bei der Herzogin-Mutter findet er viel Beifall. Dann kommt er an unseren Hof, wo er sich in einer ganz verschiedenen und dermaßen unangenehmen Lage findet, daß er den Hof verläßt und sich nach Monaco zurückzieht. Aber die Not läßt ihn sehr schnell zurückkehren, und er ist erfreut, daß unser König ihn gern wieder aufnehmen will. Er wird nie zu den ersten Gelehrten gehören, aber Wissen kann man ihm nicht abstreiten; ein gutes Gedächtnis hat ihm diesen Ruf erworben, und seit einiger Zeit findet er die Mittel, den König zu unterhalten.

16. Januar 1753. Ich denke allein zu Hause zu speisen, da ich von dem Tage vorher abgemattet bin, da erhalte ich um ein Uhr ein Briefchen von Lamberg mit der Mitteilung, daß der Prinz und Prinz Ferdinand kommen würden. Ich lasse sie wissen, daß sie willkommen sind. Sie langen an, und ich gebe ihnen ein sehr einfaches Mittagessen. Ein Gericht trifft um 3 Uhr ein, ein anderes um 4 Uhr. Bald fehlt es an Brot, ein andermal an Tellern; um die Verwirrung voll zu machen, bereitet Prinz Heinrich selbst eine Schüssel zu, die im Augenblick, wo sie fertig sein soll, in zwei Stücke zerbricht, so daß das Ganze auf die Erde fällt. Bei alledem scheint es, daß die lieben Prinzen sich amüsieren. Wenn ich nicht fürchtete, daß unsere Prinzen die Fehler aller großen Herren haben, nämlich wandelbar wie die Jahreszeiten zu sein, so könnte ich dreist behaupten, daß die unseren die liebenswürdigsten in Europa sind.

17. Januar 1753. Der König geht nach Spandau, um das Terrain zum Lagerplatz für den kommenden Herbst zu besichtigen. Se. Majestät soupiert beim Prinzen Heinrich, ich, Frau v. Grappendorf, Fräulein Danckelmann und Frau Marschall bleiben an der zweiten Tafel. Sobald der König abgereist ist, rücken wir zur Prinzessin hinauf, wo man noch bis 2 Uhr zusammenbleibt. Ich bekenne, daß ich, wenn ich in Gesellschaften den Ton anzugeben hätte, niemals so lange bleiben würde. Diese beständigen Nachtwachen schaden der Gesundheit, die Zeit, die so kostbar ist und so schnell verfließt, ist völlig verloren. Wieviel Augenblicke, die man zu nützlichen Betrachtungen verwenden könnte, sind einzig und allein nichtigen Reden gewidmet! Ich weiß sehr wohl, daß der menschliche Geist Zerstreuung haben muß, und daß man durch zu vieles Nachdenken zum Misanthropen werden kann, aber ich will nicht, daß man solche Zerstreuung zum Hauptzweck macht.

20. Januar 1753. Ich mache dem Baron Schwerts meinen Besuch, der Blut speit. Er ist ein liebenswürdiger Mann, und man kann ihm mit Recht unter allen Schlesiern den Preis zuerkennen. Er hat Geist und ein außerordentlich gefälliges Wesen, eine sehr angenehme Eigenschaft. Seine Laune und seine Handlungsweise in allen Lagen des menschlichen Lebens bleiben sich stets gleich. Bei Hofe besonders kann man dagegen in dieser Beziehung so oft einen Wechsel sehen. Wir legen uns in dem Wahn zu Bett, daß wir das Entzücken aller Gesellschaften sind, und am Tage darauf sind wir sehr erstaunt, daß wir ihnen nichts gelten und daß ein anderer unseren Platz eingenommen hat.

24. Januar 1753. Geburtstag unseres Königs. Alles erscheint in Gala, aber man sieht den König nicht, weil S.M. sich zur Ader gelassen hat. – Ich behaupte, daß die Liebe eines Individuums zu seinem Herrn ihm angeboren ist; was mich wenigstens anbetrifft, so spüre ich immer einen ganz besonderen Drang, dem meinigen alles erdenkliche Glück zu wünschen. Es ist keine Selbstsucht dabei, es ist einzig und allein das Herz, das für ihn spricht. Denn wenn ich meinen ersten Eindrücken folgen würde, so hätte ich den Grund mit ihm unzufrieden zu sein. Er hat mir eine feste Versorgung versagt, er hat mir Dinge versprochen, deren Erfüllung ich niemals erwarte; aber trotz alledem liebe ich ihn. Man muß vernünftig sein und nicht zu viel von einem König verlangen. Wie soll er alles, was sich in seinem Reich zuträgt, wissen? Es ist demnach immer der Fehler derer, die ihm berichten, wenn seine Entscheidungen nicht der vollkommensten Billigkeit entsprechen.

Im allgemeinen müssen die Tugenden eines Königs denen eines Privatmannes entgegengesetzt sein. Ich fasse mich dahin: Ein König muß sehr großmütig, ein Privatmann muß öko-

24. Dezember 1752. Vormittags gehe ich an den Hof des Königs. Die Voltairesche Streitsache macht viel Lärm. Seine Schrift vom Doktor Akakia, Leibarzt des Papstes, wird von Henkershand verbrannt. Die Urteile darüber sind verschieden. Ich ärgere mich um Maupertuis' willen sehr; das macht ihn doch recht lächerlich!

Voltaires Tafelrunde. Kupferstich von Dan. Berger nach einer Zeichnung von Daniel Chodowiecki

nomisch sein. Es ist für einen Privatmann ein schlimmer Fehler, indiskret zu sein; ich würde bis zu einem gewissen Grade dies eher bei einem König sehen wollen. Das würde viele schlechte Geister abhalten, ihrem Herrn falsche Berichte abzustatten, aus Furcht, daß er sie anderen mitteilt.

28. Januar 1753. Ich höre, daß Voltaire den König nach Potsdam begleiten wird und daß alles geschlichtet ist. Das ist menschliche Beständigkeit! Man hatte geschworen, daß der Beleidiger und der Beleidigte sich niemals aussöhnen würden, und nun haben sie sich wieder vertragen!

29. Januar 1753. Geburtstag der Prinzessin von Preußen. Der König gibt aus dieser Veranlassung ein großes Mittagessen, bei dem alles großartig und höchst langweilig ist. Es ist einzig die Wirkung, die die Anwesenheit des Königs verursacht. Die vierzig Personen, die im Vorzimmer bei schönster Laune waren, waren, sobald der König eintrat, nur noch vierzig Bildsäulen. Warum flößt die Macht mehr Furcht als Liebe ein? Kommt es daher, weil die Großen sich ihrer mehr bedienen, um sich Achtung als um sich Liebe zu verschaffen?

30. Januar 1753. Der König und sein ganzes Gefolge reisen ab. Nun haben wir diese schreckliche Unruhe hinter uns. Der Karneval in diesem Jahr ist für mich nicht so überaus amüsant gewesen, aber doch ist die Zeit recht schnell verronnen. So wird auch bald meine Jugend zu Ende gehen. Es verlohnt sich demnach nicht mehr, soviel Pläne über Glück und schöne Stellung zu schmieden; die wenige Zeit, die man auf dieser Welt lebt, verdient eine solche Sorge nicht. Wir müssen die Vernunft, die uns der Himmel gegeben hat, dazu gebrauchen, um uns den Frieden und die Ruhe der Seele zu erringen. Dann werden wir glücklicher sein als alle die Großen dieser Erde und das, was der gemeine Mann für wichtig hält, sehr leicht entbehren. Meine Pläne beschränken sich gegenwärtig einzig darauf, mir Kenntnisse zu erwerben, die mich befriedigen. Vor einem Übelstande will ich mich aber täglich hüten suchen; ich will meinen Geist nicht verwirren, indem ich mich verschiedenen Wissenschaften widme. Es ist der gewöhnliche Fehler der Halbgebildeten, in allen möglichen Studien glänzen zu wollen; daher kommt es, daß sie nichts gründlich wissen. Man muß durchaus eine bestimmte Methode in seinen Studien festhalten. Der ohnehin beschränkte menschliche Geist darf von seinen Betrachtungen nicht durch neue Objekte abgelenkt werden, die ihn oft die ersten vergessen lassen.

11. Februar 1753. Der Läufer des Prinzen Heinrich langt an, um mir zu sagen, daß der Prinz an mich denkt.

25. Februar 1753. Zur Predigt bei Sack. Es ist der berühmteste Prediger der Gegenwart. Meinen Beifall hat er nicht; seine Ausdrucksweise ist unklar, er sagt wenig mit reichem Wortschwall. Sein Hauptverdienst ist, daß er es versteht, die Frauen zu gewinnen.

Prinz Heinrich macht mir ein schönes Etui aus versteinertem Holz, das in Gold gefaßt ist, zum Geschenk.

9. März 1753. Bonin vom Regiment Prinz Heinrich ist sehr traurig darüber, daß der König die Kompagnie, die ihm von Rechts wegen zukommt, einem andern gibt. Sein Ärger ist um so größer, als er gedacht hatte, sie sei ihm sicher, und er sich auf Fräulein Bredow vom Hofe Hoffnung macht. Alles das verursacht Tränen und Jammer. So geht es mit den Plänen der Menschen.

10. April 1753. Zum Diner beim General Itzenblitz. Man

macht sich in der Gesellschaft über solche Leute lustig, weil sie einzig an ihre Geschäfte und Pflichten gebunden und keine Sippen sind, wo man nichts tut als spielen, klatschen und einander hassen. O Himmel, warum bin ich nicht in der Lage, mich alles dessen entschlagen zu können! Mit welchem Vergnügen würde ich diese Lebensweise aufgeben, die ich seit so langer Zeit verabscheue!

13. April 1753. Mein Entschluß ist gefaßt; ich will meine Zeit besser anwenden, als ich es bis jetzt getan habe.

17. April 1753. Der König gibt dem Hofe ein großes Diner. Ich bleibe zu Hause, überdrüssig solcher Feierlichkeiten, die zu nichts führen, die uns langweilen, solange wir dabei sind, und die den Kopf leer lassen, sobald sie vorüber sind.

Der jüngere Maltzahn wird zum Gesandten in Schweden ernannt; es ist eine sehr angenehme Stellung.

Es findet eine Ordnung der Rangverhältnisse für gewisse Fälle statt, die eigentümlich ist. Zum Glück ist die Einigkeit stärker als diese Schrulle; ohne sie würde man nur Zerwürfnisse daraus folgen sehen. Der König gibt nämlich seinen Schwestern den Vorrang vor den Frauen seiner Brüder.

19. April 1753. Der König besichtigt die Regimenter. Ich reite spazieren und gehe an den Hof, um die Königin zur Königin-Mutter zum Abendessen zu führen, woran auch der König teilnimmt. Ich mache die Bekanntschaft eines Polen namens Mosczinski, Kammerherrn des Königs von Polen. Ich langweile mich entsetzlich, und ich tue Gelübde, diesem Galeerenleben zu entfliehen.

16. Mai 1753. Ich treffe Eva, die Geliebte des Marschalls Keith. Sie ist eine Finnländerin und von hübscher Figur; sie besitzt ebensoviel Anstand, als wäre sie mitten in Frankreich geboren.

20. Mai 1753. Der König bezahlt die Schulden der Prinzessin Amalie. Es ist eine Prinzessin, die wohl alles Glück der Welt verdient. Sie ist eine Freundin ihrer Freunde, und an Seelengröße steht sie niemandem nach; es ist das Herz einer Römerin im Leibe einer Deutschen.

21. Mai 1753. Ich kann mich nicht enthalten, ernste Betrachtungen über mich anzustellen. Ich verhehle mir nichts. Folgendes Bild mache ich mir von mir selbst. Ich weiß mir zur Genüge durch meine Zuvorkommenheit die Achtung der

Friedrichs des Großen Feste. Kupferstich aus der Folge »Les actions glorieuses de Frédéric le Grand« von Joh. David Schleuen, 1763

Großen und meinesgleichen zu erwerben, ich weiß meine Laune zu zügeln, meine Fehler zu verbergen, meinen guten Ruf mir zu erhalten, von den gröblichen Ausschweifungen, zu denen sich die Jugend nur zu oft hinreißen läßt, mich fernzuhalten, andrerseits nimmt das, was die Welt zärtliche Anhänglichkeit nennt, mein Herz dann und wann gefangen (nur gebietet mir die Vernunft, mich dessen zu entschlagen). Ich wünschte mir eine Tafel, an der die Feinheit herrscht, ich liebe eine prächtige Wohnungseinrichtung, ebenso Equipagen und Kleider, kurz, ich möchte alles, was das Leben verschönt, haben wollen. Mein Herz ist gut, das erkenne ich an der Freude, die ich empfinde, wenn ich andern einen Dienst erweisen kann. Ich freue mich über das Glück, das meinen Freunden zuteil wird, ebenso, als widerführe es mir selbst. Mit Vergnügen ergreife ich darum die Gelegenheit, denen, die meine Hilfe brauchen, gefällig zu sein. Meine Liebe zu denen, die meine Freundschaft gewinnen, grenzt an Abgötterei. Indes ist das nur selten der Fall, da ich recht viele gute Eigenschaften entdecken muß, ehe ich heftig liebe. Kaum dreimal ist dies in meinem ganzen Leben vorgekommen. Mein Haß kann ebenso groß sein wie meine Liebe. Mit großen Hoffnungen trat ich in die Welt. Sie sind zum Teil zuschanden geworden; es bleiben mir nur noch wenige. Ich liebe die Welt, und ich finde wieder Liebe in ihr; doch das gibt mir nicht die Ruhe der Seele, die ich suche und immer nicht finde. Mein Verstand sagt mir oft genug, daß es vollkommenere Dinge gibt, die ich suchen soll. Mit meinem Benehmen bin ich selbst nicht immer zufrieden, aber die Vernunft kämpft gegen meine Neigungen an, und ich gehe mit meinen Verfehlungen streng ins Gericht.

Zum Diner beim Markgrafen Karl. Es ist ein sehr würdiger Prinz, aber er hat ein wenig die Fehler der alten deutschen Prinzen, nämlich die Narren, die Pferde und die Hunde zu lieben. – Ich bin äußerst niedergeschlagen.

30. Mai 1753. Ich erhalte endlich von meinem allerliebsten Prinzen Heinrich einen Brief. Er versetzt mich in das höchste Entzücken. Es ist wohl der vollkommenste Mann von der Welt. Ich widme mehrere Stunden der Lektüre. Jungen Leuten verzeiht man viel. Die Jugend ist so liebenswürdig, daß man sie anbeten müßte, wenn Seele und Geist ebenso vollkommen wären wie der Leib. Aber wenn man nicht mehr jung ist, dann muß man sich vervollkommnen und sich bemühen, durch gute Eigenschaften wiederzugewinnen, was man an angenehmen verliert. Demnach ist mein Entschluß gefaßt, immer weiter zu arbeiten, um meinen Geist, meine Seele, mein Herz und mein Empfinden zu vervollkommnen.

2. Juni 1753, Potsdam. Ich gehe um 10 Uhr zur Parade. Es ist doch das Schönste von der Welt, diese Krieger zu sehen.

11. Juni 1753. Die Gräfin B. tut eine Fehlgeburt, indem sie vor einem kleinen Affen erschrickt. Hier kann man wirklich sagen: Ein Affe hat's verrichtet, ein Affe hat's vernichtet. Ihr Ottchen gleicht nämlich viel mehr einem Affen als einem Menschen.

15. Juni 1753. Um 7 Uhr setze ich mich in meine Kalesche und reise nach meinem lieben Rheinsberg. Man empfindet immer eine ganz besondere Befriedigung, wenn man sieht, wie man sich dem nähert, den man liebt. Mein Vorreiter verirrt sich auf dem Wege nach Oranienburg, und ich komme hier erst um 1 Uhr nachts an.

16. Juni 1753. Um 9 Uhr morgens lange ich in Rheinsberg an. Ich sehe den teueren Prinzen mit inniger Freude wieder. Wir speisen im Buberow, einem prächtigen Walde gegenüber dem Schloß und von diesem durch einen großen See getrennt. Man geht dahin beinahe immer am Wasser entlang; es ist ein himmlischer Spazierweg, der uns das angenehme Gefühl einflößt, das allein die Einsamkeit verleihen kann. Überhaupt ist das Leben, das man hier führt, entzückend. Man sieht nur zufriedene Gesichter; der Prinz überhäuft alle Welt mit Güte, die Prinzessin ist gnädig, die Damen sind liebenswürdig, kurz, es ist ein Ort, wo ich immer leben wollte. Musik, Spazierengehen und Lektüre bilden die Beschäftigung eines jeden. Es scheint mir selbst, daß die Mißgunst, die von der Umgebung der Großen untrennbar ist, hier nicht so unumschränkt herrscht wie anderwärts. Der Prinz beschäftigt sich viel mit Malen; er hat alle Neigungen einer edeln Seele. Was ist er anbetungswürdig!

11. Juli 1753. Ich beschäftige mich bis 5 Uhr mit Lektüre; dann führe ich die Königin ins Theater. Man gibt »Amelie« von Voltaire. Es ist eigentümlich, daß wir, während dieser Dichter in Frankfurt a.M. verhaftet ist, und zwar von seiten des Königs, hier seine Stücke spielen sehen. Eine neue Tänzerin, die zum

Erschrecken häßlich ist, tanzt in dem Lustspiel. Sie findet nicht den Beifall des Königs. Dieser ist aus Spandau gekommen, wo er sich den Platz für das nächste Lager angesehen hat. Der König nimmt das Souper in Monbijou ein, wo der Prinz von Preußen uns erzählt, daß Se. Majestät drei Dinge verboten habe, die im Lager nicht geduldet werden würden, nämlich die Hunde, die Weiber und die auswärtigen Gesandten.

20. Juli 1753. Nach Tische gehen wir nach Steglitz zu einer Frau v. Götz. Graf Wartensleben ist unter uns, der dort ein kleines Kind aufziehen läßt. Es ist eine gute alte Frau, die ganz wie eine Bäuerin lebt. Ich stelle Betrachtungen über dieses Leben an, das gerade durch seine große Einfachheit gefällt. Das ist also die Zufluchtsstätte und das Ende der großen Ansprüche und der großen Pläne, die wir während unseres kurzen und elenden Lebens fassen! Ich hoffe immer, daß die Vernunft mich genügend aufklären wird, damit ich endlich meine Ruhe diesem Flitterkram vorziehe, von dem man sich in der vornehmen Welt blenden läßt, der aber, wenn man ihn bei Licht besieht, eitel Dunst und nichts Reelles ist.

22. Juli 1753. Ich gehe in die Französische Kirche. Ich erwarte eine neue Predigt von Gualtieri, einem jungen Manne, der Beredsamkeit besitzt, aber er wiederholt eine Predigt, die er vor zwei Monaten gehalten hat.

31. Juli 1753. Ich reise mit dem dicken Kreutz nach Kyritz, wo sich der Prinz von Preußen bei seinem Kavallerieregiment

Der Gendarmenmarkt mit dem alten Schauspielhaus in Berlin. Kupferstich von A. W. Wachsmann nach einer Zeichnung von Stange

befindet ... Der Prinz führt mich durch die ganze Stadt, die schrecklich ist; es ist in Wahrheit ein elendes Nest, ebenso wie das Haus, in dem der Prinz wohnt. Es ist belustigend, ihn in einem Zimmer zu sehen, dessen Möbel aus einem hölzernen Tisch und drei Stühlen bestehen. Keine Vorhänge an den Fenstern! Sein Küchenjunge in Berlin ist besser untergebracht als er hier. Der Prinz, der sich gänzlich dem Exerzieren seines Regiments widmet, ist sehr zufrieden. Er ist gegen seine Offiziere unendlich gütig, weshalb er auch außerordentlich geliebt wird. Das ist es, was unsere Armee vor allen anderen auszeichnet: unsere Prinzen sind selbst Soldaten und haben dieselben Strapazen durchzumachen wie der gemeine Soldat.

1. August 1753. Um 6 Uhr früh nehme ich beim Prinzen den Kaffee ein, und um 7 rückt er mit seinem Kavallerieregiment aus. Ich begleite ihn und bewundere, ohne ein Kenner zu sein, die Beweglichkeit und Exaktheit des Regiments. Am Nachmittag hat der Prinz die Gnade, mit mir nach Neustadt an der Dosse zu fahren, wo die Spiegelfabrik ist. Sie ist sehr sehenswert und geeignet, Betrachtungen über den Luxus anzustellen. Man sieht hier Tag für Tag zweihundert Personen damit beschäftigt, diese Spiegel herzustellen, die im Grunde nur der weiblichen Koketterie und dem Prunk dienen ... Nachdem wir uns hier alles genau besehen haben, begeben wir uns zu Wasser nach dem Königlichen Maultiergestüt. Wir wohnen einem Begattungsakt zwischen einer Stute und einem Maulesel bei.

24. August 1753. Morgens fahre ich nach Spandau, um mir den Platz zu besehen, wo das Lager sein wird. Auf einer Höhe hat man ein hölzernes Haus erbaut, in dem der König Quartier nehmen wird; es ist bequem und hat nach Spandau zu die schönste Aussicht.

29. August 1753. Es macht viel Umstände, ins Lager zu kommen. Die fremden Prinzen schreiben an den König und erhalten nur die Erlaubnis, an gewissen Tagen der Lagerübung beizuwohnen. Selbst dem Markgrafen Heinrich versagt es der König, ihr beizuwohnen, indem er ihm sehr höflich erklärt, daß ihm dies zuviel Unkosten verursachen würde. Hierzu kann man sagen: Der Herrscher Jupiter weiß die Pille zu versüßen.

1. September 1753. Während der ganzen Nacht macht Berlin den Eindruck einer mit Sturm eingenommenen Stadt. Man

Friedrichs des Großen Bauten. Jedem nach seiner Façon: Sanssouci, katholische Kirche, Invalidenhaus, reformierte Kirche. Kupferstich aus der Folge »Les actions glorieuses de Frédéric le Grand« von Joh. David Schleuen, 1763

vernimmt überall Kriegsgetümmel und begegnet allenthalben bewaffneten Soldaten. Um 3 Uhr rücken alle Regimenter aus, um das Lager zu beziehen ... Die Fremden sind in Verzweiflung, dabei nicht gegenwärtig sein zu können. Was mich anbetrifft, so würde ich viel darum geben, dabeisein zu können; aber die Klugheit hat mir geboten, heute nicht dahin zu gehen. Se. Majestät der König liebt es bei solchen Gelegenheiten nicht, jemand von uns anderen zu sehen. Ich entsinne mich, daß der tolle Marschall, der augenblicklich auf Reisen ist, eines Tages nach Potsdam ging, um ein Manöver zu sehen, das eine mit Sturm genommene Festung zum Gegenstande hatte. Unglücklicherweise kam er zu spät, und der König, der ihn bemerkte, sagte ihm, er wäre gekommen, um die Kapitulation zu unterzeichnen, woran er ja gewöhnt sei - eine Anspielung auf einen bösen Vergleich, den er mit einem Offizier geschlossen hatte, mit dem er sich schlagen sollte. - Es geht ein Gerücht durch die ganze Stadt, daß eine Brücke eingestürzt und viele Soldaten ertrunken seien. Die Weiber der Soldaten versammeln sich auf den Straßen und weinen und schreien, bis man eine halbe Stunde darauf erfährt, daß nichts daran sei. Zwölf Fremde erhalten die Erlaubnis, morgen ins Lager zu gehen, nämlich die Gesandten und die fremden Prinzen. Das Verbot ist so streng, daß es niemand wagt, selbst die Prinzen nicht, ihre Stallmeister kommen zu lassen.

2. September 1753. Nachmittags fahre ich mit der Gräfin Bentinck nach Charlottenburg, wo wir auf den Turm klettern, eine höchst unbequeme Sache! Aber unsere Anstrengung wird durch die herrlichste Aussicht belohnt. Von weitem sehe ich dieses Lager, das so viele Menschen wütend ärgert und einen unaufhörlichen Gesprächsstoff für ganz Berlin bildet. Die Prinzen und die fremden Gesandten kommen von dort zurück, höchst unzufrieden mit der Aufnahme, die ihnen zuteil geworden ist.

5. September 1753. Der Fürst von Zollern, erbittert und im Begriff abzureisen, erhält Befehl vom König, ins Lager zu kommen und den Manövern beizuwohnen.

6. September 1753. Abends gehe ich in den Madoréschen Garten, wo junge deutsche Mädchen eine französische Komödie spielen. Lise ist ein sehr hübsches Fräulein Hubert. Welche Macht übt doch die Schönheit auf uns aus! Dies kleine Mädchen hat die schlechteste Aussprache, die man sich denken kann, aber sie gefällt durch ihr niedliches Gesichtchen. – Der Fürst von Zollern kehrt aus dem Lager zurück, ganz entzückt vom König, der ihm 20 000 Taler geschenkt hat. So sind die Großen! Vor zwei Tagen sah der König ihn nicht an, und heute wird er mit Geschenken überhäuft. Der Fürst ist ein Mann von einer schönen Figur. Er hat breite Schultern, eine polnische Physiognomie, nichts Vornehmes in seinem Wesen und ahmt etwas stark die Wiener Manieren nach.

9. September 1753. Der König zeigt eine außerordentliche Freigebigkeit gegen die Mehrzahl seiner Offiziere. Was besonders alle anständigen Leute freut, ist, daß Oberstleutnant Keith 5 000 Taler erhält. Es ist derselbe, der in der Zeit, da es dem König als Kronprinzen so übel erging, flüchten mußte und bald in Holland, bald in England und Schottland, zuletzt sogar in Lissabon lebte. Es schien eine ganze Zeit, als habe ihn Se. Majestät vergessen; nun aber erhält er außer dem Geschenk noch einen sehr gnädigen Brief vom König und die Einladung, ins Lager zu kommen.

27. September 1753. Mein ältester Diener, Fabian mit Namen, stirbt; ich bin darüber aufrichtig betrübt.

7. Oktober 1753. Der Prinz Heinrich läßt sich zur Ader. Ich besuche ihn ... Ich kehre nach Hause zurück, um so recht Betrachtungen über die Menschen anzustellen. Um sie richtig zu behandeln, muß man sie kennenlernen; dem gebe ich mich daher eifrig hin. Ich beginne bei mir selbst. Ich prüfe mich täglich, und sehr oft habe ich etwas an mir auszusetzen. Hier ist meine Charakteristik, die ich mit meinem Äußeren beginne. Man sagt, daß es darauf bei einem Manne nicht ankomme, aber ich behaupte das Gegenteil. Nach dem Äußeren schließt man recht oft auf den Charakter, und ich habe selten eine schöne Seele in einem häßlichen Körper wohnen sehen. Ich bin gut gewachsen, von mehr als Mittelgröße, aber da ich hinke, so befinde ich mich in dem Falle des Pfauen, der, sagt man, seinen Schweif senkt, wenn er seine häßlichen Füße anblickt. Ich habe einen schönen Kopf, ein frisches Gesicht, aschblondes, an den Seiten reiches, die Stirn freilassendes Haar, was mir eine offene Physiognomie verleiht. Was den Bart anbetrifft, so habe ich davon nur so viel, wie ich haben muß. Meine Augen sind blau und groß, was mir einen melancholischen Zug verleiht. Mein

Mund ist klein, die Zähne weiß und sehr gut stehend. Dazu zähle ich 26 Jahre. So sehe ich vom Kopf bis zu den Füßen aus, und so bin ich den Menschen bekannt.

Man hat mich nicht im Verdacht ein Philosoph zu sein, und doch ist das meine Hauptleidenschaft. Die Gesellschaften, in denen man philosophiert, liebe ich außerordentlich. Ich höre dann gern zu, und unter Leuten von gesundem Urteil fühle ich mich durchaus am Platz. In Berlin gibt es ein Haus, wo man mich keiner ernsten Betrachtung für fähig hält, und in einem anderen begreift man nicht, daß ich an Nichtigkeiten Vergnügen finden kann. Dabei ist meinerseits keine Heuchelei im Spiel; ich bin in diesen verschiedenen Ruf ohne mein Zutun gekommen. Als ich in die Welt trat, neigte ich zur Zurückgezogenheit. Ich wollte meine Schüchternheit überwinden, da ich dachte, daß mein ernstes Wesen meinem Fortkommen in der Welt nachteilig sein würde. Aus diesem Grunde gewöhnte ich mir ein Geschwätz an, das mir oft mißfällt und wovon ich mich jetzt frei machen möchte. Ich rede viel und bin manchmal geistreich, aber ein andermal wieder sage ich Dinge, die mich selbst anwidern, was Schwätzern oft begegnet.

Was mein Herz anbetrifft, so wage ich zu sagen, daß es gut ist. Ich bin dienstbereit und von Natur großmütig. Ich bemitleide die Unglücklichen und bedauere, für sie nicht mehr, als in meiner Macht steht, tun zu können. Ich habe den lobenswerten Fehler, aufrichtig zu sein und leicht alles zu durchschauen. Alles, was in meinem Herzen vorgeht, malt sich auf meinem Gesicht ab, was bei mir mehr die Folge der Lebhaftigkeit meines Temperaments als die der Tugendhaftigkeit ist. Ich besaß viel Stolz, aber mein Unglück ließ mich ihn ablegen; ich besitze davon nur noch so viel, als man haben muß, um nichts Gemeines zu begehen. Es ist mir nicht sowohl ärgerlich, mich unter sehr vielen Leuten stehen zu sehen, als vielmehr gewisse über mir, die mir wahrhaftig nichts wert sind. Dem unartigen Benehmen der Dummköpfe schenke ich nicht die geringste Beachtung, aber das Mißfallen eines anständigen Mannes bringt mich zur Verzweiflung, und der Verlust der Freundschaft der Leute, die ich hochachte, tötet mich.

26. Oktober 1753. Zum Souper beim Prinzen von Preußen in kleiner Gesellschaft. Wir sind sehr vergnügt und machen nach Tisch gute Reime. Prinz Ferdinand führt die Laterna magica vor, und um den Prinzen Heinrich zu amüsieren, läßt man einen als Frau verkleideten Bären in einer Sänfte hereinbringen. Die Träger sind als Ungeheuer verkleidet, was sehr drollig ist.

16. November 1753. Der Prinz Heinrich geht mit Gefolge nach Rheinsberg. Es ist ein Vergnügen, die beiden Brüder zusammen zu sehen, wie sie sich lieben und sich das Leben angenehm zu machen suchen. Gegenwärtig haben sie eine große Arbeit vor, nämlich einen Kriegsplan für den Fall eines Angriffs auf Hannover zu entwerfen.

23. November 1753. Auf dem abscheulichsten Wege gelange ich von Oranienburg, wo ich um 7 Uhr früh abfahre, um 3 Uhr unter dem schrecklichsten Regen nach Rheinsberg. Das erste, was ich tue, ist, mir ein anderes Hemde anzuziehen. Wir sind nur unser fünf, der Prinz, Bielfeld, Lamberg, Reisewitz und ich, und doch amüsieren wir uns köstlich. Wir gehen trotz des schrecklichen Wetters viel spazieren.

25. November 1753. Sonntag. Ich wohne in den Räumen des seligen Keyserlingk. Unwillkürlich muß ich Betrachtungen über den Unbestand der menschlichen Dinge anstellen. Dies ganze Rheinsberg, das der König zu seinem Vergnügen erbaut hatte, bewohnen gegenwärtig Leute, die er nicht kennt und von denen er niemals vermutet hätte, daß sie hier wohnen würden. Ich führe den ganzen Tag in Wahrheit ein Landleben.

26. November 1753. Den ganzen Tag im Freien. Wir graben selbst die Erde um; der Prinz läßt nämlich ein Naturtheater, eine Grotte, ein chinesisches Haus und Ruinen errichten. Bielfeld besorgt das Ganze aufs beste.

12. Dezember 1753. Ich gehe Fräulein Viereck Glück wünschen, die einen Herrn v. Voß heiratet. Es ist eine recht passende Partie, sowohl was die Gemüter, als auch was die Vermögensverhältnisse anbetrifft. – Seine Kaiserliche Majestät befindet sich wohl, und alle Kriegspläne, die man seit zwei Tagen schmiedete, verfliegen.

22. Dezember 1753. Prinz Heinrich kommt in engen Reithosen und schön wie ein Engel zum Diner her. Wir sind sehr vergnügt. Ich lasse ihn die Müsette erwarten, und dann mache ich für den Prinzen, Lamberg und Reisewitz einen Julklapp.

24. Dezember 1753. Nachmittags sucht mich Prinz Heinrich auf, um mit mir und dem Prinzen von Preußen auf den

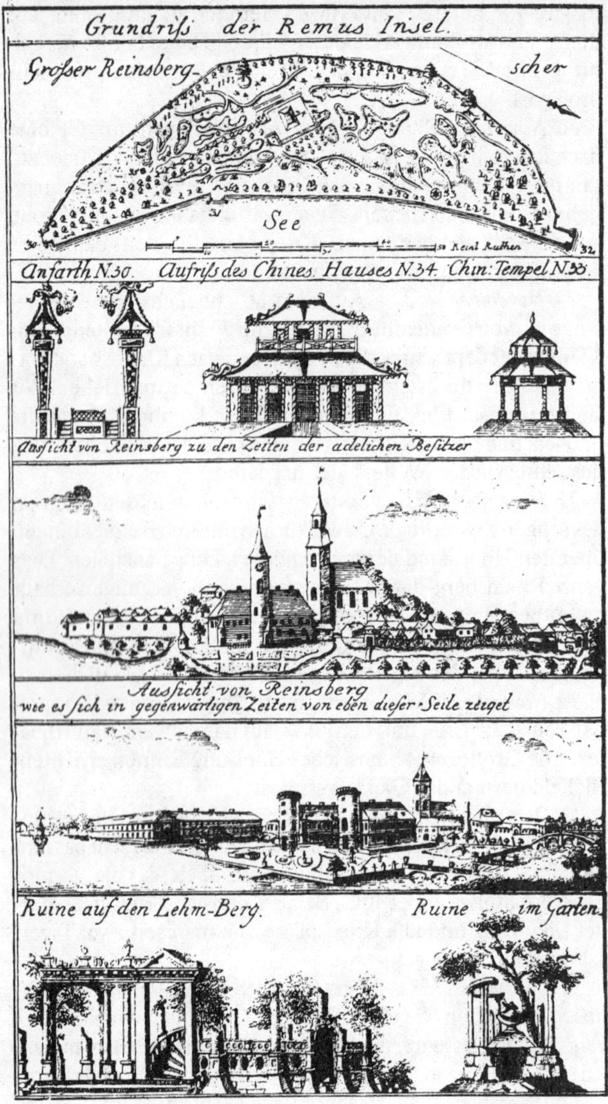
Grundriß der Remus Insel.
Großer Reinsberg- scher
See
Anfarth N.30. Aufriß des Chines. Hauses N.34. Chin: Tempel N.35.
Aussicht von Reinsberg zu den Zeiten der adelichen Besitzer
Aussicht von Reinsberg
wie es sich in gegenwärtigen Zeiten von eben dieser Seite zeiget
Ruine auf den Lehm-Berg.
Ruine im Garten.

»Heiligen Christ-Markt« zu gehen. Abends besehen wir die Kupferstiche aus Paris und Rom.

28. Dezember 1753. Ich gehe mit dem Prinzen Heinrich nach dessen Wohnung. Er macht Lamberg, Reisewitz und mir hübsche Geschenke; ich erhalte Stoff zu einem kurzen Überrock und ein Paar Manschetten mit schönen Spitzen.

31. Dezember 1753. Ich gehe in die Oper, wo ich die Prinzen in der Loge der Königin treffe. Sie sind recht vergnügt. Der Prinz von Preußen weist die Bedienten aus der Loge. Pöllnitz meint, er gliche unserem Herrn, der die Krämer und die Schufte aus dem Tempel jagte.

6. September 1754. Rheinsberg. Nach Tisch zeigt mir der Prinz den ganzen Garten, in dem erstaunliche Änderungen vorgenommen sind. Alles hat einen lieblichen Anstrich. Da, wo ich im Mai Sandhaufen und unbebaute Strecken sah, finde ich Gänge, Rasenplätze nach englischer Art, die diese vornehme Einfachheit und gleichzeitig den guten Geschmack des Prinzen kennzeichnen, chinesische Häuschen, Pavillons, kurz, das Ganze ist unglaublich verändert… Ich lustwandele hier mit unendlichem Vergnügen, da wird mein Auge von Ruinen gefesselt, die hier angelegt sind und ganz eigen wirken. In der Tat, wollte ich alles beschreiben, ich würde kein Ende finden.

Ansichten von Rheinsberg, Ausschnitt aus Gottfried Wilhelm Wolfs Plan von Rheinsberg

1754

1. Januar 1754. Wieder ist ein Jahr in Unruhen und Zerstreuungen dahingegangen. O Himmel, wann werde ich ein ruhigeres Leben führen! Den ganzen Tag laufe ich umher, um allen Fürstlichkeiten zum neuen Jahr Glück zu wünschen. Nach dem Diner haben wir bei den Hofdamen der Königin-Mutter ein reizendes Fest. Wir machen uns gegenseitig Geschenke; die meinigen lasse ich durch Gestalten in absonderlicher Verkleidung überbringen. Abends gehe ich auf die Redoute, die dümmste Sache von der Welt; einem jeden sieht man's am Gesicht an, daß er sich langweilt.

4. Januar 1754. Ich gehe zum Grafen Reuß, wo ich mit den Wartensleben diniere. Die Generalin fühlt sich schwer dadurch verletzt, daß sie nicht mehr so gesucht ist. Nach Tisch kommt der Marschall Schwerin. Dieser gehört zu den Leuten, die von jedermann geachtet werden; unsere Prinzen erweisen ihm außerordentliche Aufmerksamkeiten, und die ganze Armee verehrt ihn. Trotzdem begeht dieser große Mann bei seinen 72 Jahren die Lächerlichkeit, gegenüber allen Damen den Verliebten zu spielen.

Das Opernhaus und die Hedwigskirche in Berlin. Kupferstich von J. Legeay, um 1743

8. Januar 1754. Wieder beschäftige ich mich zu Hause bis 7 Uhr. Dann muß ich die Königin auf die Redoute führen. Diese erscheint sehr belebt, aber nur für diejenigen, die nicht wissen, daß man auf Befehl tanzt, da nämlich der König gescholten hat, daß nur so wenige Personen tanzten. Wir haben ein absonderliches Abenteuer mit der Gräfin B., die wir als Mann verkleidet treffen. Diese Frau ist mit ihrer ganzen Moral verrückt.

11. Januar 1754. Ich beschäftige mich wieder zu Hause, bis ich die Königin in die Oper führen muß. Dann gehe ich zum Souper zur Bentinck. Diese Frau ist mit allem, was sie wegen des Prinzen Heinrich anrichtet, unausstehlich. Sie wollte jetzt zu seinem Geburtstag durchaus einen Ball geben; ich brauchte meine ganze Beredsamkeit, um sie dahin zu bringen, dieses Fest auf eine andere Zeit zu verschieben. Sie verfolgt ihn überall, bald als Mann verkleidet auf der Redoute, bald als fremde Frau. Sie ist vollständig vernarrt in ihn.

5. Februar 1754. Frau Klitzing, geborene Reisewitz, stirbt mit 62 Jahren. Sie war boshaft und ehemals die Geliebte des Herzogs von Gotha. Nach Tisch gehe ich zum Prinzen Heinrich, und wir schreiben an den Stallmeister Reisewitz Trauerbriefe, die zum Totlachen ausfallen ... Gräfin Camas, die erfährt, daß Frau Klitzing einen Zinnsarg haben wollte, meint, sie würde sich darin ausnehmen wie ein altes mageres Huhn in einer silbernen Terrine.

20. Februar 1754. Gegen Mittag gehe ich zu den Damen der Königin. Wir maskieren uns als Fledermäuse, um die Dönhoff zu belustigen, der ich einen Kronleuchter von Kristall zum Geschenk mache. Wir bringen ihn ihr, indem jede Dame einen Kristallarm in der Hand hält, singend in feierlichem Aufzug, was uns selbst zum Lachen reizt.

21. Februar 1754. Zum Diner bei der Königin. Ihre Majestät ist sehr übler Laune. Ich entschädige mich dafür, indem ich nach Tisch zum Prinzen Heinrich gehe, der Medizin genommen hat. Ich beschäftige mich damit, Kupferstiche auszuschneiden ... Die junge Frau v. Voß, eine geborene Viereck, die eben geheiratet hat, wird der Königin vorgestellt. Sie ist häßlich und sehr eingebildet.

25. Februar 1754. Ich bleibe bis zum Abend zu Hause, kleide mich als Ungar an und begebe mich zur Frau Prinzessin, wo sich mehrere Masken versammeln, um sich ihr zu zeigen. Dann gehen wir zu La Touche, wo wir eine unendliche Menschenmenge finden, einen immer hübscher als den anderen maskiert. Das ganze Fest ist vorzüglich vorbereitet; es fehlt nichts, und jeder ist befriedigt. Gegen 2 Uhr läßt sich die Gräfin Bentinck einfallen, als Zauberin zu erscheinen, um die größten Albernheiten zu begehen. Jeder erhält von ihr einige Schnurrpfeifereien mit meist anstößigen Aufschriften, nachdem man aus seiner Schachtel eine Nummer gezogen hat. Kurz, sie versteht es, überall anzustoßen.

6. April 1754. Ich erhalte vom Prinzen von Preußen den Befehl, nach Spandau zu kommen ... Prinz Heinrich langt von Potsdam an ... Ich habe Anlaß, über die seltsamen Fügungen des Schicksals nachzudenken. Die Prinzen haben einen Bauern in dem Dorf liebgewonnen, und sie kommen niemals dahin, ohne ihn in seiner Hütte zu besuchen und ihm Geld zu schenken. So kommt es, daß der Mann, der früher der ärmste in seinem Dorfe war, jetzt hier der Krösus ist. Mit der naivsten Miene erklärte er uns, daß er und sein Vieh ohne die Unterstützung der Prinzen längst krepiert wären. Um 8 Uhr trennen sich die Prinzen. Ich soupiere noch in Spandau, und dann hat der Prinz die Gnade, mich in seiner Kutsche zurückzuschicken, da er nicht haben will, daß ich durch das Zurückreiten zu sehr ermüde. Trotz dieser kleinen Auszeichnungen, die den meisten Menschen schmeicheln würden, wünschte ich mir doch lieber eine andere Stellung. Dieses tatenlose Leben, durch das ich der übrigen Welt nichts nütze, bringt mich zur Verzweiflung und ist mir eine drückende Last. – Herr v. Gotter führt einen Eilwagen ein, der täglich nach Potsdam geht und in dem man an einem Tage ganz bequem hin und zurück fahren kann und dazu für 20 Groschen.

8. April 1754. Den Morgenkaffee nehme ich bei der jungen Dönhoff ein, der Verlobten. Graf Solms, ihr Bräutigam, ist ein so ehrenwerter Mann, daß man ihr zu dieser Heirat nur Glück wünschen kann. Um 4 Uhr muß ich im Namen des Prinzen von Preußen das Kind des Stallmeisters Bachenschwanz, einer merkwürdigen Persönlichkeit, über die Taufe halten. Die Frau zählt nur 18 Jahre und er 70. Auch Graf Wülknitz ist da, der die Großmutter, die Mutter und jetzt auch das Kind über die Taufe gehalten hat. – Abends bei der Königin hänselt die

Gräfin Camas Frau Bismarck in einer Weise, daß es zum Erbarmen ist. Es ist aber auch die schrecklichste Frau, die man finden kann.

13. April 1754. Der Gouverneur von Neufchâtel stirbt. Ich möchte ein alter Militär sein wollen, dann würde ich mich sicher um diese Stelle bewerben. Ich kann mir nichts Angenehmeres denken, als in einem schönen Lande frei und ruhig zu leben. Da kann man offenen Herzens handeln und ist frei von dem Joch, unter dem man am Hof seufzt, wo man immer gegen sein Herz und seine Gefühle handeln muß.

2. Mai 1754. Mittags bei Gronsfeld, abends bei der Königin-Mutter, demnach ein verlorener Tag! Nichts abgeschmackter als diese nutzlosen Pflichten!

20. Mai 1754. Am Hof wohne ich der Vermählung der Dönhoff mit dem Grafen Solms bei. Die Vermählte sieht sehr gut aus, und es tut uns allen leid, sie vom Hof zu verlieren. Indem wir sie in ihr Heim begleiten, bin ich im Hinblick auf ihren kleinen Haushalt darüber erstaunt, wie man mit so wenig Vermögen sich zum Heiraten entschließen kann ... Der König gibt Frau v. Barleben eine Pension. Es ist die Witwe eines Mannes, der Gott lästerte, falsch gegen seinen Nächsten war, nur sich selbst liebte, endlich nur Religion besaß, wenn er krank war.

28. Mai 1754. Mein Gemüt ist außerordentlich erregt. Ach, wie ich die Menschheit verachte! Und mit mir muß ich den Anfang machen. Ist es möglich, daß das Herz so sehr an vergänglichen Dingen hängt? Und müssen die Leidenschaften immer die Herrschaft über die Vernunft gewinnen? Verdammter Ehrgeiz! Verdammte Liebe! Wie lange wird man noch der Sklave deiner Triebe sein!

5. Juni 1754. Mit dem alten Morien habe ich eine Unterredung, die mich veranlaßt, sehr ernste Betrachtungen über das Leben eines Hofmannes anzustellen. Gewöhnlich ist der Anfang großartig. Wenn ihm aber die Augen aufgehen, dann sieht er das Nichtige seiner ganzen Stellung, und wenn er nicht den Mut besitzt, sich diesem Sklavenleben zu entziehen, so kann man ihm ein schreckliches Ende prophezeien. Überdruß, Abscheu, Ekel, alle möglichen Qualen leisten gewöhnlich den Stammgästen der Vorzimmer Gesellschaft. – Die Königin besucht im Nachtkleide die Frau Prinzessin in ihrem Garten.

Die arme Königin ist so vergnügt, wenn sie sich ein so kleines Fest erlauben kann, und ich bin jedesmal erfreut, wenn ich sehe, daß sie einen vergnügten Augenblick hat, sie, die deren doch so wenige hat.

9. Oktober 1754. Rheinsberg. Mir würde an meinem vollen Glück nichts fehlen, wenn meine unselige Aufregung nicht fortwährend die Ruhe unterbräche, die ich hier genießen könnte. Die Inschrift auf diesem Schloß entspricht durchaus dem Leben, das wir hier führen; sie lautet: Friderico tranquillitatem colenti (Friedrich zu eigen, der hier die Ruhe pflegt). Wie wohl würde man sich fühlen, wenn man sich stets dieser Ruhe hingeben und sein Glück nicht außerhalb suchen wollte!

15. Oktober 1754. Wir unternehmen eine amüsante Partie nach Strelitz, ich und Lamberg unter unserem richtigen Namen, der Prinz von Preußen als mein Kammerdiener Constant und Bielfeld unter dem Namen Stirmer. Wir werden mit der ganz veralteten Etikette empfangen, wie sie an diesem Hof noch üblich ist, wo es viele Kavaliere ohne Geist gibt, viele Gerichte auf der Tafel, die nicht zu essen sind, und viele Bediente, die vor Alter nicht gehen können. Der Prinz amüsiert sich außerordentlich, um so mehr, als die Bedienten ihn durchaus nicht in den Garten lassen wollen und ihn überhaupt als richtigen Kammerdiener behandeln.

26. Oktober 1754. Ich bin mit mir unzufrieden, ich handele oft gegen meine Grundsätze, was mich in eine üble Stimmung versetzt. Die schwache Seite im Menschen ist es, die ihn besonders verachtenswert macht. Und am häufigsten sind wir dies doch nur, um gefällig zu sein und uns Beifall zu erringen, der aber nur ein augenblicklicher ist und uns jahrelangen Kummer bereitet.

12. November 1754. Ich prüfe mich täglich und bin seit einigen Tagen mit mir zufrieden. Es kommt mir so vor, als ob ich mir die große Lebhaftigkeit abgewöhnt habe; leichtfertige Gesellschaft langweilt mich, und ich bin gern mit soliden Leuten zusammen. Bloße Höflichkeiten sind mir zuwider, und ich hüte mich davor, ein verbindliches Wesen ohne Aufrichtigkeit zu zeigen und mir feine Manieren ohne Sittsamkeit anzueignen.

13. November 1754. Von meinem Bestreben, mir den Beifall der Fremden zu erwerben, bin ich ganz abgekommen. Ich

28. Juni 1754. Ich fahre mit der Platen und anderen Damen nach Fredersdorf. Gotter, mit dem ich zusammen fahre, glaubt unterwegs sterben zu müssen. Er bekommt so schrecklich den Schlucken, daß ich denke, er müsse seinen Geist aufgeben. Einen Augenblick danach singt er und plappert von jungen Mädchen, kurz, ich habe noch nie einen Mann wie den gesehen. Es ist mir immer ein Rätsel, wie dieser Mann sich ein solches Vermögen hat erwerben und aus dem Bürgerstande emporkommen können, um in der Wiener vornehmen Welt zu leben mit einem einzig auf Schwelgerei gerichteten Sinn, und was mich am meisten in Staunen setzt, ist, daß derselbe Mann sich der Gunst des Königs erfreut.

Gustav Adolf Graf von Gotter und seine »Nichte« Friederike von Wangenheim »als Pilger des Ordens der heiteren Einsiedler«. Gemälde von Antoine Pesne (Berckenhagen, Pesne, Nr. 132e) ehemals in Potsdam, Schloß Sanssouci, erstes Kavalierzimmer, Verbleib unbekannt kam ihnen früher zu sehr entgegen, weil ich ihnen gefallen wollte, und war dann oft genug in der Lage, meine Bemühungen um eine solche Bagatelle zu bedauern. Jetzt prüfe ich erst meinen Mann, ehe ich ihm entgegenkomme.

17. November 1754. Ich muß immer auf mich achten, um nicht in meine alten Fehler zu verfallen. Mein Gott, was ist der Mensch schwach!

19. November 1754. Ich fahre zum würdigen Grafen v. Podewils nach Fredersdorf und kehre am 20. abends zurück. Ich liebe das Landleben außerordentlich, einerseits aus wirklicher Neigung, andererseits aus der Erwägung, daß mein Los mich wahrscheinlich eines Tages nötigen wird, es für immer aufzusuchen. So gehen die großen Hoffnungen zu Grabe!

24. November 1754. Diniere mit großem Vergnügen beim Grafen Solms, indem ich sehe, wie zufrieden diese guten Leute mit ihrem bescheidenen Lose sind.

26. November 1754. Die Prinzessin von Preußen aus Rheinsberg trifft ein, ganz reizend als Ungarin gekleidet. Eine von Herzen kommende Heiterkeit waltet den ganzen Tag über unseren Vergnügungen. Das Souper wird im Stil der Versailler Feste Ludwigs XIV. angerichtet, wobei mehr als sechzig verschieden gekleidete Personen tätig sind. Die Tafel trägt die Inschrift: Man muß essen, um zu leben, und nicht leben, um zu essen. Bacchus und Silen schenken ein, und während der ganzen Tafel ertönt die Musik und der Chor: Herrsche über alle Herzen! Die als Priester gekleideten Pagen opfern indes auf einem Altar, der den Sinnspruch trägt: Der Einsiedler von Oranienburg der Wohltäterin von Rheinsberg. Man muß bekennen, dieser Tag verläuft aufs schönste. Als die Prinzessin zu Bett gegangen ist, gehen wir noch zu den Kindern, die den Chor gesungen haben, um sie essen zu sehen. Die unschuldige Heiterkeit der Jugend bereitet uns aufrichtiges Vergnügen.

22. Dezember 1754. Abends gibt's bei Hofe einen ganz einzigen Skandal. Der Prinz Heinrich macht der Gräfin Henckel gegenüber einen etwas ungebührlichen Scherz, worauf sie in einem recht groben Ton antwortet. Nun schelten die beiden anderen Brüder sie aus, und zwar recht kräftig. Als Antwort darauf ersucht sie sie, ihr gefälligst den ... zu lecken. Solche Sachen sind mir höchst peinlich, weil das Volk klatscht, die bedeutungslosesten Handlungen der hohen Herren durchhechelt und allerlei Schlüsse für die Folge zieht.

23. Dezember 1754. Ich habe mir vorgenommen exakter zu sein; wenn man sich gewöhnt, dies in kleinen Dingen zu sein, ist man es auch in großen.

1755

1. Januar 1755. Wieder ist ein Jahr zu Ende gegangen, nicht das glücklichste in meinem Leben; ohne großen Kummer gehabt zu haben, habe ich doch auch nicht viel Freude gehabt, und immer ist das Gegenteil von allem, was ich mir wünschte, eingetroffen. – Ich gehe zu allen Fürstlichkeiten und zur Prinzessin Amalie, wo ich die Amsterdamer Juden finde, die ihr einen einzigen Stein im Werte von 100 000 Talern zeigen.

9. Januar 1755. Abends am Hof der Königin-Mutter, von wo ich mich recht schnell zurückziehe. Der König kommt gewöhnlich für einen Augenblick an diesen Hof, und dann ist es immer ein Schauspiel zu beobachten, wer sich am meisten bemüht, von Se. Majestät gesehen zu werden. Der Prinz Moritz, der von seinem Vater ganz nach der Natur aufgezogen worden, ist in dieser Schule so gut eingeschlagen, daß er wenig mehr als ein Dummtier geworden ist; dieser selbe Prinz Moritz glaubt, daß es zur Dienstpflicht gehöre, an diesem Hofe nicht zu fehlen und sein häßliches Gesicht vor unserem liebenswürdigen Monarchen zu zeigen.

10. Januar 1755. Mein Bruder langt aus Potsdam an. Er ist ein sehr guter Junge, den ich liebe, er besitzt Verstand und Kenntnisse, den besten Charakter von der Welt und ein hübsches Gesicht, kurz er ist ein anständiger Mensch. Aber liebenswürdig ist er nicht. Seine Stimme klingt unangenehm, er spricht zu laut, weiß sich nicht zu bezwingen und spricht zu offen seine Ansichten über Dinge aus, wo er schweigen könnte.

Souper bei Herrn v. Kannenberg in sehr großer Gesellschaft. Eine ganze Flut kleiner schlesischer Grafen ist da; sie sehen aus wie die Pygmäen.

11. Januar 1755. Bei der Königin-Mutter, wo der König diniert. Abends gibt's ein kleines Fest bei der Prinzessin Amalie. Die vier Hofdamen sind als Statuen kostümiert, ich als Pygmalion. Ich rufe die Bilder der Prinzen von Preußen und Heinrich, sowie die der Prinzessinen Heinrich und von Darmstadt an, um den Statuen Leben zu verleihen, als das Orakel mir eine Büchse mit roter Schminke gibt mit den Worten, Schminke sei das einzige Mittel, sie zu beleben. Alsbald tanzen sie um mich herum, und ich führe sie sodann zur Prinzessin, um ihnen die ersten Höflichkeiten zu erweisen. Wir speisen an kleinen Tischen. Die Gesellschaft ist sehr lebhaft, und man tanzt nach Tisch Rundtänze und spielt Blindekuh, wobei ein alter Baron einen ganz gefährlichen Fall tut. Das wäre wirklich ein ganz merkwürdiges Schicksal gewesen, wenn er bei seinen 66 Jahren beim Blindekuhspiel den Hals gebrochen hätte.

13. Januar 1755. In der Oper und abends bei Puebla, wo der Bischof Schaffgotsch Biskuite ißt, als wären sie Hostien. Die ganze Gesellschaft ist darüber entrüstet, besonders die Katholiken.

14. Januar 1755. Mittags besuche ich mit meinem Bruder unsere alte Erzieherin. Ich finde, man muß niemals die Dankbarkeit vergessen, die man solchen Personen schuldet.

23. Januar 1755. Ich diniere beim Prinzen Heinrich mit seinen beiden Brüdern. Die Unterhaltung ist sehr lebhaft. Wir lesen Briefe von Friedrich I., die sehr schlecht geschrieben sind. Man spricht über Religion, und es werden darüber recht starke Dinge geäußert. Zuletzt bekennen die meisten, daß sie gar keine haben. – Ich gehe in die Akademie, wo man über sehr gewöhnliche Dinge liest und der größte Teil der Zuhörerschaft schläft.

18. April 1755. General Linger, Befehlshaber der Artillerie und Ritter des Schwarzen Adlerordens, stirbt in seinem 89. Lebensjahr. Er war von niederer Herkunft und ist durch eigenes Verdienst emporgekommen. Er hat noch die Schlacht bei Fehrbellin erlebt. Ich habe ihn nur gekannt, als er schon kindische Reden führte; demnach wird sein Tod wenig beklagt. – Unser geliebter König leidet noch immer an der Gicht.

Mai. Abends bin ich auf der Hochzeit des Generals Blankensee mit Fräulein v. Boden, einer Tochter des Staatsministers. Sie ist nicht mehr in ihrer ersten Schönheit, aber ihre Reste sind noch glänzend. Er ist ein großer Mann und sieht wie ein dicker und roher Unteroffizier aus. Die Hochzeit ist prunkvoll trotz eines gewissen bürgerlichen Anstrichs. Baumgarten hält eine höchst konfuse Traurede; er versichert uns, daß zwei oder drei Minuten bei der Braut eine große Änderung hervorbringen würden, was wirklich um 7 Uhr abends im Glanze der

Sonne und der Kerzen, die sich darum stritten, wer von beiden dieses Fest beleuchten sollte, geschah. Nach dieser Feierlichkeit wurden wir erst von einer Menge schlechter Verse zu Ehren dieses Festes überschüttet. Ich hatte immer gehofft, daß man sich zum Spiel setzen würde, aber nein! Die beiden Türflügel öffneten sich, und man pflanzte uns an eine Tafel, die reich besetzt war, uns aber mehr als ein Vesperbrot denn als ein Souper vorkam, da wir all diese Delikatessen um 7 Uhr abends

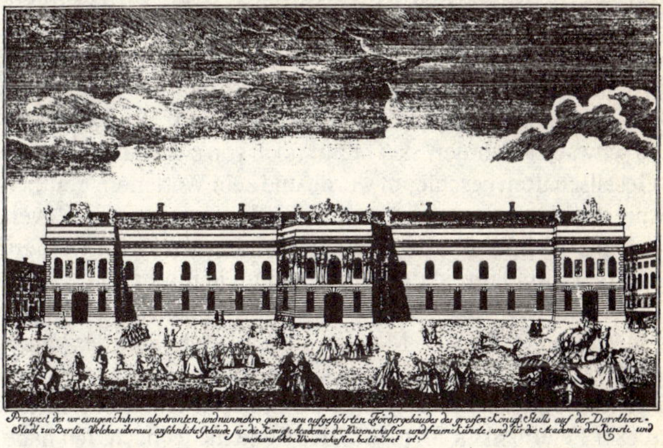

Die Akademie der Wissenschaften und freien Künste in Berlin, Kupferstich von Joh. David Schleuen, 1752

hinunterschlingen sollten. Zum Dessert gab es ein Feuerwerk mit dem ganzen Olymp, mit Drachen, Störchen und Soldaten, kurz mit allen möglichen Geschichten. Ich hatte das Unglück, einer Generalin Weyher gegenüber zu sitzen, die ganz verrückt und betrunken war und uns die schauderhaftesten Dinge sagte. Nach dem Souper sang man Kantaten zu Ehren der Neuvermählten; ein Duett zwischen diesen wurde von einem kleinen Heiducken und einem Sekretär gesungen. Endlich beendigte ein Ball dieses ganze Fest.

5. Juni 1755. Ich gehe zur Akademie, wo uns Herr v. Maupertuis mit seiner schwachen Stimme eine hübsche Lobrede auf Montesquieu, den Verfasser des »Geistes der Gesetze«, vorträgt. Ich reise abends noch nach Potsdam und lange dort beim herrlichsten Wetter um 11 Uhr an.

6. Juni 1755. Den ganzen Tag laufe ich umher, um mir die Merkwürdigkeiten anzusehen. Sanssouci ist das Schönste von der Welt. Es fesselt mich mehr als vier Stunden, indem ich die Pflanzungen und Anlagen besichtige und das Palais, die innere Einrichtung und die Statuen bewundere. Ich besuche auch den Prinzen Friedrich, der mir wie eine Orange im Treibhause vorkommt; so sehr ist sein Wohnzimmer der Sonne ausgesetzt.

8. Juni 1755. Ich höre, daß Graf B., der Obergarderobenmeister, tot ist. Er ist, wie er gelebt hat, als Schwein gestorben. Indem er sich über seine Frau ärgert, die noch nicht fertig ist, als man zu Tisch gehen sollte, wird er vom Schlage gerührt, woran er auch verendet, nachdem er sich noch am Tage vorher in verrufenen Häusern Mädchen gesucht hatte. Er war zuletzt so schwach geworden, daß er nur noch von zwei Lakaien in die Gesellschaften geschleppt wurde und kein Wort mehr deutlich sprechen konnte; so sehr waren seine Nerven zerrüttet. Er verläßt die Welt, ohne von irgend jemand betrauert zu werden, sehr verschuldet und den Titel »Hahnrei« führend.

8. Juli 1755. Den ganzen Tag in Schönhausen. Die Königin verheiratet Bauern. Man feiert das Ehejubiläum des Vaters und verheiratet den Sohn. Wir hören uns die Traurede des Herrn Stockfisch an, die höchst lächerlich ausfällt. Der Ball, der dieser Feierlichkeit folgt, gibt der Rede nichts nach. Ich habe mit einem Mädchen, der Tochter ehrbarer Eltern in Pankow, eine ganz einzige Szene, die, wenn ich sie an die Öffentlichkeit bringen wollte, mir wohl den Beinamen »keuscher Joseph« eintragen würde. Mein Gott, was wird aus einer Frau, wenn sie die Scham beiseite setzt!

9. Juli 1755. Ich soll einen Schreiber von Adel aus dem Preußischen unterbringen. Die Leute aus der Provinz bilden sich ein, daß ein Mann Einfluß hat, sobald er in Berlin wohnt. Sie irren sich sehr, und das bereitet mir Kummer, wenn ich sehe, daß ich nicht helfen kann.

23. Juli 1755. Die Äbtissin von Quedlinburg stirbt. Sie war eine Tante des Königs von Schweden und sehr alt geworden. Die Prinzessin Amalie ist ihre Nachfolgerin, worüber allgemeine Freude in der ganzen Stadt herrscht, da diese Prinzessin verabscheut wird. Es ist recht schade, daß sie sich nichts daraus macht, bei den Leuten beliebt zu werden. Ihr Wesen ist angenehm, ihr Benehmen höflich, ihr Auftreten voll Würde, kurzum, es ist alles vorhanden, was eine Prinzessin liebenswürdig machen könnte. Aber alle diese glänzenden Eigenschaften werden durch ihren großen Wankelmut aufgewogen, der bewirkt, daß man sich von ihrer Liebenswürdigkeit nicht geschmeichelt, von ihrer Unfreundlichkeit nicht verletzt fühlt.

28. Juli 1755. Die Prinzessin Amalie wird nicht eher in Quedlinburg Wohnung nehmen, als bis sie ihre Schulden im Betrage von 30 000 Talern, die der König vorgestreckt hat,

Prospekt des Königl. Lustschlosses zu Charlottenburg. Kupferstich

bezahlt hat. - Abends kommt die Nachricht, daß Se. Majestät in Potsdam das Unglück gehabt hat, vom Pferde zu stürzen, als er gerade der Königin-Mutter entgegenreiten wollte. Da der Sturz sehr gefährlich schien, ist der Schrecken groß, um so mehr, als er Blut speit.

29. Juli 1755. Gott sei Dank! Es sind gute Nachrichten aus Potsdam; dem König geht es viel besser.

26. September 1755. Die Trauung des Prinzen Ferdinand steht bevor. Der Hof begibt sich nachmittags nach Charlottenburg. Alle sind in großer Unruhe, niemand weiß, wo er wohnen soll, weil nämlich Se. Majestät erst eine Stunde zuvor gekommen ist, um alles zu ordnen.

27. September 1755. Die ganze Menschenmenge begibt sich nach Charlottenburg. Die Trauung findet in der Kapelle um 8 Uhr statt. Die Prinzen und Prinzessinnen haben eine außerordentliche Pracht entfaltet, die Privatleute nicht minder, kurz, es ist ein schönes Fest trotz einiger Konfusion, weil niemand recht weiß, wo er sich hinstellen soll. Die königliche Familie soupiert allein in dem schönen Saal, die übrigen an sechs Tafeln zu fünfzig Gedecken. Hierauf folgt der Tanz mit den Fackeln, die von den Staatsministern getragen werden, aber da die Musiker nicht rechtzeitig bestellt sind, so sieht sich die königliche Familie genötigt, bei Trompetenschall Menuett zu tanzen, was einen etwas altväterischen Anstrich hat. Die Neuvermählte wird nach Gewohnheit von den Königinnen zu Bett gebracht. Das Gedränge im Schlafzimmer ist groß, und Frau v. Vernezobre, die einer Kerze zu nahe kommt, opfert zu Ehren der Neuvermählten von ihrer Robe einen ganzen kostbaren Spitzenärmel, der im Augenblick verbrannt ist.

28. September 1755. Um 7 Uhr begibt man sich ins Theater, das in der Orangerie hergerichtet ist. Es wird »Der Tempel der Liebe« aufgeführt, eine Oper, deren Musik herrlich ist, die Worte recht frei und der ganze Inhalt sich um einen betrogenen Ehemann dreht. Das Gedränge ist so groß, daß man alle erdenkliche Mühe hat, seinen Platz zu behalten. Der Ball in der schönen Charlottenburger Galerie gewährt einen entzückenden Anblick.

30. September 1755. Der ganze Hof kehrt nachmittags von Charlottenburg zurück, und die regierende Königin gibt der Neuvermählten das Geleit in ihr Palais. Alles ist hier in Ordnung, der Prinz hat die Gemächer aufs beste möblieren und ausstatten lassen, er hat an alles gedacht. Die Prinzessin findet Flitterstaat für ein ganzes Jahrhundert vor und Zedernholzschränke in Menge. Die Dienerschaft und die Kutschen und Pferde sind sehr schön, kurz, das Ganze zeigt gediegene Vornehmheit.

8. Oktober 1755. In der Nacht stürzt mein Diener herein und weckt mich mit der Nachricht, daß eine Diebesbande nachts in das Schlafzimmer des Prinzen von Preußen gedrungen sei. Mein Schreck legt sich erst, als man mir mitteilt, daß für den Prinzen keine Gefahr bestanden habe. Die Sache ist überhaupt nicht so schlimm, wie es gemacht wurde. Es war nur ein einzelner Mensch, der die Frechheit gehabt hatte, durch die geheime Treppe einzudringen, aber sobald er die Stimme des Prinzen hörte, sich flüchtete. Man hat ihn doch gefaßt und hofft nun die vielen Diebstähle herauszubekommen, die verübt worden sind.

12. Oktober 1755. Es geht eine schreckliche Veränderung mit dem Gelde vor. Der Jude Ephraim, der das Pachtgeschäft für Preußen und Schlesien übernommen hatte, muß es aufgeben, da andere Juden nachgewiesen haben, daß er den König und das Volk betrog. Nun haben diese sich erboten, die Münzprägung auf demselben Fuß zu übernehmen und in die Kasse des Herrn eine beträchtliche Summe fließen zu lassen. Das Volk, das immer schlecht unterrichtet ist, urteilt darüber verschieden, je nach seiner falschen Auffassung.

17. November 1755. Die »Jungfrau von Orléans« von Voltaire wird im Publikum bekannt. Während man den Verfasser verabscheut, findet man sie allgemein reizend. Mir kommt dies Buch vor wie ein schönes, mit der Lustseuche behaftetes Mädchen; man fühlt, indem man es küßt, für einen Augenblick viel Vergnügen, hat aber an den Folgen jahrelang zu leiden. Solcher Art ist die Wirkung, die das Buch auf Geist und Herz ausübt.

23. November 1755. Auf einem Riesendiner beim Grafen Podewils. Ich fürchte, daß mich eines Tages meine Leser für einen großen Schmarotzer halten werden; man würde mir aber damit unrecht tun. Nichts macht mir weniger Vergnügen als bloßes Essen, aber ich besuche alle diese großen Gesellschaften, um die verschiedenen menschlichen Neigungen kennen zu lernen, indem die Menschenkenntnis mein vorzüglichstes Studium ist.

14. Dezember 1755. Die allgemeine Unterhaltung dreht sich hier um das Erdbeben von Lissabon. Jeder ist davon erschüttert, und man kann nicht genug den Edelmut des Königs von Spanien und der Engländer bewundern, die dieser unglücklichen Stadt Hilfe leisten. Wir erörtern eine große Streitfrage, bringen sie aber nicht zur Entscheidung, ob es nämlich ein größeres Glück wäre, unter den Trümmern der Stadt begraben oder gerettet worden zu sein. Der Prinz von Preußen ist für den Tod, ich für das Leben, da man dann doch imstande ist, den Unglücklichen zu helfen.

25. Dezember 1755. Alle Welt ist in Erwartung und Unruhe, ob wir Krieg bekommen werden oder nicht. Ich glaube, der König weiß es selbst noch nicht.

29. Dezember 1755. Alles wechselt auf Erden bis auf die

27. Januar 1756. Der König ist bei seinem Souper in der Laune, daß er auf alle Welt schilt; so sagt er unter anderem zum alten Grafen Podewils, daß es für einen Staatsminister eine Schande sei, am hellen Tage ins Bordell zu gehen, und daß er nie habe begreifen können, wie der verstorbene Herr von Grumbkow, der doch ein Mann von Verstand gewesen sei, seine Töchter nur an Dummköpfe habe verheiraten können. Dabei war die erste Frau des Ministers Podewils die Tochter des Marschalls.

Heinrich Graf von Podewils. Kupferstich von J. C. G. Fritsch täglichen Gewohnheiten. Früher ging man um 6 Uhr zu den Gesellschaften, jetzt kommt man erst um 8 Uhr. Es gehört zum guten Ton, spät zu kommen; demnach langweilen sich die Frauen lieber allein zu Hause, als daß sie zu passender Stunde in die Gesellschaften kommen.

30. Dezember 1755. An der Mittagstafel beim Grafen Podewils sitze ich neben dem Bischof von Breslau, der mir genau auseinandersetzt, wie der König zu ihm steht. Ich gestehe, daß man, was man jetzt Günstling nennt, zur Zeit unserer Väter den fürstlichen Hofnarren betitelt haben würde.

31. Dezember 1755. Vormittags am Hof des Königs. Ich habe eine lange Unterhaltung mit dem Chevalier Hotham. Es ist selbst unter den Engländern ein hervorragender Geist. Aber wie ist auch diese Nation den anderen überlegen! Reich und frei - das wahre Mittel, aus einem mittelmäßigen Kopf einen glänzenden Geist zu machen –, haben sie noch den Vorzug, in der Jugend unterrichtet zu werden und in einem Alter, wo wir kaum die Schule verlassen, die Welt zu sehen. Hotham ist 21 Jahre alt und hat schon fast ganz Europa gesehen. Eben hat er den ganzen Norden durchzogen und ist dabei als Kundiger gereist. Ich bin überrascht darüber, wie richtig er den Charakter der verschiedenen Fürstlichkeiten, die er kennengelernt, erkannt hat. Auch bei unserem Hause ist ihm die Sucht, Geist zu zeigen und zu besitzen, nicht entgangen; er sagt mir darüber amüsante Dinge.

Nach dem Diner bei der Königin geben wir dem kleinen Prinzen Heinrich aus Anlaß seines Geburtstages in der Wohnung des Fräulein Cocceji ein Fest. Es ist ein liebenswürdiges Kind; er würde noch besser sein, wenn seine Erziehung es wäre. Man will ihm einen Erzieher geben, und zwar einen Kapitän des Regiments Meyerinck. Früher war es eine gesuchte Stellung, die den Ersten des Staates verliehen wurde. Aber wie alles dem Wechsel unterworfen ist, so wird jetzt auch die Ehre, einen Nachfolger an der Krone zu erziehen, für nichts Großes mehr angesehen. Der Lohn ist auch danach; man gibt diesen Herren 1000 Taler, für die Erziehung eines Menschen, der das Glück so vieler Millionen ausmachen soll, ein recht mäßiger Preis. Wenn man diese Summe von 1000 Talern in so viele Teile teilt, als es Köpfe in diesem weiten Reich gibt, so sieht man, daß das Glück des einzelnen noch nicht den zehnten Teil eines Pfennigs wert ist.

1756

1. Januar 1756. Tag der Unruhe, an dem man Glückwünsche abstattet und empfängt und Personen aufsucht, für die man nicht das geringste Interesse hat.

7. Januar 1756. Ich gehe zum Prinzen von Preußen, bei dem wir ein Fest zum Geburtstag des Prinzen Heinrich vorbereiten. Wir werden alle als Affen maskiert sein, Geschöpfe, denen wir wegen unserer Nachahmungssucht wirklich ähnlich sind.

11. Januar 1756. Vormittags am Hof beim König in einer schrecklichen Menschenmenge. Diese ist mir aber nicht zuwider, weil man so viele verschiedene Charaktere, so viele verschiedene Personen zusammensieht und von diesem und jenem Neuigkeiten hört, so daß man die Zeit als durchaus nicht verloren ansehen kann. Der König neckt den Grafen Puebla (den spanischen Gesandten) weidlich damit, daß die Kaiserin wegen des Erdbebens zu Lissabon die Karnevalsbelustigungen verboten hat. Er meint, es sei besser im Domino als unter dem Kruzifix zu sterben.

14. Januar 1756. Ein Diner auf Gold bei dem König, dem die Langeweile auf dem Gesicht geschrieben ist, ebenso wie allen anderen Tischgästen. Nur die Königin-Mutter ist trotz der Beschwerlichkeiten, die diese Diners für sie mit sich bringen, davon entzückt.

18. Januar 1756. Das Verlangen, die Welt zu sehen und mich in fremden Ländern mehr zu bilden, verläßt mich keinen Augenblick. Die Unmöglichkeit, diesen Wunsch erfüllt zu sehen, bereitet mir eine schreckliche Qual und läßt mich traurig in die Zukunft blicken. Die einzige Hoffnung, die mir bleibt, ist die, daß unsere Neigungen sich unvermerkt ändern und sich der Notwendigkeit anpassen.

24. Januar 1756. Geburtstag des Königs. Es gibt bei der Königin-Mutter ein großes Diner. Die Prinzessinnen und die Höflinge stellen reiche Kleider zur Schau und langweilen sich. Alles freut sich, als das Mahl zu Ende ist. Gleich darauf versammelt sich die ganze Gesellschaft, die vom Prinzen von Preußen eingeladen ist, um dem Feste für den Prinzen Heinrich beizuwohnen, im Palais. Alles maskiert sich als Affe, selbst die ganze Musik, alle Pagen und Lakaien. So sehen wir uns plötzlich in eine Gesellschaft von mehr als hundert Affen versetzt ... Das ganze reizende Fest macht diesen Tag zu einem recht angenehmen. Aber wie keine Freude auf Erden vollkommen ist, so auch die heutige nicht. Die Kälte oder vielmehr die Eifersucht unter den Prinzessinnen macht sich ab und zu in unangenehmer Weise fühlbar.

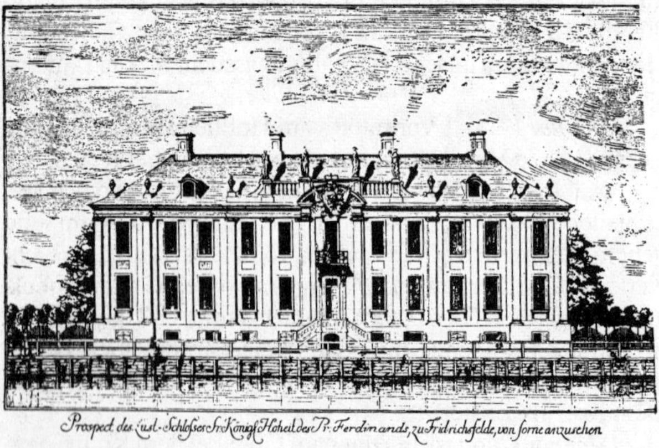

6. Februar 1756. Solange ich lebe, haben wir keinen so milden Winter gehabt wie diesen; ich gehe daher alle Tage spazieren, als ständen wir im April. Mit meinem Engländer, dem dicken Andrié und Tollot fahre ich nach Friedrichsfelde, und wir amüsieren uns ganz gut.
Schloß Friedrichsfelde, Eingangsfassade. Kupferstich, um 1750

26. Januar 1756. Zu Hause allein bis zur Oper. – Meine Schwester aus Potsdam trifft hier ein. – Alles redet von Krieg, indes die Politiker hoffen noch auf Frieden.

29. Januar 1756. Geburtstag der Prinzessin von Preußen. Der König gibt ein großes Diner, das ein schreckliches Ende nimmt. Fräulein v. Brand, die sich an die erste Tafel setzt, erregt den Zorn des Königs dermaßen, daß er sie beinahe fortgewiesen hätte. Nun fährt er überhaupt in ganz unglaublicher Weise über die armen Hofdamen her, indem er sagt, daß die Scheusale am Hofe blieben, während die hübschen sich nach der Reihe verheirateten, und daß man jene garstigen Weiber schon auf zehn Meilen in der Runde röche. Alles atmet erleichtert auf, als das Mahl beendet ist, und will sich schleunigst aus dem Staube machen, wobei man ganz die Rangverhältnisse vergißt. Es ist, als hätte die Erde gebebt und jeder wäre nur auf seine eigene Rettung bedacht. Ich stoße auf die Prinzessin Darmstadt, deren Kutsche noch nicht da ist. Sie beschwört mich, ihr nur eine einfache Sänfte zu besorgen, damit sie sich der peinlichen Lage entziehen könne.

11. Februar 1756. Die Abreise Oginskis schmerzt mich, doch verbietet mir die Freundschaft, die ich für ihn fühle, ihn davon abzuhalten. Sein Scheiden ist um drei oder vier Frauen willen, denen er den Kopf verdreht hat und die durch jeden anderen ihren Ruf verloren haben würden, notwendig. Er benimmt sich, wie ein Ehrenmann sich benehmen muß, indem er sich stellt, als ob er das Entgegenkommen dieser Damen nicht bemerke, um so mehr, als sie von höchster Abkunft sind. Oginski ist überhaupt ein achtungswerter Mann, der, ohne viel Geist und noch weniger Bildung, doch alle Vorzüge besitzt, um in der Welt Beifall zu finden; sein hübsches Gesicht, sein zuvorkommendes, heiteres Wesen, sein bedeutendes musikalisches Talent und besonders sein anständiges Benehmen werden ihn überall, wo er hinkommt, empfehlen.

22. Februar 1756. Soeben hat der König einen neuen Obergarderobenmeister ernannt. Es ist ein Herr v. Eickstädt, den der Kaiser vor einiger Zeit zum Grafen gemacht hat. Es ist eine ziemlich lächerliche Persönlichkeit. Als geborener pommerscher Edelmann besitzt er alle materiellen Eigenschaften dieser Nation, dazu noch viel Hochmut. Man hat ihn beim König als sehr reich verschrien, und das gab den Ausschlag.

25. Februar 1756. Ich bitte die Königin um die Erlaubnis, aufs Land gehen zu dürfen, und sie bewilligt es mir. Ich bereite mich nun heimlich auf meine Abreise nach Dresden vor.

28. Februar 1756. Dresden – ich sehe mir das Grüne Gewölbe an, dann den ganzen Garten und das Haus des Grafen Brühl, seine Bildergalerie, sein türkisches Haus, seine Bibliothek, kurz alle seine Schätze. Was mir aber am bemerkenswertesten und bewunderungswürdigsten erscheint, das ist die Gräfin Brühl selbst. Mein Gott, was ist die Frau liebenswürdig! Welche Intelligenz gehört dazu, diesen ganzen herrlichen Besitz mit allen seinen Schätzen zu erhalten, und andererseits welcher Edelsinn, um bei der von jedermann gezollten grenzenlosen Hochachtung niemals ein liebreiches und verbindliches Wesen vermissen zu lassen! Es ist die feinste Frau nicht allein Sachsens, sondern ganz Europas. Sie, die sich wie eine Königin Ehren erweisen lassen könnte, zeigt jedermann gegenüber stets die Güte einer einfachen Frau. Ich habe allen Anlaß, mit meinem Empfange bei ihr zufrieden zu sein. Sie erweist mir alle möglichen Aufmerksamkeiten, und ich muß um so dankbarer dafür sein, als ich vor ihr nicht unter meinem wahren Namen erscheine, sondern unter dem eines Herrn v. Steinort. Auch bin ich nicht bei Hofe vorgestellt worden, denn da ich inkognito hergekommen bin, so mochte ich mich nicht von unserem Gesandten einführen lassen.

29. Februar 1756. Ich gehe in die katholische Kirche, um den ganzen Hof zu sehen. Dieser erscheint sehr andächtig. Es gibt nichts Häßlicheres als das ganze königliche Haus und nichts Traurigeres als die verkrümmte Gestalt des Kronprinzen, der wunderbarerweise alle Jahre ein Kind zeugt ... Dann besuche ich mit dem Grafen Rzewuski den Großen Garten und das türkische Palais, in dem alle Mätressen des verstorbenen Königs als Türkinnen gemalt sind. Das Souper nehme ich bei der Gräfin Wielhorski mit einer kleinen netten polnischen Gesellschaft ein. Es ist doch eine liebenswürdige Nation, wenn sie sich in anderen Ländern etwas verfeinert hat.

2. März 1756. Zum Diner bin ich bei dem Kronvizekanzler. Diesen wandelt eine solche Zärtlichkeit für meine Person an, daß er mir seinen besten Ungarwein vorsetzt, und nachdem er die Schätze seines Weinkellers zum besten gegeben hat, sagt er mir, daß er mir auch eine schöne Dame zeigen wolle. Und ohne weiteres führt er mich in ein Zimmer, in welchem ich eine Frau im Hemde und mit Juwelen reich geschmückt vorfinde. Sie ist sehr verschämt, als sie mich sieht, und ich weiß natürlich nicht, wen ich vor mir habe. Endlich erfahre ich, daß es eine Fürstin Lubomirska ist, eine sehr reiche Witwe, die sich gerade zum Hofball, der immer am Fastnachtsdienstag gegeben wird, ankleidete. Ich sehe mir in der Raritätengalerie den ganzen Zug der Geladenen an und finde viel Pracht und eine erstaunliche Menge Juwelen.

25. März 1756. Der König kommt an, um die aus Anlaß des Geburtstages der Königin-Mutter einstudierte Oper

»Merope« zu sehen. Sie gelingt vortrefflich. Eine neue Tänzerin namens Favier, die aus Dresden hergekommen ist, zeichnet sich besonders aus. – Man speist an der »vertraulichen Tafel«, wo so geheime Dinge gesprochen werden, daß man sie durch ein Sprachrohr sagen könnte. Ich sehe, daß sich alles an dieser Tafel langweilt außer der Königin-Mutter. Das macht den Menschen keine Ehre. Warum kommt nicht einer dem anderen so entgegen, daß man sich gern sieht und ungern sich trennt? Ich bin überzeugt, daß wenig dazu gehören würde, sich das Leben angenehm zu machen. Etwas mehr Aufrichtigkeit, etwas weniger Sucht glänzen zu wollen und ehrlich handeln, das würde genügen.

30. März 1756. Abends bin ich auf der Hochzeit eines Herrn v. Hagen mit einem Fräulein Goltz, der Tochter des verstorbenen Generals. Der junge Ehemann ist ein recht anständiger Mensch, aber so häßlich und unangenehm, daß es ihm nicht leichtfallen wird, seiner hübschen und lebhaften jungen Frau, der es augenscheinlich nicht entgeht, daß es liebenswürdigere Männer gibt als den ihr vom Himmel bescherten, Liebe einzuflößen. Es ist wahr, daß sie zufrieden sein müßte, einen Mann zu haben, der zu hohen Stellungen gelangen wird und der Moral und Verdienst besitzt, aber er ist doch zu abstoßend. Der Ball, der aus diesem Anlaß gegeben wird, ist äußerst komisch. Alle alten korpulenten Frauen, die seit zwanzig Jahren nicht mehr getanzt haben, lassen sich's einfallen, dem Feste die Weihe zu geben. Ich sehe Gestalten von der Form des Erdglobus im Kontertanz so heftig aufeinanderprallen, daß man eine vollkommene Vorstellung von den kartesischen Wirbeln bekommt. Endlich bringen wir die Neuvermählte mit ihrem Adonis von Mann zu Bett … Soweit es mir möglich ist, lebe ich zurückgezogen zu Hause, um mein Gemüt zu bilden und von all den Nichtigkeiten loszukommen, welche die Menschen für ihr Glück nötig zu haben glauben.

4. April 1756. Herr v. Morien, ein Greis von 72 Jahren, der seit 56 Jahren das edle Gewerbe als Stammgast des Vorzimmers der Königin-Mutter betreibt, ersetzt Herrn v. Sacetot als Oberhofmeister. Der Mann ist ein wahres Muster an Einfalt, sein ganzes Leben ist nur ein Traum. Er kennt das Leben an seinem Hof jetzt noch ebensowenig wie damals, als er vorgestellt wurde. Sein ganzes Tagewerk besteht darin, daß er bei

Hofe soupiert und dann schlafen geht; so geht's einen Tag wie den anderen. Er ist Hahnrei, ohne es zu wissen, und ein Narr, ohne sich die Mühe zu geben, es zu verhehlen. Bei alledem behauptet man, er sei einer der glücklichsten Menschen an unserem Hofe. Danach beurteile man das Glück der anderen! Der König fragte ihn eines Tages, was ihm im Leben den größten Kummer gemacht habe, und er gab zur Antwort, auf der Jagd einen Hasen gefehlt zu haben.

18. April 1756. Der Erbprinz von Kassel kommt hier an, nachdem er acht Monate lang in einem kleinen hessischen Nest namens Hersfeld in der Verbannung gelebt hat. Sein Vater, der Landgraf, wünschte es, daß er herkäme und bis zu seinem Tode hier bliebe. Der Prinz scheint mit seinem hiesigen Aufenthalt ganz zufrieden zu sein; man spricht nie über seinen Religionswechsel und läßt ihm volle Freiheit zu tun, was er will. Da er eine große Neigung zum weiblichen Geschlecht und zu Ausschweifungen hat, wird er sich hier schon gefallen; denn er findet hier, was er sucht, in Fülle.

11. Mai 1756. Ich diniere bei Frau v. Morien zusammen mit Erlach, einem Schwager der Gräfin Dönhoff. Dieser blindgeborene Mann spielt entzückend Klavier und versteht sehr viel von Musik. Seine Schwester, immer mit Weiß und Rot übertüncht, wird bei Tisch unwohl. Es gibt nichts Widerwärtigeres, als sie mit solchen Narrenspossen, durch die sie glaubt ihre Runzeln verdecken zu können, sie aber im Gegenteil nur ans Licht bringt, in Ohnmacht fallen zu sehen. Gewöhnlich erscheint ein eingestandenes Alter weniger alt.

19. Mai 1756. Ruppin – ich sehe mir mit Verwunderung die Wohnung des Prinzen an, die, von außen betrachtet, so wenig auf innere Bequemlichkeit schließen läßt. Es sind vier mehrstöckige, von Holz gebaute Bürgerhäuser miteinander verbunden, deren Inneres der Prinz so vortrefflich eingerichtet hat, daß viele bequeme Wohnräume vorhanden sind. Die Prinzessin wohnt hier besser als in Berlin, zumal alles auch sehr nett möbliert ist. Ein schöner, großer Gesellschaftssaal ist ebenfalls vorhanden. Die Diners sind nicht gerade unterhaltend. Die Offiziere des Regiments sind Haudegen, den römischen Veteranen vergleichbar, aber nicht sehr umgänglich. Ihre Figuren und ihr Geist zeigen die übeln Folgen des dicken Ruppiner Bieres, das ihr gewöhnliches Getränk ist. Sie befleißigen sich eines so tiefen Schweigens, daß Pythagoras mit ihnen zufrieden sein würde. Nach Tisch zieht man sich zurück, ebenso wie jeder den ganzen Vormittag in seinem Zimmer bleibt. Das halte ich auch für durchaus notwendig, wenn man von seinem Leben Genuß haben will. Einen ganzen Tag zusammenzusitzen, das wird langweilig und verdrießlich ... Die gewöhnliche Gesellschaft besteht aus einem Dutzend Personen, zu denen die Fräulein Einbeck, eine sehr nette Frau v. Plotho und ihr Gemahl, der Oberst des Regiments, gehören. An letzterem ist das Beste die altgermanische Geradheit und Biederkeit. Seine Unterhaltung und sein ganzes Denken sind naturwüchsig und lassen die schlechte Kultur eines ursprünglich guten Bodens merken.

24. Mai 1756. Ich stehe um 1 Uhr nachts auf, um den Prinzen und sein ganzes Regiment, das zur Revue nach Berlin rückt, zu begleiten. Unterwegs muß ich unwillkürlich daran denken, wie sonderbar es auf der Welt zugeht. So viele Tausende beeilen sich, um sich vor dem Antlitz eines einzigen Mannes sehen zu lassen, der sie für sechs Dreier, die er ihnen täglich gibt, schlechter behandelt als wir unsere Hunde, die wir uns zur

Das Lager. Kupferstich von Schleuen nach einer Zeichnung von Daniel Chodowiecki zu Johann Bernhard Basedows »Elementarwerk«, 1774

Bewachung unseres Hauses halten. Als wir in Fehrbellin eintreffen, finden wir die junge Prinzessin vor, die uns einen Imbiß reicht und dann den zärtlichsten Abschied von ihrem Gatten nimmt. Wenn diese Liebe anhält, wird es wirklich das glücklichste Paar von der Welt sein. Um 10 Uhr gelangen wir mit dem Regiment nach Kremmen. Die Hitze ist so furchtbar, daß ein Soldat tot auf dem Platze bleibt.

29. Mai 1756. Der König ist aus Anlaß der Revue hier; alles ist dieserhalb in Bewegung. In der Armee gibt's großes Avancement. Der Prinz von Preußen wird General der Infanterie, Prinz Ferdinand Generalmajor. Dieser letztere ist jetzt der glücklichste der Sterblichen, indem er nun das hohe Glück erlangt hat, wonach er seit Jahren gestrebt. Aber wer vor Freude ganz außer sich ist, das ist der Prinz von Darmstadt, den der König zum Generalleutnant ernannt hat. Der Mann ist von unserem Dienst so entzückt, daß es ihm nicht einfällt, einen Vergleich anzustellen zwischen dem Glück, Erbprinz eines schönen deutschen Landes zu sein, und dem Vorzug, ein Regiment in Prenzlau zu haben. Die Frau Prinzessin, seine Gemahlin, kennt den tatsächlichen Wert besser, und man sieht sehr wohl, daß sie sich nur um des lieben Friedens willen dem Geschmack ihres unangenehmen Gatten anbequemt. Sie bringt zum ersten Male ihre älteste Tochter mit, die, wenn auch nicht schön, doch liebenswürdig ist. Der General v. Winterfeldt erhält das Regiment v. Hacke, was den Erbprinzen von Kassel zur Verzweiflung bringt, da er darauf mit Sicherheit gerechnet hatte. Diese Prinzen sind Narren, daß sie sich so eifrig um den Dienst bei unserem König bewerben, während sie bei sich daheim Dienst tun könnten. Aber das sind Beispiele von menschlicher Schwäche.

3. Juni 1756. Der Prinz von Preußen läßt eine ganze Gesellschaft zum Souper einladen. Als wir ankommen, läßt er uns raten, wo er uns hinführen werde. Gleichzeitig wird ein Wurstwagen angespannt, auf dem die Damen Platz nehmen, während die Herren sich zu Pferde setzen. Nachdem wir durch den ganzen Tiergarten gekommen sind, fährt man uns nach dem Potsdamer Tor zurück und zuletzt an einen reizenden Ort, der »das finstere Loch« heißt; es ist ein Weinberg am Halleschen Tor. Ein Musikkorps empfängt uns, und wir sind sehr vergnügt. Die kleine Prinzessin von Darmstadt, welche die Häßlichkeit vom Vater und den Geist von der Mutter hat, ist außer sich vor Freude. Nach dem Souper überrascht uns ein furchtbarer Regen. Das Bild, das die Damen nun bieten, zumal wir keine Kutschen haben, sondern alles trotz des Regens im Wurstwagen abfahren muß, ist sehr spaßhaft. Die Prinzessinnen setzen sich zu zweien in eine Sänfte, und so kehren alle Gäste durchnäßt, aber ganz befriedigt heim. Ich habe mit meiner Nachbarin C. auf dem Wurstwagen unter dem Schutze der Nacht ein kurioses Abenteuer.

6. Juni 1756. Ich habe aufgehört, von der Zukunft noch Großes zu erwarten, und ich hoffe nichts mehr und will mich fortan bescheiden; das ist für die, welche in unserem Lande leben, der einzig richtige Standpunkt, wenn sie sich nicht zu Tode grämen wollen. Sowie man sich ein hohes Ziel steckt oder dem Vaterlande wirklich nützlich sein will, hat man nur unnötigen Ärger zu gewärtigen. Hier hängt alles vom Glück ab. Der König geruht nicht von den jungen Leuten seines Landes Notiz zu nehmen, noch ihre Talente zu prüfen; er bildet sich ein Urteil über uns nach dem Bericht von drei oder vier Menschen, zu deren Charaktereigenschaften nicht Anstand und Ehrlichkeit gehören. So bleiben wir vergessen. Die Kenntnisse, die wir uns erwerben, tragen nur dazu bei, uns unsere Lage noch härter erscheinen zu lassen; das Ende ist völlige Entmutigung. Ich kann mich als Beispiel anführen. Wenn je ein Mensch dem König ergeben gewesen ist, so war ich es; ich habe ihn geliebt wie meinen Vater und würde ihm alles, was ich Teueres besitze, geopfert haben. Aber da man mich stets schroff abgewiesen und gekränkt hat, bleibt mir nur der Respekt vor ihm, während ich ihn von ganzem Herzen lieben möchte.

12. Juni 1756. Die Leute beschäftigen sich sehr viel mit Krieg. Auch macht man sich auf Revolutionen in Schweden gefaßt. Die Königin, einst der Abgott des ganzen Königreiches, ist heute Gegenstand des Hasses. Ihr beißender Spott, ihr launisches Wesen, die Geringschätzung, die sie den gewöhnlichen Leuten beweist, die nun doch einmal den größten Teil der Bevölkerung ausmachen, und besonders ihr Streben nach allzu großer Macht haben ihr in diesem Lande, wo man das Glück der Freiheit zu schätzen weiß, alle Sympathien geraubt.

14. Juni 1756. Das ist trotzdem nicht das Leben, das ich

mir wünschte. Ruhe, Studien und nette Gesellschaft, das würde mich glücklich machen. Aber wenn man in einem Lande geboren ist, wo man nicht frei über sich verfügen kann und, während man sich seinem Vaterlande nützlich machen möchte, gezwungen wird, die langweilige Figur eines Höflings zu spielen, dann muß man sich schon dem Geschmack der Leute anpassen, von denen unser Schicksal abhängt ... Wir leben in einer gefahrvollen Zeit; ganz Europa ist in Aufruhr, und man weiß noch nicht, welches unsere Freunde und welches unsere Feinde sein werden.

17. Juni 1756. Die Gräfin Schwerin, die Hofmeisterin der Prinzessin Amalie, verläßt den Hof mit einer Pension von 600 Talern, die ihr diese merkwürdige Prinzessin gibt; sie zieht sich nach Preußen zurück. Die ebengenannte Prinzessin verläßt Oranienburg und geht nach Schwedt zum Besuch ihrer Frau Schwester. Sie findet hier einen Pagen, der ihr gefällt, und sofort macht sie ihn zum Hofkavalier, und was noch schlimmer ist, sie überträgt ihm gleichzeitig die Leitung der Justiz in Quedlinburg. Das wird ein vortrefflicher Großkanzler werden!

23. Juni 1756. Ich diniere bei Mitchell (dem englischen Gesandten), wo nur von Krieg gesprochen wird. Unsere Regimenter marschieren nach Pommern, augenscheinlich weil wir die Russen fürchten, die sich, wie es heißt, wider des Königs Erwarten mit den Franzosen verbünden wollen. Ich zittere für mein armes Vaterland Preußen. Man behauptet, daß Frankreich in einem geheimen Artikel Österreich die Wiedererwerbung Schlesiens zusichert.

30. Juni 1756. Der Kriegslärm legt sich etwas; ich glaube eher, daß man es satt hat, davon zu reden, als daß man den Krieg wirklich nicht mehr befürchten sollte. Die Offiziere fahren fort, ihre Kriegsausrüstung zu besorgen und die Regimenter ihrer Garnisonen in Pommern zu wechseln. Kurzum, das Ganze ist ein Rätsel, das sich bald lösen muß. Viele alte Generale nehmen ihren Abschied, weshalb es in der Armee ein bedeutendes Avancement gibt. Der General Wartensleben erhält nun endlich nach mehrfachen Gesuchen seinen Abschied. Der König bewilligt ihm denselben nur widerstrebend mit allen erdenklichen Versicherungen des Wohlwollens, indem er ihm den Titel Generalleutnant verleiht und für immer die Schildwache bewilligt. Es ist ein Mann ohne besondere Geistesgaben, der sich aber allgemeiner Achtung erfreut; auch als er in großer Gunst stand, hat er sich jene bei Günstlingen so seltene Bescheidenheit bewahrt, und auch in der Zeit seiner Ungnade hat er Freunde gehabt. Die Lästerzungen haben behaupten wollen, daß er seine Gunst mehr der Schönheit seines Körpers als dem Glanze seines Geistes zu verdanken hatte.

9. Juni 1756. Die Zeitläufe sind recht sonderbar; wir rüsten uns immer auf den Krieg, ohne in Wahrheit unsere Feinde zu kennen. Nach der öffentlichen Meinung haben wir mit Ausnahme von England so ziemlich ganz Europa zum Feinde. Ich glaube aber doch, daß wir das Reich auf unserer Seite haben werden, da der Wiener Hof durch sein Bündnis mit Frankreich den Leuten doch zu sehr vor den Kopf gestoßen hat.

13. Juli 1756. Ich diniere beim Prinzen von Preußen sehr angenehm, das heißt in einer soliden Gesellschaft, wo man über ernste Dinge spricht. Das trifft für mich leider so selten zu, da ich in meiner Stellung genötigt bin, mit allen möglichen Nichtigkeiten mich abzugeben. – Die Kriegsaussichten verursachen den Offizieren schreckliche Ausgaben, während sie nicht einen Heller besitzen. Es ist trostlos zu sehen, welche Mühe sie sich geben, jemand zu finden, der ihnen Geld vorschießt. – Die beiden Königinnen sind zusammen in Monbijou. Sie haben dies Jahr die runden Roben eingeführt, was den Hof durchaus nicht schöner macht; sie sehen alle aus wie Kammerfrauen.

18. Juli 1756. Man sagt, daß die Kriegsvorbereitungen den König allein schon auf eine Million Taler zu stehen kommen, abgesehen davon, was es den einzelnen kostet. Ach, was sind meine Mitmenschen für Narren!

23. Juli 1756. Ich diniere bei dem Markgrafen Karl, einem Prinzen, den ich ehre und achte; er ist die Güte selbst. Als der König ihn einst fragte, warum er sich so viele Dienstboten halte, erwiderte er, daß er sie wohl entbehren könne, sie aber brauchten ihn.

29. Juli 1756. Ich höre zu meiner größten Überraschung von der Verlobung der kleinen Platen mit dem Hofmarschall Kraut. Es sind zwei so verschiedene Naturen, daß man, um einen glücklichen Ehebund anzunehmen, sich auf die Vorsehung verlassen muß. Sie zählt 20 Jahre, ist hübsch wie ein

Herzblättchen, hat eine kleine, hochelegante Figur, die jedem, der sie je gesehen, die heftigste Leidenschaft eingeflößt hat; ich habe Prinzen, Lords, und Marquis sie anbeten sehen. Aber da das heilige Band der Ehe zu fest schlingt, so waren die Freier nicht so zahlreich wie die Anbeter. Ein siebenjähriges Hofleben hat dieser liebenswürdigen kleinen Person die Lust zu weiterer Tätigkeit benommen, und sie hat sich entschlossen, den 54 Jahre zählenden Herrn v. Kraut zu heiraten, der eigentlich in der Liebe ausgedient hat und keine andere Leidenschaft als die Pferde kennt. Dessen Verhalten ist übrigens eigentümlich genug. Er hat bis dahin immer Fräulein v. Platen nach Kräften zu einer guten Partie verhelfen wollen, nun aber alle seine Bemühungen fruchtlos gewesen sind, tritt er selbst auf den Plan, und die Dankbarkeit bestimmt die junge Schöne dazu, sich in die Arme dieses alten Bären zu werfen. Ich glaube wohl, daß er sie gut behandeln wird, um so mehr, als er sehr verliebt in sie ist und sich auf seine durch und durch französischen Formen, die er sich bei seinem zweiundzwanzigjährigen Aufenthalt in Frankreich und durch seine ebenso langen Beziehungen zu einer dortigen Tänzerin angeeignet hat, etwas zugute tut.

7. August 1756. Zerbst - man sendet uns um 2 Uhr eine Hofkutsche. Beim Aussteigen empfangen uns zwei Hofkavaliere und führen uns zur Fürstin-Mutter, bei der wir auch den regierenden Fürsten und die Fürstin finden. Nachdem wir vorgestellt sind, reichen wir den Fürstinnen, die äußerst liebenswürdig sind, die Hand und gehen zu Tisch. Die Mutter hat noch manche Reste ihrer einstigen Schönheit sich bewahrt, die Schwiegertochter aber steht in der Blüte der Jugend und besitzt auch viel Geist, so daß sie in jeder Hinsicht bezaubert. Von Durchlaucht kann man leider nicht dasselbe sagen. Mit ihm steht es so wie mit den ägyptischen Gottheiten. Wenn man ihre großartigen Tempel und die vielen Priester sieht, die ihnen dienen, dann glaubt man doch hier ein erhabenes Wesen zu finden, und man ist aufs höchste überrascht, wenn man sieht, daß es sich um die Verehrung einer Katze oder irgendeines anderen Tieres handelt. Seine Hoheit kann in jeder Beziehung mit dem berühmten Apis verglichen werden. Nach der Tafel geht man zur Herzogin-Mutter, deren Unterhaltung bezaubernd ist. Nach einiger Zeit meldet man die Ankunft des Fürsten und der Fürstin von Bernburg. Diese letztere gleicht vollkommen der ländlichen Schönheit, von der Graf Gramont sagt: Kleine Augen, viel Busen und rote Backen. Ihr Gefolge kann man mit dem des »komischen Romanes« vergleichen. Erstaunt bin ich nun aber, in diesem kleinstädtischen Schauzug einen liebenswürdigen jungen Mann mit interessantem Gesicht zu sehen, der mir außerordentlich gefällt. Er erregt meine lebhafte Neugierde, und ich höre, daß es ein junger Franzose namens Angeli ist, der eines Ehrenhandels wegen das schöne Paris verlassen mußte und sich nach Bernburg flüchtete, weil er den Erbprinzen in Frankreich kennengelernt hatte. Ich sehe, zu welchem Fleiß die Not einen Menschen zwingen kann. Dieser Angeli, der keine Seele fand, mit der er französisch reden konnte, hat in einem Zeitraum von sechs Monaten sehr gut Deutsch gelernt, eine Tatsache, die für die französische Flüchtigkeit fast unmöglich erscheint.

8. August 1756. Der ganze kleine Hof ist aus Anlaß des Geburtstages seines Herrschers in Gala. Ich liebe diesen trotz seiner Dummheit; er hat ein gutes Herz, und die kleine Zahl der Untertanen, die unter seinem Zepter leben, ist glücklich. Er gehört zu den Fürsten, welche in den Zerbster Annalen werden mehr gesegnet als gerühmt werden. Wir dinieren mit dem ganzen Prunk und der Etikette der kleinen deutschen Höfe. Eine Menge Kanonen werden abgefeuert, während man die Gesundheiten ausbringt, und das Geschmetter der Pauken und Trompeten vergrößert noch das Getöse. Während des ganzen Mahles schwebt unser Allerwertester wegen der vielen Gesundheiten, die wir Serenissimus zu Ehren trinken, immer in der Luft. Die Fürstinnen besitzen zuviel Geist, um nicht das Abgeschmackte einer derartigen Feier zu empfinden, aber sie können es nicht ändern. Der ganze Adel, der hierbei in Wirksamkeit tritt, würde in Verzweiflung sein, wenn diese alten Bräuche abgeschafft werden sollten.

21. August 1756. Magdeburg - ich verbringe eine sehr unruhige Nacht in einem Wirtshaus, das ganz mit Offizieren gefüllt ist, wo man durch mein Zimmer hin und her geht. Schließlich erfahre ich morgens, daß alle Regimenter sich am folgenden Tage in Marsch setzen werden. Ich schicke vormittags zum Prinzen Ferdinand, der mich darauf zum Diner einladen läßt. Die ganze Stadt ist in Aufregung, die Tore sind geschlossen, und man läßt niemand hinaus. Ich finde den Prinzen sehr gnädig, aber sehr beschäftigt, alle Offiziersfrauen in Tränen und alle Truppen in völliger Unkenntnis über ihren Marsch. In der allgemeinen Aufregung mache ich die Bekanntschaft eines Herrn v. Hardenberg, eines Magdeburger Domherrn, der ein recht liebenswürdiger Mann ist und noch jenen früheren feinen Ton besitzt, der so selten ist wie altes japanisches Porzellan.

25. August 1756. Ich begrüße den Prinzen von Preußen, der vollständig bereit ist, mit seinem Regiment Berlin zu verlassen. Er ist aber in nichts eingeweiht, indem der König alles ganz allein erledigt, ohne jemand zu Rate zu ziehen. Selbst die Minister wissen von nichts; alles wird zwischen dem englischen Gesandten und dem König abgemacht.

26. August 1756. Der britische Kurier ist da; seine Antwort ist nicht befriedigend, und nun ist der Krieg entschieden. Ich diniere beim Markgrafen Karl und nehme mit aufrichtigem Schmerz von ihm Abschied. Es ist einer von den Menschen ohne Falsch, die viel mehr Gutes tun, als sie sagen. Den Abend verlebe ich traurig in Schönhausen. Alle Welt empfindet die Schmerzen, die ein Krieg und die Trennung von so vielen Personen bringen muß.

27. August 1756. Wir leben wie in einer belagerten Stadt; alle Tore sind geschlossen, und niemand erhält die Erlaubnis hinauszugehen. Das geht so weit, daß man auch den Küchenwagen der Königin nicht hinauslassen will, so daß diese in Gefahr steht, hungern zu müssen. Endlich nach vielen Vorstellungen bei dem neuen Kommandanten, einem Herrn v. Rochow, daß alle Befehle der Welt gewisse Ausnahmen zulassen müßten, willigt er ein, daß Ihre Majestät zu essen erhält.

28. August 1756. Alle Regimenter rücken aus Berlin aus, und um 7 Uhr früh gibt es in der ganzen Stadt keinen Soldaten mehr. Es ist natürlich, daß der Weggang so vieler Personen, die uns lieb sind, auf die Zurückgebliebenen sehr traurig wirken muß, und ich muß gestehen, ich würde verzweifelt sein, zu den letzteren gehören zu müssen, wenn mich ein ganzer und ein halber Fuß nicht immer daran erinnern würden, daß ich zum Kriege nichts tauge.

29. August 1756. Wir warten immer auf große Ereignisse und müssen uns vorläufig mit falschen Nachrichten ohne Zahl begnügen. In einem Manifest lese ich die Gründe, die unsern König zwingen, sich Sachsens zu bemächtigen; sie stützen sich auf die Allianz, welche diese Herren im Jahre 1744 gegen uns schlossen. Die Königin hält sich zu unserm großen Leidwesen immer in Schönhausen auf; bei unsern schwachen Pferden sind wir immer zwei Stunden unterwegs.

11. September 1756. Ich gehe viel in Sanssouci spazieren, das alle Jahre schöner wird. Seine Majestät läßt hier eine Bildergalerie erbauen, die sicherlich großartig werden wird, und was das Merkwürdigste ist, sie wird vollendet werden, während er mitten im Kriege ist. Ich besuche den Marquis d'Argens, der im Schlosse wohnt. Der König hatte ihm die Wahl zwischen Sanssouci und Charlottenburg gelassen und ihn ersucht, sich's bequem zu machen, wo und wie es ihm beliebe. Er wohnt nun hier mit seiner Marquise, und ich kann nicht umhin, meiner Verwunderung darüber Ausdruck zu geben, wie verschieden doch das Geschick mit den Menschen verfährt. Dieser hier muß aus der Provence kommen, um sich an den Gärten Friedrichs des Großen zu ergötzen, während wir anderen es nicht wagen, die Nase hineinzustecken.

18. September 1756. Wir verlieren den Grafen Puebla, der abreisen muß. Es war ein sehr ehrenwerter Mann, der die

Die Mauerstraße in Berlin mit Blick auf die Dreifaltigkeitskirche. Kupferstich von Johann Georg Rosenberg

ganze Würde und den ganzen Geistesadel jener alten Spanier, seiner Vorfahren, besaß. Er liebte unser Land, und er verläßt uns mit Bedauern. Er war kein großer Politiker, aber er liebte den Frieden und hat stets alles getan, um ihn zwischen seinem und unserem Hof aufrecht zu erhalten. Er sprach sehr schlecht Französisch, war ein wenig cholerisch – ein häufiger Fehler bei guten Menschen –, machte einen beträchtlichen Aufwand und war sehr galant gegen Damen. Seine Herzensdame war die Gräfin Bredow, die sehr traurig darüber erscheint, sich von ihm trennen zu müssen.

3. Oktober 1756. Wir werden alle durch die schönste Nachricht von der Welt geweckt. Unser großer König hat soeben mit 26 000 Mann einen vollständigen Sieg über 70 000 Österreicher unter dem Befehl des Generals Browne errungen. Der Ort, wo die Schlacht stattfand, heißt Lobositz. Unsere Gendarmes und das Regiment Itzenplitz haben am meisten gelitten. Der König und der Prinz von Preußen haben in Person der Schlacht beigewohnt; die anderen Brüder des Königs sind in dem Lager, das die Sachsen eingeschlossen hält. Herr v. Oppen bringt uns diese Nachricht, die alle Welt in Jubel versetzt. Abends findet sich eine zahlreiche Gesellschaft in Monbijou ein, welche die Königinnen von ganzem Herzen beglückwünscht. Der französische Gesandte Valory gibt seinem Glückwunsch eine abweichende Form, er wünscht den Königinnen zum Wohlergehen des Königs und des Prinzen von Preußen Glück, sonst sagt er nichts.

9. Oktober 1756. Während dieser ganzen Zeit sprechen wir nur vom Sieg. Wir singen im Dom das Tedeum, dem die Königinnen und Prinzessinnen in großer Gala beiwohnen. Ich hole mir hierbei ein Katarrhfieber.

15. Oktober 1756. Die Sachsen, ungefähr 18 000 Mann stark, ergeben sich dem König von Preußen. Alle sächsischen Offiziere gehen in die Gefangenschaft, während der König von den Mannschaften Regimenter bildet, die er verschiedenen Generalen seiner Armee gibt, was ein gewaltiges Avancement bewirkt. Junge Leute, die sich glücklich geschätzt hätten, mit 30 Jahren Leutnant zu werden, werden es jetzt mit 15. Doch ich will mich nicht weiter über diesen Gegenstand verbreiten, der von so vielen geschickten Federn behandelt und sicherlich den fernsten Geschlechtern überliefert werden wird.

15. November 1756. Die Hochzeit Prittwitzens und des Fräuleins v. Forcade wird gefeiert. Ich erwarte von dieser Ehe trotz ihres feurigen Beginnes nichts Gutes. Er kommt mir vor wie ein fremder junger Mann, der nach Frankreich kommt und ein Mädchen unterhält. Er zählt erst 21 Jahre, und da macht es ihm Vergnügen, Geschenke zu kaufen und mit einer Dame der Königin zusammenzuleben; irgendwelche Gedanken, die man sich beim Eingehen einer Ehe machen muß, kommen ihm noch nicht. Anderseits ist die junge Frau, die vier Jahre mehr zählt als er, in dem Glauben, daß der Aufenthalt auf dem Lande und die Einsamkeit etwas ganz Angenehmes seien. Sie irrt sich. Gewöhnt an das Hofleben, gewöhnt sich zu putzen und zu gefallen, wird sie in den Freuden des Landlebens, in dem Anblick der Felder und Wiesen, der Kühe und Schafe keinen Ersatz finden. Ihr zur Eifersucht neigender Gatte hat aber die Bedingung gestellt, daß sie bis in alle Ewigkeit auf dem Lande bleibt ... Alle Offiziersfrauen gehen zu ihren Männern ins Winterquartier. Ich bin überzeugt, daß sie alle schwanger zurückkommen, und dann werden sie schreien und das öffentliche Mitleid erregen wollen. – Diesmal gibt es keinen Karneval, worüber ich mich gern tröste; meine Bücher werden ihn mir ersetzen. Im übrigen lebt man hier wie vor der Sintflut; man ißt, man trinkt, man verheiratet sich und redet Unsinn – und dabei die schreckliche Teuerung!

15. Dezember 1756. Der König sendet Herrn Eickstedt an alle deutschen Höfe, um mit ihnen zu verhandeln und den Intrigen des Wiener Hofes entgegenzuwirken. Ich glaube kaum, daß er seinen Zweck erreichen wird. Er ist jung und besitzt keine Erfahrung. Durch die Arbeit auf dem Kammergericht konnte er sich aber auch unmöglich die Weltkenntnisse erwerben, deren ein Mann bedarf, der mit Staatsangelegenheiten betraut wird. Das hatte bei uns immer seine Schwierigkeiten, die geeigneten Leute für solche Stellungen herauszufinden. Wir würden aber noch einmal so mächtig sein, wenn wir so gute Politiker hätten, wie wir tüchtige Soldaten haben. Nun, auch der Klügste ist dem Irrtum unterworfen.

20. Dezember 1756. Ich stehe öfter mit dem Prinzen von Preußen in Briefwechsel; er schreibt reizend. Einige Briefe richtet er auch an die junge Kraut. Diese wären es wert, dem Feuer zu entgehen und in eine Sammlung aufgenommen zu werden. Geist, Sinnlichkeit, Frohsinn sprechen abwechselnd daraus. Um den alten Gatten der liebenswürdigen kleinen Kraut in Sicherheit zu wiegen, richtet der Prinz an diesen recht höfliche Briefe, die der Schafskopf mit Vergnügen und Genugtuung entgegennimmt, ohne zu ahnen, daß man sich über ihn lustig macht. – Hier befindet sich ein Herr v. Bernstorff, ein Neffe des dänischen Ministers. Er ist recht liebenswürdig, etwas windig, aber nicht ohne Geist, hat ein freundliches Gesicht, spricht geläufig französisch und zeigt, daß er von seinen Reisen profitiert hat. Einen Gegensatz zu diesem bildet ein anderer Däne, Herr Ahlfeldt, hübsch von Gesicht, aber so dumm, daß sein Gesicht nur zum Malen taugt. Er ist sehr erstaunt, daß die Berliner Frauen liebenswürdiger sind als die Kieler und die Rendsburger.

21. Dezember 1756. Gotter gibt uns ein lukullisches Mahl; die seltensten Sachen sind im Überfluß vorhanden. Die Verschwendung ist so augenfällig, daß ich mich nicht enthalten kann, ernste Betrachtungen darüber anzustellen, wie verschieden doch die Menschen gestellt sind. Während wir hier im Überfluß schwelgen, herrscht vier Schritte von uns, auf der Straße nämlich, das größte Elend. Solche Betrachtungen stören mir oft das Vergnügen, wenn ich Armut und Reichtum so dicht zusammen sehe ... Pollnitz hat ein ganz eigentümliches Mittel gefunden, einen Goldregen auf sein Haus herabzulenken. Mit 65 Jahren, die Brille auf der Nase, hat er sich darangemacht, auf Musselin zu sticken und seine Stickereien Damen als Geschenk zu senden. So schickt er neulich der Gräfin Hacke eine selbstgefertigte Börse. Diese merkt den Zweck ganz richtig und sendet ihm eine mit Geld gefüllte zurück. Auch die Königin wird nicht vergessen, und viel Silber ist der Lohn. Übrigens machen sich bei dem guten Manne die Schwächen des Alters in seinen Hosen in einer für die Geruchsnerven seines Nächsten recht empfindlichen Weise bemerkbar.

31. Dezember 1756. Mein Gott, wie hat sich doch mein ganzes Denken in den paar Jahren, seit ich begonnen, geändert! Wieviel Hoffnungen sind vereitelt, wieviel Pläne durchkreuzt worden! Wenn ich denke, mit welchem Stolz und Selbstbewußtsein ich in die Welt trat und welche Entsagungen die Zeit mich lehrte, so erkenne ich mich nicht wieder. Als junger Fant glaubt man nur von Gott und seinem Degen abzuhängen; nichts erscheint unmöglich, alles fügt sich, alles beugt sich, alles ist gefällig. Aber es kommt die Zeit, wo man einen andern Ton anschlagen muß. Man findet, daß man die Menschen braucht, man muß sich mit ihnen vertraut machen und sich an sie gewöhnen. Man muß sich einerseits Zwang auferlegen, doch anderseits auch rückhaltlos seine Meinung sagen. Man fühlt schließlich, was man für ein Nichts ist.

1757

1. Januar 1757. Wir haben hier eins der drolligsten Soupers bei Frau v. Brand. Da ist die Marschallin Schmettow, die sich gar nicht amüsiert, indem sie keine Karten zum Spielen findet, was ihr nach dem Major Lüderitz das Liebste auf Erden ist. Die Gräfin Eickstädt, die hier mit dem eben aus Holland zurückgekommenen Grafen Wartensleben zusammen ist, würde alle Gesellschaften mit solchem Kumpan nett finden. Die kleine Göhren hofft ein Fünkchen der Liebesflamme, die sie vor acht Jahren in dem flatterhaften Herzen Wulfenstjernas entzündet hat, wieder zu entfachen, und freut sich nun der Gelegenheit, ohne zu bedenken, daß sie acht Jahre mehr zählt, recht wenig Schönheit besitzt und seit einigen Jahren in recht übeln Ruf geraten ist. Die älteste Tochter des Hauses, die in ihrem Gebaren viel Hochmut zeigt, ist in Verzweiflung, sehen zu müssen, wie ihre Mutter das schlechteste Diner von ganz Berlin mit stark bordellmäßigem Anstrich gibt. Die jüngere Tochter, in ihrem Wesen das Urbild der bösen Fee, hüpft vor Freude, Gesellschaft zu sehen. Sie lag zu Bett, als wir kamen, stand aber, da sie die Lust anwandelte, schnell auf und erschien mit verbundenem Kopf und stark geschminkt. Sie betreibt das Geschäft einer Sibylle, indem sie das Wahrsagen aus den Karten von Grund aus versteht. Bei Tisch findet Frau Schmettow, eine bigotte Katholikin, keine Fastenspeise, dafür aber ein Souper, bei dem die langen Saucen und die schlechten Ragouts nicht gespart sind; kurz, es ist ein würdiges Seitenstück zu dem des Horaz und Boileau.

3. Januar 1757. Diniere bei der Gräfin Bredow ganz herrlich. Es ist eine hübsche Frau, die niemals darauf Anspruch gemacht hat, Penelope oder Lucretia zu gleichen, sie ist aber die liebenswürdigste Poppäa und die hübscheste Lais, die man sich denken kann. Sie besitzt eine solche Aufrichtigkeit in ihrer Liebe, daß ich ganz entzückt davon bin. Puebla, der spanische Gesandte, war ihr Geliebter. Sie hat ihn bei seiner Abreise aufrichtig beweint, und sein Bild hängt jetzt ihrem Bett gegenüber. Ich gestehe gern, daß es nur von ihr abhängen würde, das meinige dem Pueblas an die Seite zu hängen; ich würde mich gern mit dem begnügen, was die österreichische Excellenz übrig gelassen hat.

9. Januar 1757. Vormittags beim König. Alles ist entzückt, den Gebieter zu sehen, und man würde ihn anbeten, wenn dieser große Mann etwas leutseliger gegen die, die ihn anbeten, sein wollte. Aber nichts ist demütigender als dazustehen und stundenlang zu warten, um endlich jemand zu sehen, der uns keines Blickes würdigt.

10. Januar 1757. S.M. der König gibt Fräulein Astrua, der ersten Opernsängerin, eine jährliche Pension von 1 000 Talern mit der Erlaubnis, ihren Wohnsitz zu nehmen, in welchem Lande sie wolle. Alle Welt ist von dieser Gnade entzückt. Dies Mädchen verdient sie wohl, denn abgesehen davon, daß sie die erste Sängerin Europas ist, besaß sie alle erdenklichen Eigenschaften, um in der Gesellschaft zu gefallen. Sie hat sich plötzlich ein heftiges Brustleiden zugezogen und sieht sich deshalb genötigt, ihren Beruf aufzugeben. Während der acht Jahre, die sie hier war, bezog sie ein Gehalt von 5 000 Talern.

14. Januar 1757. Man stellt der Königin eine Gräfin Bees vor, die der Oberhofmarschall desselben Namens eben geheiratet hat. Es ist eine Gräfin des heiligen römischen Reiches aus dem Hause Henckel, die nicht ganz den Anstand der vornehmen Welt an sich hat. Ich glaube, sie würde viel mehr in Regensburg oder in Wetzlar, den Sitzen jener regierenden Däumlinge, geglänzt haben als an unserm Hof. Doch glaube ich im übrigen, daß es eine gute Frau ist, die sicherlich ihrem Manne gefallen muß, der an eine so lächerliche und unangenehme Frau gewöhnt war, die ihn tyrannisierte und zudem eine schreckliche Spielratte war. Aus diesem Grunde hat der arme Gatte in der Besorgnis, in dieselbe Lage zu geraten, von dieser verlangt, sie müsse gänzlich auf die Karten verzichten.

21. Januar 1757. Der alte Baron Pöllnitz, der vor acht Tagen mit Schwären bedeckt war wie Lazarus (nachdem er wie der reiche Mann gelebt hatte) und zu sterben meinte, erscheint wieder, boshaft und frivol wie vorher. Er reizt uns zum Lachen, indem er uns ganz freimütig bekennt, daß der größte Teil seiner Memoiren aus Lügen bestehe.

23. Januar 1757. Zum Souper bin ich beim Prinzen von Preußen. Er hält die Bank, und ich gewinne ein paar Taler. Ich sehe aber, daß Se. Königliche Hoheit es nicht liebt zu verlieren;

darum will ich es mir zur Regel machen, nicht gegen ihn zu setzen.

24. Januar 1757. Galacour bei der Königin aus Anlaß des Geburtstages unseres großen Königs. Ein polnischer Kavalier kommt an den Hof mit einem alten Kleidungsstück, das ich an einen Juden verkauft hatte. Der Prinz von Preußen erkennt es. Man sieht hieraus, daß die Herren Sarmaten unsere Trödler sind.

28. Januar 1757. Unsere Besorgnis um Preußen wird größer. Wenn ich daran denke, welchen Gang die Dinge nehmen können, zittere ich. Wenn man an die Weisheit, die schöne Armee und das Glück des Königs denkt, darf man wohl auf viel Ruhm und große Ereignisse hoffen, aber wenn man sich andrerseits vergegenwärtigt, daß Frankreich, Österreich und Rußland samt dem ganzen Reich sich gegen uns vereinigt haben, so sträuben sich einem die Haare.

1. Februar 1757. Die Prinzessin Amalie, die um ihren Haushalt in Sorge ist, seit die Königin-Mutter verboten hat, sie aus ihrer Küche zu bespeisen, beauftragt mich, ihr eine Köchin zu besorgen. Inzwischen läßt sie sich von Leuten, die in die Häuser kochen gehen, die Speisen bereiten. Ich schicke ihr eine Frau, die Waffeln und Schellfisch zu backen versteht, und eine zweite, die Pasteten backt, demnach gleicht dies Diner vollkommen einem Picknick. Eines Abends sprechen wir unter anderm davon, wie man die Küche versorgt und bratet, da belehrt uns die Pöllnitz, wie man ein Masthühnchen im Kamin braten müsse. Man macht gleich den Versuch, und nichts ist amüsanter, als im vergoldeten Kamin des Prinzen von Preußen ein Hühnchen braten zu sehen.

9. Februar 1757. Am Tage vorher war eine sehr amüsante Geschichte passiert. Nach dem Souper bei der Frau Prinzessin Heinrich hatten wir dem Prinzen von Preußen die Bank gesprengt, und da es Geld war, das er in Dresden gewonnen hatte, so wollte er scherzweise eine Bescheinigung darüber haben, wie er hier sein Geld verloren habe. Jeder macht sich also ans Schreiben, und zufälligerweise wirft die Kraut aufs Papier: »Was mich anbetrifft, so habe ich das Solide davongetragen«, und ihr Gatte schreibt: »Ich für mich bin zufrieden«. Da fängt alles furchtbar an zu lachen und sich ins Ohr zu flüstern: »Hahnrei, geprellt und zufrieden!« Denn unser guter Prinz von

Preußen hat während seines hiesigen Aufenthaltes furchtbar im Weinberge des Herrn gearbeitet. Die kleine Kraut als die hübscheste hat das große Los gezogen, die Knesebeck ein paarmal und Frau Brandt um alter Dankesschuld willen.

11. Februar 1757. Die Russen sind an der preußischen Grenze; wenn unsere Truppen nicht die Oberhand behalten, dann bin ich am Bettelstabe. Doch das muß man alles der Vorsehung anheimstellen, ruhig weiterleben und den Wunsch auf vollkommenes Glück aus seinem Dasein streichen; ein solcher Zustand ist den elenden Sterblichen nicht beschieden.

1. März 1757. Die Prinzessin Heinrich gibt einen reizenden Kinderball. Es ist eine wahre Wonne, diese neue Generation, die nicht die geringste Sorge kennt, so vergnügt zu sehen. Glückliches Alter! Reizende Freuden! Wie bald ist's mit euch zu Ende!

10. März 1757. Um 8 Uhr stehe ich auf und lese bis 10; dann kommt mein Musiklehrer und um 11 mein Vorleser. Währenddes beschäftige ich mich bis 1 Uhr mit Malen. Zum Diner gehe ich zu Herrn v. Arnheim. In diesem Hause herrscht noch der Geschmack der Häuser der vorigen Regierung. Der alte Rheinwein und die vollen Schüsseln sind bei solchen Gastmählern die Hauptsache. Von hier gehe ich zu Frau v. G. Es ist ein Weib voller Lächerlichkeiten und Laster, filzig, liederlich, verlogen, verbuhlt, schmutzig, lächerlich ausgeputzt und begierig, alle Männer zugleich zu besitzen. Dieses Ziel hat sie so gut verfolgt, daß die Markgrafen, die Gesandten, die Fremden, der Adel des Landes und der Jude Hirsch rasch einander abgelöst haben.

11. März 1757. Ich besuche Frau v. Wreech, die ich im Bett finde. Sie klagt über eine schreckliche Migräne, ist aber geputzt wie eine junge Wöchnerin mit Spitzen und Bändern und spielt mir gegenüber die Rolle der Frau des Potiphar. Und ich flüchte mich als zweiter Joseph, denn eine Großmutter hat für solche Fälle doch nichts Verlockendes.

14. März 1757. Ich seufze genug über mein unnützes Dasein; allein, wenn man ein solcher Müßiggänger ist, wie ich es unglücklicherweise bin, so darf man wenigstens die gesellschaftlichen Pflichten nicht verabsäumen; denn wollte man sich ganz der Lektüre und dem Studium widmen, was ja ziemlich nach meinem Geschmack wäre, so würde man zum Pedanten, und das wäre noch hundertmal dümmer, als es von Hause aus zu sein. So muß man sich eben teilen und beides tun.

25. März 1757. Abends erzählt man mir bei Hof eine tragische Geschichte. Eine alte Generalin Dockum hatte ihrer Kammerfrau versprochen, ihr im Testament 200 Taler zu vermachen. Da sie ihr zu lange lebte, wollte dieses Geschöpf sie heute Nacht erdrosseln, die Alte aber schrie so laut, daß man ihr zu Hilfe kam und die Mörderin festnahm.

30. März 1757. Den Abend verbringe ich bei der Marschallin Schmettow, wo alles sehr über die Nachricht aufgebracht ist, daß zwei Bataillone jener Sachsen, die man bei der Einnahme von Pirna gefangen genommen und aus denen man die Regimenter Loën und Bevern formiert hatte, davongelaufen seien und geradewegs nach Polen marschierten.

3. April 1757. Unser Gouverneur von Berlin, General Rochow, zieht mit der Garnison von hier ab, um die entwichenen Sachsen zu fangen. Diese Halunken machen uns viel zu schaffen, und ich fürchte, daß uns diese Erwerbung mehr zur Last als zum Vorteil gereichen wird.

6. April 1757. Wiederum zu Hause. Abends bin ich am Hof. Die alte Gräfin Wülknitz liegt im Sterben. Sie hat den Brand im Blut und dabei ein so zähes Leben, daß sie, obwohl man ihr den Schädel geöffnet und einige Pfund Fleisch weggeschnitten hat, immer noch lebt. Jetzt faßt sie der Tod an der gleichen Stelle wie den altberühmten Helden Achilles, der Brand hat sich in die Ferse gezogen. Man könnte ihr auf den Grabstein setzen: »Hier ruht der Müßiggang, der aller Laster Anfang ist«, und jedermann würde daran die Verstorbene sowohl wie Frau v. Göhren, ihre berühmte Tochter, wiedererkennen.

8. April 1757. Das allgemeine Gespräch dreht sich um die Sachsen, die allenthalben davongehen. Das gibt Anlaß zu allerlei Betrachtungen über den Lauf der Dinge dieser Welt. Diese Leute können uns nur als Verbrecher erscheinen, und die, welche erwischt werden, werden auch als solche behandelt; der König von Polen hingegen wird die Treue und Anhänglichkeit, welche ihm diese Leute bezeigen, nie genug belohnen können. Man sieht, die Dinge sind nur gut oder schlecht nach den Umständen und dem Gesichtspunkt, unter dem man sie betrachtet.

9. April 1757. Ostertage. Man geht in die Kirche und verläßt sie wieder. Man spricht nur von der Glasowschen Angelegenheit. Dieser Bursche, der Sohn eines Soldaten der Brieger Garnison, wurde vor einigen Jahren als Heiduck beim König angestellt. Dieser hat ihn immer mit Güte überhäuft und zuletzt zum Kammerdiener gemacht, so daß er beim König nach Belieben ein und aus ging. Der Schurke hat nun die Güte seines gnädigen Herrn mißbraucht, indem er weiter nichts tat als rauben und stehlen, und damit nicht genug, hat er die Geheimnisse des Königs verraten, indem er Abschriften von allen Schriftstücken nahm, die er fand. Man sagt sogar, daß er den König habe vergiften wollen. Endlich sind alle seine Spitzbubenstreiche von seinem Bedienten aufgedeckt und er ist auf frischer Tat verhaftet worden. Man hat viel Geld und kostbare Schmucksachen bei ihm gefunden; außerdem behauptet man, daß er der Spion der Gräfin Brühl gewesen sei. Kurz, wir leben in außergewöhnlichen Zeiten.

13. April 1757. Wir beschäftigen uns damit, alle möglichen Neuerscheinungen durchzusehen, die ihm (Wulfenstjerna) aus Paris zugegangen sind, aber wir finden unter mehr als dreißig Bänden nichts, was man als gut bezeichnen kann; alles ist kindisch und lächerlich. Unter anderem ist da eine Abhandlung über die Haartracht mit 42 Abbildungen von verschiedenen Arten, die Haarlocken zu tragen.

16. April 1757. Ich soupiere um 7 1/2 Uhr und gehe um 10 Uhr zu Bett. Welcher Kontrast zu meinem gewöhnlichen Leben, wo die Verstellung die Grundlage unserer Unterhaltung abgibt, das Spiel die gesellschaftliche Annehmlichkeit ausmacht und die Verleumdung die Tafelfreuden würzt.

20. April 1757. Die Königin ergeht sich nachmittags im Tiergarten. Diese Fürstin, die so wenig Freuden hat, empfindet schon über Dinge, die uns recht gleichgültig sind, ein außerordentliches Vergnügen. Demnach ist für sie dieser Nachmittag himmlisch.

23. April 1757. Allein bis gegen Abend, wo ich einen Kondolenzbesuch bei einem sehr wenig betrübten Witwer und einer Tochter mache, die über den Tod ihrer Mutter schon ganz getröstet ist. Es ist die Gräfin Wülknitz. Alles, was man nach ihrem Tode noch von ihr spricht, dreht sich um die 112 Vögel und 36 Hunde, die sie hielt und für deren Unterhalt sie monatlich 30 Gulden verbrauchte.

König Friedrich und der Kammerdiener Glasow. Kupferstich von J. S. Ringk nach einer Zeichnung von Schubert, veröffentlicht im »Pantheon der Deutschen«, Chemnitz 1794

24. April 1757. Ich habe ein ganz eigentümliches Erlebnis mit meinem Diener, mit dem ich, was sonst selten vorkommt, sehr zufrieden bin und den ich immer zu behalten gedachte. Plötzlich laufen Klagen bei mir ein, er habe über die Zeitereignisse räsonniert und über den König sein Mißvergnügen geäußert. Als guter Untertan muß ich ihn daher entlassen.

25. April 1757. Man spricht von einer Geschichte, die sich hier zugetragen hat, einem so unerhörten Blödsinn, wie noch keiner erfunden worden, obwohl man nicht erst seit heute solchen macht. Ein Geheimrat namens Behrens hat sich in den Kopf gesetzt, er müsse am dreiundzwanzigsten sterben; er läßt sich einen Sarg machen, hüllt sich in ein Leichentuch und legt sich, eine Zitrone in der Hand, in seinen Sarg, um dort auf den Tod zu warten. Er läßt sich darin zu essen geben, macht darin sein Testament, und seine Nichte muß Trauerkleider anziehen. Diese Geschichte verursacht um so größern Lärm, da zwei Personen, die nichts von der Sache wußten, beinahe wirklich vor Schreck gestorben wären, als sie in das Haus kamen und die Leiche, die im Torweg im Sarge lag, plötzlich zu sprechen anfing. Schließlich kommen die Prediger des Stadtviertels, um ihn zu überreden, wieder herauszukommen; aber es hilft nichts, bis Herr Kircheysen mit zwei Polizeidienern hinkommt, um ihn mit Gewalt herauszubringen. Man hat ihm seinen Sarg weggenommen, und jetzt schreit er erbärmlich, er werde sicher sterben, er habe nie besser gelegen als in seinem Sarge. Wäre dieses Abenteuer zur Römerzeit vorgekommen, so würde man von ihm als von einem großen Philosophen gesprochen haben, und jetzt hält man Herrn Behrens für einen Narren, und das mit Recht.

9. Mai 1757. Um 7 Uhr weckt mich der Ruf, der die ganze Stadt durchhallt, daß ein reitender Bote angekommen sei, um Postillione für Herrn v. Forcade zu holen, der die Meldung von einem großen Siege über die Österreicher bei Prag bringt. Niemals habe ich Berlin in solcher Bewegung gesehen. Alles ist voll Freude, aber auch voll Sorge über die Verluste; besonders zittert man für unsere teueren Prinzen. Was mich anbetrifft, so folgere ich als guter Logiker, daß man nicht einen Adjutanten mit 34 Postillionen hersenden wird, um uns den Verlust eines dieser teueren Häupter anzuzeigen; demgemäß gebe ich mich ganz der Freude hin. Ich eile ins Schloß und finde die ganze

Bürgerschaft und das Volk auf dem großen Platz, den ganzen Adel in den Gemächern der Königin und alle Prinzessinnen mit dem Braunschweiger Hof im großen Saal. Alles ist bloß halb angezogen, und es wäre viel Stoff zum Lachen gewesen, wenn nicht ernstere Gedanken die Heiterkeit zurückgedrängt hätten.

15. Mai 1757. Es ist Sonntag. Alles eilt in die Kirche, um das Tedeum zu singen. Ich begebe mich in die Petrikirche, wo die Sänger und Sängerinnen des Königs ihre schönen Stimmen erschallen lassen. Man gelangt nur mit großer Mühe hinein; es befinden sich sicherlich 6000 Personen darin ... Nach dem Diner führe ich die Königin in die Predigt des Herrn Sack, der mit wunderbarer Beredsamkeit und großem Geschick den Tod des Marschalls Schwerin, die Krankheit der Königin-Mutter, die Größe des Königs und die Tapferkeit des Prinzen Heinrich berührt. Die Lobreden auf diesen sind unerschöpflich; während die Akademie ihn mit Scipio, Germanikus, Condé und Türenne vergleicht, rühmen die Prediger ihn als einen zweiten David, einen zweiten Josua und einen zweiten Ahab.

22. Mai 1757. Zweimal in der Kirche, wo Herr Achard uns eine ausgezeichnete Predigt über unsere Siege hält. Abends soupiere ich als einziger Herr mit fünf Generalsfrauen zusammen, deren Männer im Krieg sind. Gott weiß, was wir da alles über diese Geißel Gottes zusammenreden und schelten.

29. Mai 1757. Ich mache mit Knyphausen einen Spaziergang, wobei wir die Göhren treffen, die verkleidet unter den Kastanienbäumen Abenteuer sucht. Sie läuft Knyphausen nach, daß es eine Schande ist.

30. Mai 1757. Ich gehe zweimal zur Kirche, und nachdem ich am Hofe gewesen, soupiere ich beim schwedischen Gesandten. Langeweile!

31. Mai 1757. Den ganzen Tag bei meiner Lektüre, abends bei der Königin. Nach dem Souper gehe ich zu Fuß nach Hause und treffe unterwegs die Göhren in sehr bedenklicher Haltung auf einer Bank mit Knyphausen.

1. Juni 1757. General Blankensee von der Kavallerie stirbt an den Wunden, die er in der Schlacht bei Prag erhalten hat. Trotz der großen Anzahl von Generalen, die wir verloren haben, läßt sich ihr Verlust ersetzen; sie waren zum Teil schon altersschwach, zum Teil Leute ohne Bedeutung. Der Marschall Schwerin allein wird unvergessen bleiben. Er war einer jener seltenen Männer, die Geist, Mut, Lebhaftigkeit, gefälliges Wesen, kurz alles, was den großen Mann kennzeichnet, in sich vereinigen. Der König soll bestimmt haben, daß sein Regiment seinen Namen trage in saecula saeculorum. Das wäre eine würdige Ehrung, sowohl für den, der sie befiehlt, wie für den, dem sie gilt.

3. Juni 1757. Nachdem ich den ganzen Tag zu Hause gewesen bin, gehe ich nach Monbijou, um bei der Äbtissin von Quedlinburg zu soupieren. Alle Prinzessinnen sind da. Unsere Wirtin ist heute voller Liebenswürdigkeit. Sie ist wirklich wie manche großen Männer; nichts ist mittelmäßig an ihr, entweder ist sie himmlisch oder teuflisch ... Die Beschießung Prags hat bereits am 29. Mai begonnen. Die Nachrichten lauten sehr günstig für uns. Die Herren vom Reich, die uns den ganzen Winter über mit der Reichsacht drohten, fangen an, dem König Komplimente zu machen. Das legt natürlicherweise den Wunsch nahe, sie gedemütigt zu sehen, aber da ich gutherzig bin und nicht haben möchte, daß ihre armen Untertanen deren schlechtes Verhalten unserem König gegenüber zu büßen hätten, möchte ich ihnen persönliche Strafen zudiktieren, die solchen Herren immer hundertmal empfindlicher sind als alles Ungemach, das ihr Land trifft. Der Herr von Mainz müßte auf seinen alten Rheinwein verzichten, der Markgraf von Ansbach auf seine Falken, der Kurfürst von Köln auf seine Frauen und Priester, der Pfalzgraf auf die Herrschaft seiner Frau, der Herzog von Württemberg auf seine betreßten Kleider und seine vergoldeten Zimmerdecken, der König von Polen müßte täglich vier Stunden ausreiten, dürfte nie mehr ein Gemälde sehen und kein Ragout mehr auf die Tafel bekommen, die geistlichen Fürsten keinen Wein mehr in ihre Keller.

5. Juni 1757. Eine sehr schlechte Predigt bei der Königin, ein Diner von gleichem Geschmack, nachmittags prächtiges Wetter, ein Ausflug nach Monbijou, viel Geschwätz und viele Menschen, abends bei der Königin, alle Prinzessinnen beim Souper, später meine kleine Marschallin, das füllt diesen ganzen Tag aus.

24. Juni 1757. Gleich nach Tisch reisten wir nach Berlin ab, und als wir hier ankamen, wußte schon alles von dem Mißgeschick (Schlacht bei Kolin), das unser König gehabt hatte, daß er die Schanzstellungen des Marschalls Daun nicht hatte nehmen können und gezwungen war, sich mit Verlust zurückzuziehen. Ich kleide mich rasch um und gehe noch zur Königin, wo ich alles in größter Bestürzung finde. Ich erfahre, daß das erste Gardebataillon furchtbar gelitten hat; es sind von ihm nur 300 Mann übriggeblieben, 20 Offiziere sind tot oder verwundet. Von der hier lebenden Frau des Generals Manstein sind der Mann, Sohn, Bruder und Schwager verwundet. Kurz, ganz Berlin weint; denn das bisherige Glück hatte uns verwöhnt, und in den 17 Jahren, die der König nun regiert, haben wir noch keine Nachricht bekommen, die so bitter war wie diese.

25. Juni 1757. Unser Verlust ist groß, vor allem wegen seiner Folgen. Wir sind nun wieder so weit zurück wie nach unserem Einrücken in Böhmen, haben überdies 30 000 Mann weniger, die die Schlacht von Reichenberg, die Belagerung Prags und die Schlappe von Kolin uns gekostet haben. In dieser letzten Schlacht sind sämtliche Generale verwundet oder getötet worden, nur der Prinz von Bevern, Prinz Franz von Braunschweig und Prinz Moritz von Dessau blieben unversehrt ... Unsere Feinde triumphieren bis zum Lächerlichen, und die Zeitungen sind voll von ihren Prahlereien. Nach dem Souper erleben wir ein spaßiges Abenteuer. Frau v. Brandt, die trotz eines gewissen Alters immer noch schön und äußerst gefallsüchtig ist und gegenwärtig auf die Eroberung Knyphausens ausgeht, sitzt am Tisch und verspürt auf einmal eine sonderbare Bewegung unter sich, die immer stärker wird, so daß sie laut aufschreien muß, obwohl sie neben der Prinzessin sitzt. Alles steht auf, und es stellt sich heraus, daß zwei Hunde sich unter ihren Stuhl geschlichen hatten und dort bei einer gewissen Beschäftigung die Bewegungen machten, die den Stuhl der Frau v. Brandt hoben und senkten. Man lacht um so mehr, als das einer Dame passiert, die mit derartigen Bewegungen vertraut ist.

28. Juni 1757. Die Königin-Mutter ist tot! Gestern abend speiste sie noch mit den Fräulein v. Knesebeck und v. Bredow, scherzte viel mit der letzteren und lud sie für den folgenden Tag zum Souper ein. Um 2 Uhr nachts läßt sie die Knesebeck rufen, weil sie nicht einschlafen kann, um 4 Uhr entläßt sie sie und schläft bis 8. Dann fühlt sie ein Bedürfnis und läßt sich aus dem

Bett tragen, nimmt den Tee und will ins Bett zurück. In dem Augenblick, da ihre Frauen sie ins Bett legen, sagt sie: »Nun ist es aus!« und verscheidet ... Ich selbst bleibe drei Stunden bei der Leiche. Ihr Gesicht ist gar nicht verändert, wird es aber wohl bald werden, weil die Königin ausdrücklich befohlen hat, daß sie weder geöffnet noch einbalsamiert werde. Im übrigen herrscht große Ratlosigkeit, niemand will eine Verantwortung übernehmen. Die Herren Kabinettsminister, die man gleich hat kommen lassen, um die Siegel anzulegen, wagen aus Furcht, dem Herrn zu mißfallen, nichts bezüglich des Begräbnisses anzuordnen, die Prinzessin Amalie desgleichen ... Diese große Königin, Tochter, Gemahlin, Mutter und Schwester von Königen, die nur zu wünschen brauchte, und alle Schätze Indiens, Frankreichs, Englands schmückten ihren Palast, diese so bewunderte, so verehrte, so geliebte Fürstin, da liegt sie auf einem kleinen Ruhebett, bedeckt mit einem Tuch, und schon beginnt man davon zu sprechen, daß man den Sarg wird schließen müssen, weil sie bald übel riechen wird, so daß niemand herangehen mag. Das ist das Ende dieser viel beneideten und viel bewunderten Größen.

4. Juli 1757. Geheimrat Froben stirbt, der durch weiter nichts merkwürdig ist, als daß er einen berühmten Namen trug und aus einer Familie stammte, von der ein Vorfahre sich in der Schlacht bei Fehrbellin großmütig für den großen Kurfürsten geopfert hat. Unsrer hatte nur den Namen geerbt, denn an Verdiensten besaß er so wenig, daß der verstorbene Großkanzler Cocceji sich um Gewissen verpflichtet fühlte, ihn aus der Reihe der Justizräte zu streichen, als die Justizreform durchgeführt wurde.

9. Juli 1757. Ich erhalte Briefe aus Preußen, die mich ungemein betrüben. Die Russen haben dort die Feindseligkeiten bereits begonnen. Memel ist genommen, und der ganze Adel des Landes hat sich nach Königsberg zurückgezogen, um den barbarischen Gewalttätigkeiten der Feinde zu entgehen, die überall sengen und plündern. Ich habe meine Mutter dort und zwei Schwestern mit allen ihren Kindern, Möbeln, Geschirr und Pretiosen. Das alles beunruhigt mich aufs höchste. Abgesehen von meinen Einkünften, die ich verliere, muß ich mich jeden Tag auf die Nachricht gefaßt machen, daß meine Güter verbrannt und meine arme Mutter in größter Angst und Sorge ist.

30. Juli 1757. Abends gehe ich ins große Observatorium, um mir eine Mondfinsternis anzusehen.

2. August 1757. Charlottenburg. Ich bringe den ganzen Tag zu Hause zu. Nachmittags habe ich ein Abenteuer, das sehr schön beweist, daß die Weiber dazu geschaffen sind, die Männer zu hintergehen. Als ich gestern durch eine Straße ging, sah ich an einem Fenster ein bildhübsches Mädchen. Ich schickte meinen Diener hin, um mich zu erkundigen, wer sie sei. Es stellt sich heraus, daß sie die Maitresse eines Mannes ist, der sie vergöttert. Mein Diener spricht mit ihr, sie ist entzückt über die Gelegenheit, ihren Geliebten zu hintergehen, und kommt noch heute zu mir. Sie ist täglich bloß eine Stunde frei, abends von 8 bis 9, wo ihr Galan zu seinen Eltern zum Abendessen gehen muß, und diesen Augenblick benützt sie jetzt, um zu mir zu kommen. Nie in meinem Leben habe ich ein hübscheres Geschöpf gesehen, an Körperschönheit kann sie sich mit Venus messen. Ich soupiere bei der Königin und gehe nachher noch nach Charlottenburg.

3. August 1757. Den ganzen Tag mit den Damen von Charlottenburg zusammen. Des Morgens trinken wir Schokolade im Großen Garten. Ich lese den Damen Rabeners Satiren vor, die beißender sind als die Boileaus. Ihr Verfasser ist ein Deutscher, aber man hat sie ins Französische übersetzt. Abends kommen viele Damen aus Berlin herüber.

5. August 1757. Der Maler Pesne ist tot. Wir haben in ihm einen bedeutenden Mann verloren. Sein hohes Alter ließ uns diesen Verlust schon lange befürchten, aber man sagt, daß die scharfen Mittel eines gewissen Gautier de Saldagne, eines französischen Arztes, der neulich hierher gekommen ist, ihn getötet haben. – Am Rande: Es hat sich herausgestellt, daß dieser Gautier ein französischer Spion war. – Dieser Quacksalber wird geradezu überlaufen, und man fürchtet, daß er noch eine ganze Anzahl von Leuten, die so sehr das Neue lieben, morden wird.

25. August 1757. Ich reite nach Charlottenburg und diniere bei der Gräfin Bredow. Diese Frauen kümmern sich nicht im geringsten um den Krieg. Unsere Lage ist ganz entsetzlich. In Preußen die Russen, in Pommern die Schweden, im Magdeburgischen die Franzosen, in Schlesien die Österreicher; das ist doch zum Verzweifeln! Es ist ganz unmöglich, aus alledem herauszukommen; denn wenn wir auf der einen Seite siegreich wären, würde man uns auf der anderen alle Provinzen abnehmen.

27. August 1757. Abends bin ich bei der Marschallin Schmettow. Man ißt schon aus Steingutgeschirr. In allen Häusern bemerkt man, daß die besten Sachen eingepackt sind.

11. September 1757. Unsere Lage bessert sich keineswegs. Ganz Europa hat sich verschworen, uns zu verderben. Auch unsere Verbündeten und die Freunde, die wir hatten, so lange wir im Glück waren, verlassen uns. Hannover, Braunschweig und Kassel haben sich neutral erklärt, ziehen ihre Truppen zurück, geben den Franzosen die Erlaubnis, in ihren Ländern zu überwintern und lassen unseren Herrscher vollkommen im Stich.

13. September 1757. Posttag für die Post aus Preußen, demnach wieder ein Tag der Trauer. Die Russen begehen schreckliche Grausamkeiten. Sie haben Gerdauen, das meinem Schwager Schlieben gehört, geplündert. Sie haben das geraubte Vieh in den Paradezimmern geschlachtet, die Tische und Kommoden meiner Schwester zerschlagen, sich damit ein Feuer angezündet und ihr Essen zubereitet. Die Statuen haben sie zertrümmert, um die Eisenstangen, die sie trugen, fortzuschleppen. Die Pferde und alles Vieh haben sie zwei Tage lang im Garten gelassen, kurz, alles vollständig verwüstet ... Unsere Vergnügungspartien sind jetzt so traurig wie ehemals unsere Bußtage. Man denkt immer nur an das allgemeine Unglück, so daß auch die Vergnügungen des Privatlebens keine Freude mehr machen.

23. September 1757. Man hat Herrn v. Nolcken sagen lassen, er möge von hier abreisen, da wir keine Beziehungen mehr mit den Herren Schweden hätten. Das Buckelchen zeigt sich aber widerspenstig. Lästermäuler behaupten, diese Festigkeit komme mehr von der Liebe der Gräfin Bredow zu ihm als von seinem Eifer für die Interessen seines Hofes. Die Sache wird aber schließlich damit enden, daß man den kleinen Sekretär mit Gewalt fortbringt.

1. Oktober 1757. Endlich führt man die Drohung gegen Herrn v. Nolcken, den buckligen schwedischen Gesandtschaftssekretär, aus, indem man ihm einen Offizier und zwei Unteroffiziere ins Haus schickt und ihn über die mecklenbur-

Rode del. Schleuen sc.

Der Feinde Zahl wird Ihn nicht irren,
Der für sein Recht, für Gott und Freyheit ficht!
Im Schirme dieses Schilds hört er die Streiche klirren,
Und fühlt sie nicht!

König Friedrichs Bild von der Kriegsgöttin Bellona beschützt. Kupferstich von Johann Friedrich Schleuen nach einer Zeichnung von Rode gische Grenze bringen läßt. Die Herren Gesandten erheben beim Ministerium Klagen, aber alle Unparteiischen müssen zugeben, daß es von Herrn v. Nolcken lächerlich ist, hierbleiben zu wollen, während seine Nation uns den ungerechtesten Krieg von der Welt erklärt hat. Sein hartnäckiges Verweilen hat seinen Grund in der lächerlichen Leidenschaft, die die Frau Gräfin Bredow, die früher in den spanischen Gesandten Puebla so vernarrt war, für ihn empfindet. Als er schon in den Wagen steigen will, sendet ihm die zärtliche Gräfin noch ein großes Pack Schokolade.

15. Oktober 1757. Ich gehe zur Mittagstafel zum Grafen Gotter, wo ich alle Welt in äußerster Bestürzung finde. Fortwährend treffen Hiobsposten ein, daß der Feind in der nächsten Umgebung plündert und sengt. Plötzlich tritt Fritz Holzendorf mit einem so langen und entsetzten Gesicht herein, daß wir den Feind schon mitten in der Stadt vermuten. Er zitterte für seinen Geldkasten und hatte seine Juwelen und Schmucksachen in seine Hosen gestopft. Pöllnitz dagegen schwört uns, er besitze nicht mehr als acht Groschen und würde ärmer als ein Handwerksbursche abziehen. Da kommt Polizeipräsident Kircheysen herein und versichert, er möchte sein Möglichstes zum Schutze der Stadt tun, aber er sehe leider, daß höheren Orts keine Maßregeln getroffen würden. Als ich Gotter verlassen habe und an den Hof komme, tritt mir die Königin tränenden Auges entgegen mit der Nachricht, daß die jungen Prinzen schon nach Spandau abgereist seien und daß sie selbst vielleicht noch diese Nacht werde abreisen müssen. Da kam die Nachricht, daß der Feind in Köpenick sei, zwei kleine Meilen von hier, daß die Bürger ihn aber nicht hereingelassen, sondern die Brücken aufgezogen hätten und sich verteidigten. Unser trefflicher Kommandant war derweil bei Hofe, um sich über Rückenschmerzen zu beklagen und nichts zu tun.

16. Oktober 1757. Der bewegteste und traurigste Tag meines Lebens! Kaum bin ich aufgestanden, da heißt es: der Feind ist vor den Toren. Man sieht von allen Seiten halbnackte Menschen herbeiströmen, die sich aus der Umgegend geflüchtet haben. Um 8 Uhr läßt mich die Königin rufen. Ich finde diese würdige Fürstin in Tränen. Sie beauftragt mich, alle Prinzessinnen zu benachrichtigen, daß sie um 11 Uhr abreisen werde;

sie möchten sich ihr anschließen. Als alles versammelt ist, sagt die Königin, man müsse dem Befehl des Königs folgen und abreisen. Die Königin fährt ab, begleitet von der Berliner Garnison. Was mich anbelangt, so bleibe ich ruhig im Schloß und sehe, nachdem ein Kanonenschlag den Abzug der Garnison angezeigt hat, wie alle Welt abfährt. Dann gehe ich hinunter und finde meine Diener mit Bett und Koffer und meinen Wagen. Ich steige ruhig ein und folge dem Hofe. Am Oranienburger Tor hole ich die Gepäckwagen ein, auf denen ich meine Sachen unterbringe, und setze mich auf einen anderen Gepäckkarren. Auf halbem Wege kommt uns der Wagen des Marschalls Kalckstein nach und nimmt mich auf. Unterwegs erfüllen mich die traurigsten Gedanken. Im Mai noch die stolzesten Hoffnungen, dann aber der Tag von Kolin, der Tod der Königin-Mutter, das Zerwürfnis des Königs mit dem Prinzen von Preußen, die Grausamkeit der Russen in meiner Heimat, endlich unsere demütigende Flucht aus Berlin. Als wir in Spandau anlangen, heißt es, Berlin sei geplündert und alles massakriert worden. Nun fühlt man sich selbst in der Stadt Spandau nicht mehr sicher, und das ganze königliche Haus muß in der Festung Wohnung nehmen. Das Gebäude, in dem so viele erlauchte Personen Platz finden sollten, hat seit Friedrich I. nur zur Aufnahme von Gefangenen und von Schießbedarf gedient. Man hat die Ankunft der Königin nicht vermutet, und so ist kein Feuer, kein Licht vorhanden. Vier Verbrecher, Eisen an den Füßen und eine kleine Lampe in der Hand, führen Ihre Majestät und die Prinzessinnen in die Wohnung, die aus fünf Räumen besteht, in denen die Fenster zerbrochen sind, keine Tür schließt, kein Stuhl zu erblicken ist. Die ganze Ausstattung besteht in alten Porträten, deren neuestes das der Katharina von Medici ist; alle anderen stellen Fürstlichkeiten vor, deren Gesicht und Kleidung die Barbarei ihrer Zeit kennzeichnen. Um die Erinnerung an diesen entsetzlichen Aufenthalt festzuhalten, habe ich mir den Plan der von der königlichen Familie bewohnten Räume aufgezeichnet. 1) Ein großer Saal quer durch das ganze Gebäude, in dem sich die Kammerdiener und die Frauen der Königin sowie ein Eßtisch befinden. 2) Ein langes schmales Kabinett, in dem die Königin, die Prinzessin von Preußen und Prinzessin Wilhelmine auf der Erde schlafen. 3) Ein Zimmer für die Gräfin Camas, Frau Wolden, Fräulein

Tettau und Fräulein v. Brand mit dem Büfett und einem Stuhl mit einem Loch. 4) Audienzzimmer, darin gleichzeitig die Hofdamen der Königin, ihr Eßtisch, kein Stuhl, nur einer mit einem Loch für die Gräfin Camas. 5) Ein großer Raum auf der anderen Seite des Gebäudes neben 2), 3) und 4) mit Patronen, Uniformen für vier Regimenter und einem großen Korbe mit Stroh, wo die Damen und die Herren in bunter Reihe sich von den Folgen ihrer Verdauung befreien. 6) und 7) Flur und Treppe. 8) Prinzessin Amalie, die Marschallin Schmettow, Frau v. Maupertuis, Fräulein v. Röder und vier Kammerfrauen, alle auf Stroh gelagert, außerdem drei dicke Landfrauen zum Feuermachen, die dermaßen schnarchen, daß die arme Prinzessin kein Auge zumachen kann, endlich die Marschallstafel und ein Durchgang für jedermann. 9) Die Frau Prinzessin Heinrich, Gräfin Dönhoff hustend und ihre Lungen ausspeiend, zwei Hofdamen, vier Kammerfrauen, kein Ofen, kein Kamin. 10) Die Frau Prinzessin Ferdinand, Frau v. Einbeck, ihre Tochter und zwei Hofdamen, dazu die ganze Montierung des Prinzen von Preußen, zum Teil an der Tür hängend, so daß die Degen und Pistolen dem Eintretenden ums Gesicht fuchteln. 11) Alle Lakaien, Garderobenmädchen und Pagen auf der Erde lagernd, an Zahl mehr als siebzig.

Ich muß noch bemerken, daß sich unter diesen Gemächern das Pulvermagazin befindet und daß man alle Augenblicke die Warnung erhält, man dürfe nicht zu stark heizen, wolle man nicht ein furchtbares Unglück anrichten. Man muß also zwischen Erfrieren und Indieluftfliegen wählen; natürlich zieht man ersteres vor. Die ganze Gesellschaft soupiert auf der Erde und verbringt dann eine traurige Nacht auf Stroh.

Als ich endlich in mein Quartier komme und meinen Koffer öffnen lasse, finde ich zu meinem Ärger, daß mein Diener statt des Koffers mit meinen Hemden und Reisekleidern den mit meinen Sommerkleidern und Dominos ergriffen hat. Unwillkürlich muß ich an die Worte der Bibel denken: Eure Flucht vollziehe sich nicht am Sabbat, auch nicht im Winter! Unsere ist nämlich am Sonntag und bei großer Kälte vor sich gegangen.

17. Oktober 1757. Als ich mich dem zeitigen Residenzschloß nähere, besehe ich mir mit größerer Ruhe diesen schrecklichen Aufenthaltsort. Gefangene, Spitzbuben, Hofkutschen und Lakaien bunt durcheinander. Indem ich die Gemächer betrete, finde ich sie mit dem ausgestattet, was man in den ordinärsten Schenken antrifft. Überall liegen Strohsäcke, und die Damen sitzen auf ihrem Lager. Die kranke Prinzessin Heinrich ist auf der Erde gebettet, Prinzessin Amalie schreibt im Stehen einen Brief, da sie weder Tisch noch Stuhl hat, und die Königin hat sich in einen großen Pelz gehüllt und stirbt vor Kälte. Die arme Tettau mit all ihren Gebrechen liegt auf einem Bett und will ihre Seele aushauchen. Am rührendsten ist es aber, die gute alte Gräfin Camas zu sehen. Sie hat die Nacht kein Auge geschlossen, aber ihr Humor hält sie aufrecht, und sie versteht es, allem eine heitere Seite abzugewinnen. Nichts wirkt aber auch erheiternder, als sie auf ihrem durchlochten Stuhl zu sehen, während vor ihr die Königin und der ganze königliche Hof mit den Ministern konferieren. Ein paarmal sagt sie zu uns: »Kinderchen, sprecht lauter, ich möchte mich gern von einem Wind befreien, der mich inkommodiert!« Kurz, jeder versucht, es sich bequem zu machen.

18. Oktober 1757. Zu unserer Freude erfahren wir, daß Fürst Moritz da ist und der Feind sich schleunigst zurückzieht. Man erwartet in einigen Tagen auch den König. General Seydlitz schreibt an die Königin, er sei eingetroffen und werde nötigenfalls sein Leben opfern, um sie sicher nach Berlin zurückzuführen.

... Gegen 9 Uhr setzen wir uns in die Kutschen und treffen um 11 Uhr in Berlin ein, ohne einer Eskorte zu begegnen. Diese hat einen anderen Weg genommen. Das hätte für uns leicht verhängnisvoll werden können, da sich in dem Walde, den wir passierten, Marodeure umhertrieben.

Das Vorzimmer der Königin finden wir mit Menschen angefüllt, die uns mit aufrichtiger Freude empfangen; darunter sind auch unsere Offiziere vom Regiment Gendarmes, an ihrer Spitze der Major Schwerin. Ich schleppe mich an diesem Tag der Aufregungen noch dahin, und wir erzählen uns die Abenteuer dieser drei ewig denkwürdigen Tage. Baron v. Müller frönte seiner Leidenschaft auch während der Schreckensnacht, indem er die Damen veranlaßte, abwechselnd mit ihm Pikett zu spielen. So hat er diese Nacht sieben Partien gespielt. Man könnte ihn mit Archimedes vergleichen, der so mit seinen mathematischen Berechnungen beschäftigt war, daß er darüber die Eroberung von Syrakus nicht merkte. Es war in Berlin höchstwahrscheinlich die einzige Spielpartie in dieser drangvollen Zeit. Gegen Mitternacht waren die guten Berliner etwas ruhiger geworden, nachdem die Zahlung der 215 000 Taler vereinbart worden war. Außer dieser Summe hatten sich die Abgesandten des Feindes noch zwei Dutzend Handschuhe geben lassen, womit sie ihre Kaiserin beschenken wollten. Ich möchte viel Geld dafür geben, wenn man alle diese Tatsachen aus der brandenburgischen Geschichte streichen könnte.

Der Feind hat alle Landhäuser vor dem Stralauer Tor geplündert, mehrere Husaren haben in der Lindenstraße greuliche Exzesse verübt. Viele von dieser Truppe sind ehemalige Berliner, die wegen schlechter Führung die Stadt verlassen mußten und sich nun ihre Kenntnis aller Gelegenheiten in manchen Häusern zunutze gemacht haben. Einer dieser Husaren war früher Kutscher bei Oberst v. Bredow gewesen und von diesem seiner schlechten Führung wegen fortgejagt worden. Dieser Mensch kommt mit zwei oder drei Kameraden in das Haus des Herrn v. Bredow, als dieser eben heimgekehrt ist, prügelt ihn fürchterlich durch, setzt ihm die Pistole auf die Brust und zwingt ihn zur Herausgabe seines ganzen Geldes. Was uns bei dieser Geschichte tröstet, ist der Umstand, daß B. ein roher Wüstling ist, der nun darauf schwört, daß ihm diesen Schimpf seine Schwägerin, die Gräfin Bredow in Österreich, mit der er im Prozeß stehe, angetan habe. Den Grafen Schwerin haben sie, wiewohl er in holländischen Diensten steht, ebenfalls mit der Pistole in der Hand gezwungen, ihnen Uhr und Börse herauszugeben. Das Scheußlichste aber, was sie verübt haben, ist, daß sie in den Garten eines alten Herrn v. Stosch gedrungen sind, ihm sein ganzes Geld und Gut abgenommen und ihn dann die Treppe hinuntergeworfen haben, wobei sich der arme Achtziger den Hals gebrochen hat. Auch die ganze Meierei des Arztes Eller haben sie geplündert – kurz, es haben doch mehrere den Besuch dieser Herren sehr unangenehm empfunden.

19. Oktober 1757. Ich erwache mit dem angenehmen Gefühl, wieder glücklich daheim zu sein. Ich bringe meine Sachen in Ordnung und habe die Freude, viele meiner Bekannten aus den verschiedenen Regimentern, die nach Berlin gekommen sind, wiederzusehen. Um 11 Uhr meldet man mir, das Volk belagere das Haus des Generals Grafen Wartensleben. Ich schicke hin und erfahre, daß das Volk aufs äußerste gegen General v. Rochow, den Kommandanten von Berlin, aufgebracht ist. Als dieser ins Zeughaus gehen wollte, sammelten sich Jungen um ihn und riefen ihm die größten Schimpfworte zu; dann gesellten sich auch die Alten dazu, warfen mit Steinen nach ihm und versuchten ihm den Degen zu entreißen. Mit Mühe gelang es ihm, sich, mit Kot bedeckt, zum General Wartensleben zu flüchten. Mehr als 2000 Männer und Weiber wollten nun das Haus stürmen. Da kommt Wartensleben im Schlafrock heraus, um das Volk zu beruhigen, General Bülow reitet heran und feuert einen Pistolenschuß ab, um das Volk zurückzutreiben, alles umsonst. Nun trifft General Meyerinck ein und nimmt Rochow in seinen Wagen, um ihn zum Fürsten Moritz zu bringen. Er muß sich aber von Husaren begleiten lassen, da das Volk den Wagen verfolgt und dem Kommandanten durchaus an den Kragen will. Man beschuldigt ihn eines geheimen Einverständnisses mit dem Feinde, kurz, man traut ihm jede Schändlichkeit zu. Man tut ihm aber unrecht. Sein ganzer Fehler besteht darin, daß ihn der Himmel mit recht wenig Verstand, aber viel Hochmut und recht viel Geiz begabt hat, weshalb er niemand zu Rate gezogen und keinen Groschen ausgegeben hat, um die Stärke des Feindes auszukundschaften.

Außerdem hat er wie alle Dummköpfe den Befehl des Königs zu sehr nach dem Buchstaben ausgeführt. Seine Majestät hatte befohlen, daß die Garnison, falls der Feind sich der Stadt nähere, der Königin zur Bedeckung dienen solle; der König konnte aber nicht voraussehen, daß der Kommandant ein solcher Tropf sein würde, die Hauptstadt des Landes in die Gewalt der Österreicher fallen zu lassen, wenn diese nur 1000 Mann stark wären, während unsere Garnison 4500 Mann zählte.

Man rühmt den holländischen Gesandten Grafen Gronsfeld außerordentlich wegen der Gefälligkeiten, die er in den unruhigen Tagen vielen Berlinern erwiesen hat. Mehr als 1500 Personen hat er Aufnahme gewährt; da er aber natürlich nicht alle in seinen Zimmern unterbringen konnte, mußten viele im Hof bleiben. Er hat ihnen Brot und Wein gegeben, kurz, alle bei solcher Gelegenheit nur mögliche Hilfe gewährt. Der dänische Gesandte dagegen, Herr von Ahlfeld, hat ganz anders gehandelt. Er hat seine Tür allen verschlossen, und die wenigen, die Aufnahme gefunden haben, nötigte er in der kritischsten Zeit, abends 10 Uhr, fortzugehen.

20. Oktober 1757. Ich höre, daß der Kommandant noch immer fünfzig Husaren als Wache vor seinem Hause hat, da das Volk noch immer in äußerst gereizter Stimmung gegen ihn ist.

21. Oktober 1757. Seine Majestät kommt nicht nach Berlin, sondern hat alle Regimenter, die zu unserer Beruhigung angerückt waren, an sich gezogen, und wir sollen nach Magdeburg gehen.

23. Oktober 1757. Um 8 Uhr früh versammelt sich alles, was abreisen soll, im Schloß. Die Prinzessinnen erscheinen mit ihrem ganzen Gefolge. Der ganze Adel Berlins kommt, um Abschied zu nehmen. Die Szene ist traurig genug, aber doch lange nicht so tragisch, wie die vor acht Tagen, als wir nach Spandau abgingen. Endlich nach vielen Umarmungen setzen wir uns in Bewegung. Die Eskorte erwartete uns im Tiergarten und führt uns in sieben Stunden nach Potsdam. Eine unendliche Menschenmenge wartet hier auf uns. Wir passieren die notdürftig hergestellten Brücken, die man abgebrochen hatte, um die Österreicher am Einrücken in die Stadt zu hindern. Potsdam und Köpenick haben den Ruhm, sich gegen dieses Lumpenpack verteidigt zu haben, während Berlin infolge der Dummheit seines Kommandanten die Schande gehabt hat, durch das Joch kriechen zu müssen. Alle Welt ist aufs höchste erstaunt, daß der König den Kommandanten wieder in sein Amt eingesetzt hat; die ganze Stadt ist darüber in Verzweiflung. Der Hof steigt im Potsdamer Schloß ab.

Die Königin ist niemals hier gewesen, und ich habe mich bei dieser Gelegenheit über die eigentümliche Fügung des Schicksals gewundert, daß die Königin von Ungarn ein Heer nach Berlin schicken muß, damit die Königin von Preußen die Residenz ihres Gemahls zu sehen bekommt. Sie findet alles prachtvoll und ist um so mehr entzückt, als sie auf den Gesichtern aller Bewohner Potsdams die Freude liest, ihre Königin zu sehen.

Ich mache nun noch einen Besuch bei dem berühmten Fredersdorf, der unter dem Titel eines Kammerdieners des Königs so lange die Rolle eines Premierministers gespielt hat.

Dieser Mann übte nämlich im Grunde alle Hofämter aus. Er führte die Aufsicht über alle Baulichkeiten und über die Kasse des Königs, alle Dienstboten hingen von ihm ab, kurz, nach dem König war er der einzige, der herrschte, und oft recht despotisch. Er ist gegenwärtig sehr kränklich, die Hämorrhoiden haben ihn beinahe aufgezehrt. Es ist doch erstaunlich, daß ein ganz gemeiner Mann vom äußersten Ende Pommerns sich ohne die geringste Erziehung hat solchen Anstand, Geist und Benehmen aneignen können. Ein sehr hübsches Gesicht kam ihm dabei zu Hilfe und machte den Anfang seines Glückes.

Am meisten bewundere ich es, daß er es über sich gebracht hat, sich rechtzeitig zurückzuziehen, eine heikle Sache für Männer in Stellung wie für eine schöne Frau, wenn sie merkt, daß ihre Schönheit schwindet.

24. Oktober 1757. Der Hof versammelt sich nach und nach, und um 8 Uhr verlassen wir Potsdam, um nach Brandenburg zu fahren. Wir langen hier erst um 2 Uhr an, weil der ganze aus 120 Wagen bestehende Zug mit einer Eskorte marschiert, was die langweiligste Sache ist, die man sich denken kann.

Bei meiner Ankunft in Brandenburg habe ich einen lächerlichen Streit mit Herrn v. Kannenberg, dem Oberhofmeister der Königin. Ich war dieser eine halbe Stunde vorausgefahren, damit sie bei ihrer Ankunft jemand aus ihrem Gefolge vorfinde. Seine Excellenz hatte sich unterwegs ohne Zweifel gelangweilt und, um sich in einen sanften Schlummer zu wiegen, drei oder vier Flaschen Ungarwein geleert. Infolgedessen kommt er sterblich betrunken an und findet es sehr zu tadeln, daß ich nicht bis zum Aussteigen der Königin den Schneckenschritt beibehalten habe. Er will seine Rechte als Oberhofmeister ins Treffen führen, um seine Beleidigung zu rechtfertigen. Indes erkläre ich ihm, daß ich nur vom König und von meinem Degen abhängen wolle, und mache der Sache ein Ende, indem ich ihm laut ins Gesicht lache, das einzige Auskunftsmittel einem alten Flegel gegenüber, dem man keine Nasenstüber geben kann.

Der Tag ist von Streitigkeiten erfüllt; erstens ist keine der Damen mit ihrem Logis zufrieden, sodann sind die Hofmarschälle, welche zusammen den Haushalt besorgen sollen, nicht einen Augenblick derselben Meinung, und die Köche des einen sind immer eine Stunde früher fertig als die des anderen. Kraut, immer lächerlich und selbstbewußt, will den anderen einen Hieb versetzen, indem er sagt, daß die unter seiner Aufsicht stehenden exakter seien als die anderen. Wartensleben, der Hofmarschall der Königin, gibt ihm als Mann von Mut eine scharfe Antwort, und Naumeister, der Hofmarschall des Prinzen von Preußen, stottert allerlei dazwischen. Der Lärm wird schließlich so arg, daß die Königin dazwischentreten und Frieden gebieten muß. Nach Beendigung dieses häuslichen Krieges gibt man uns um 4 Uhr zu essen. An unserer Tafel speisen auch die Offiziere unserer Eskorte. Sie sind vom Regiment Loën, das nicht gerade zur Elite unserer Armee gehört, wie auch ihre Abstammung nicht die vornehmste ist. Ich befinde mich an der Seite eines Leutnants Ernst, der diese Stufe erst vor drei Tagen im Alter von 60 Jahren erklommen hat; bis dahin war er Tanzmeister und Unteroffizier gewesen. Diese Leute, die niemals in die Nähe einer Königin gekommen sind und noch weniger in demselben Zimmer mit einer solchen gespeist haben, machen einen Lärm, wie er in einer Wachstube herrscht, aber nicht in den Räumen, wo die Hofgesellschaft sich versammelt, die eine feine Heiterkeit liebt. Nach Tisch spielt man, um die Zeit totzuschlagen, aber die Menge der Zuschauer ist so groß, daß man nicht aus einem Zimmer ins andere gehen kann.

25. Oktober 1757. Den ganzen Tag bleiben wir in Brandenburg, um die Eskorte und das ganze Gefolge ausruhen zu lassen. Bevor wir zu Tisch gehen, erscheint die gute alte Gräfin Dönhoff, mit Weiß und Rot geschminkt und mit Putz überladen. Kaum hat sie Platz genommen, so fällt sie unter schrecklichen Zuckungen in Ohnmacht. Niemals habe ich etwas Widerwärtigeres gesehen. Ich lasse sie sogleich in ihre Wohnung bringen, und wir glauben alle, daß es mit ihr zu Ende geht.

27. Oktober 1757. Wegen der Trauer um die Königin-Mutter sind die meisten Kutschen schwarz drapiert, so daß das Ganze einem Trauerzuge gleicht. Um 3 Uhr nachmittags langen wir in Möckern an, einer kleinen Stadt mit sehr altem Schloß, das einer sehr alten Frau v. Münchhausen gehört.

Ich frage sie, wie der Hof ihr gefiele. Sie antwortet sehr vernünftig, daß sie über ihr Schicksal erstaunt sei, 76 Jahre gelebt zu haben, ohne König und Königin noch Prinzen und Prinzessinnen zu kennen; darum sei sie aber vielleicht um so glücklicher gewesen. Ich spüre innerlich große Lust, dazu »Amen« zu sagen.

28. Oktober 1757. Um 8 Uhr fahren wir von diesem abscheulichen Möckern ab. Ich habe die Nacht in einem Zimmer zubringen müssen, das über demjenigen lag, in welchem alle Kutscher des Hofes Tabak rauchten und mit einigen häßlichen Mägden sich beschäftigten. Ich war um so mehr gezwungen, ihre unfeinen Unterhaltungen anzuhören, als man in diesem Lande, wo das Holz teuer ist, die oberen Räume durch ein Loch im Fußboden heizt, durch das man nun wohl die Wärme, gleichzeitig aber auch alle übelen Dünste erhält. Unterwegs treffen wir schon mehrere Personen und eine Eskorte aus Magdeburg. Vor dem Tor empfängt uns der Kommandant, General Borck, mit einer Ansprache, so dumm, wie er selbst es ist.

Ich bin in einem Hause neben der Königin einquartiert.

Wir sind alle mit Sachen sehr schlecht versehen, weil die Besorgnis, unterwegs angegriffen zu werden, uns veranlaßt hat, alles in Berlin zu lassen. Was uns am meisten fehlt, das sind die Equipagen. Es gibt hier keine Mietskutschen, keine Sänften, das Steinpflaster ist aber so abscheulich, daß wir alle Augenblicke uns nach unseren schönen Berliner Equipagen sehnen.

29. Oktober 1757. Die Königin führt in Magdeburg ungefähr dieselbe Lebensweise wie in Berlin, nur erscheinen die Damen immer in runden Roben, und die großen Toiletten sind für diesen Aufenthalt ganz ausgeschlossen.

Hier in Magdeburg spielen eine Hauptrolle die langen Mahlzeiten, die Toaste und die alten Rheinweine. Ich mache Gastmähler mit, welche die Heiterkeit selbst langweilen.

6. November 1757. Unsere Besorgnis hat ein Ende, als wir von der glücklichen Schlacht bei Roßbach hören.

Prinz Heinrich soll verwundet sein.

8. November ff. 1757. Ich plane eine Reise nach Leipzig und gelange über Eisleben, Lauchstädt und Merseburg dorthin. Es ist mir eine innige Freude, den Prinzen Heinrich wiederzusehen, um so mehr, als ich ihn von seiner Verletzung vollkommen geheilt finde. Er empfängt mich mit Güte und stellt sich so mit mir, wie ich immer mit den großen Herren stehen möchte; er bezeigt mir keine Vertraulichkeiten, aber eine hohe Achtung.

Als ich dem Prinzen mein großes Verlangen zeige, Franzosen zu sehen, sagt er mir, ich möge nur ans Fenster treten und ich würde genug sehen. Da sehe ich denn wirklich den ganzen Marktplatz mit ihnen bedeckt. Die armen Herrchen haben alles in der Schlacht verloren, so daß sie in der traurigsten Verfassung sind und man sie kaum von den Gemeinen unterscheiden kann. Da ich diese Nation recht gern habe, so beeile ich mich, Bekanntschaften zu machen. Mehrere der jungen Herren amüsieren mich durch ihr lebhaftes Wesen und durch ihre merkwürdigen Klagen über die Deutschen. So finden sie es sehr zu tadeln, daß die Leipziger kein Französisch verstehen. Derselben Art sind alle ihre Klagen.

Wenn ich nicht beim Prinzen bin, verbringe ich meine Zeit beim Oberstleutnant Schwerin von den Gendarmes, der trotz seiner Wunden in bester Laune ist. Er ist ausstaffiert zum Erbarmen. Der Kopf ist in ein schwarzes Tuch gehüllt; er behauptet, daß er hier von einem Österreicher verwundet sei. Seinen gequetschten Arm trägt er in einer Binde; die Verletzung schreibt er einem Franzosen zu. Endlich, um keine Nation zu vergessen, erklärt er, am Oberschenkel sei er von einem Offizier des Kaiserreiches verwundet worden. Über alle seine Pflaster und Binden hat er das Johanniterkreuz und den Verdienstorden gehängt. Wahrhaftig, er gleicht in seinem Aufputz, seinem Reden und seiner Magerkeit ganz dem Don Quixote.

Eine Bekanntschaft erneuere ich mit vielem Vergnügen, nämlich die des Generals Seydlitz, dem wir zum großen Teil den Gewinn der Schlacht bei Roßbach zu verdanken haben. Es ist ein junger Held von 34 Jahren, schön und gut gewachsen, der schon Generalleutnant ist und eben vom König den Schwarzen Adler erhalten hat.

Er ist am Arm verwundet und hält sich deswegen in Leipzig auf, wo er bei einer sehr schönen Frau namens Semisch wohnt. Diese ist außerordentlich aufmerksam gegen ihren Kranken, und ich hoffe, daß die Sache endigen wird wie zu den Zeiten des Homer, wo die Helden nach ihrer Genesung mit ihrer Wirtin Hochzeit machten.

Nachdem ich mich noch einige Zeit in Leipzig aufgehalten habe, begebe ich mich über Merseburg, Halle, wo ich in ein

Anfangsvignette aus der Prachtausgabe der »Poesies Diverses« Friedrichs des Großen. Kupferstich von G. F. Schmidt, 1760

Studentencafé gehe. Ich bedauere die Jugend, die ihre kostbare Studienzeit in so schlechter Gesellschaft in diesen Spielhäusern verbringt, wo man nur schlechte Reden hört und schlimme Beispiele sieht. Ich bin deshalb auch der Ansicht, daß man unsere Universitäten ganz anders einrichten müßte, damit die jungen Leute sich an ein gesittetes und ehrbareres Betragen gewöhnten.

Über Dessau fahre ich nach Zerbst. Von Zerbst reise ich nach Magdeburg, wo wir am Abend eine für Preußen höchst erfreuliche Nachricht empfingen, nämlich daß der Prinz von Bevern bei Breslau eine Schlacht gegen die Österreicher gewonnen habe. Ich falle aber aus allen Himmeln, als ich schon vor den Toren Magdeburgs das Gegenteil höre: die Schlacht ist verloren. Der Regierungsrat Pastineller, bei dem ich wohne, sagt mir, es sei wirklich erst eine Siegesnachricht gekommen, der König selbst habe sie mitgeteilt, irregeführt durch eine falsche Meldung. Alles hat sich schon im Vorzimmer der Königin zur Gratulation versammelt, als ein Brief von dem Bruder des Königs, dem Prinzen Ferdinand, der selbst dieser Schlacht bei Breslau beigewohnt hat, eintrifft und unsere Verluste angibt. Bald darauf hören wir, daß unsere Niederlage zu den schlimmsten gehört, daß Breslau sich hat ergeben müssen und der Prinz von Bevern am Tage nach der Schlacht, als er einen

Posten revidierte, in Gefangenschaft geraten ist. Unsere Betrübnis ist groß. Der König soll über die schreckliche Nachricht aufs äußerste ergriffen gewesen sein. Schweidnitz, Liegnitz und überhaupt ein großer Teil Schlesiens ist in den Händen der Feinde.

Die Roßbacher Schlacht hat hierzulande die günstigste Wirkung gehabt. Der Herzog v. Richelieu, der über zwei Monate in Halberstadt zugebracht hat, sowie die französischen Streifscharen, die bis zu den Befestigungen von Magdeburg vorgedrungen waren, machen sich aus dem Staube und ziehen sich nach Braunschweig zurück, das der arme Herzog verlassen muß. Von des Herzogs v. Richelieu ungeheurer Prachtliebe erzählt man Wunderdinge, sowie von der außerordentlichen Sorge, die er für seine Gesundheit trägt. Er badet täglich in lauwarmer Milch und geht nur in Pantoffeln.

Der König dringt nach und nach in Schlesien weiter vor. Die Generale Katt, Lestwitz, Kyau und einige andere sind in Ungnade, weil man sie beschuldigt, in der Schlacht bei Breslau Fehler gemacht zu haben. Plötzlich hören wir, daß der König bei Leuthen eine herrliche Schlacht gewonnen hat; mit 38 000 Mann hat er 70 000 geschlagen. Er macht eine ungeheure Zahl von Gefangenen, so mehr als tausend Offiziere. Es ist einer der vollständigsten Siege, die je errungen worden sind. Nachdem

Anfangsvignette aus der Prachtausgabe der »Poesies Diverses« Friedrichs des Großen. Kupferstich von G. F. Schmidt, 1760

er sodann einige Bomben in Breslau hineingeworfen hat, nimmt er es wieder und macht abermals viel Gefangene. In kurzer Zeit ist in Schlesien alles wieder gewonnen, was verloren war. Unsere Angelegenheiten stehen also äußerst günstig, das hindert aber nicht, daß die Klarsehenden den dringenden Wunsch hegen, der König möge Frieden schließen. Die große Zahl unserer Feinde wird uns schließlich erdrücken, und dieses Rußland wird uns wohl noch manchen bösen Streich spielen.

Dezember 1757. Der Befehl des Königs, daß wir nach Berlin zurückkehren sollen, kommt mir persönlich sehr ungelegen, da mein Heiratsprojekt dadurch gestört wird. Kurz entschlossen halte ich daher bei Frau v. Häseler um die Hand ihrer Tochter an. Sie sagt weder ja noch nein, neigt aber stark zum ersteren. Am Tage vor unserer Abreise lädt sie mich dann zum Souper ein, und die Sache ist so gut wie abgemacht. Wolle es Gott, daß sie zu meiner Zufriedenheit ausfällt!

1758

Januar 1758. Anfang Januar reisen wir nach Berlin ab. Die Magdeburger begleiten die Königin mit allen erdenklichen Feierlichkeiten.

In Charlottenburg erwarten uns die vornehmsten Bürger zu Pferde. Die Menge wird jetzt immer größer; alle Gewerke, alle Kaufleute, kurz alles, was Beine hat, ist aufs Pferd gestiegen und begleitet uns. Die Straßen sind derart besetzt, daß wir zwei Stunden brauchen, um vom Tor ins Schloß zu gelangen.

Der Prinz von Preußen, der die schlechte Behandlung durch den König satt hat, ist von Leipzig nach Berlin zurückgekehrt, und ich eile zu ihm. Meine Freude ist grenzenlos, ihn wiederzusehen, und die Art, wie er mich empfängt, kann die Anhänglichkeit, die ich ihm immer entgegengebracht habe, nur verstärken. Ich bleibe zum Souper bei ihm, und er weiht mich in sein ganzes Herzeleid ein, das nicht bitterer und grausamer sein kann. Alle gefangenen französischen Offiziere, die in Leipzig waren, kommen nach Berlin. Meine Landsleute sind von ihnen ganz begeistert; sie zerreißen sich beinahe, um sie zu sehen und zu hören. Ich bin fortwährend mit ihnen zusammen, da sie an mich gewiesen sind und ich sie zum Teil auch schon in Leipzig gesehen habe. Sie fassen ein solches Vertrauen zu mir, daß ich davon ganz gerührt bin, zumal ich diese Nation so gern habe, was ich nicht in Abrede stellen will.

Der König schickt den größten Teil der bei Leuthen gefangenen Offiziere nach Frankfurt a.d. Oder, alles, was General ist, erhält die Erlaubnis, nach Berlin zu kommen.

Der Bischof Schaffgotsch, den der König mit Wohltaten überhäuft und zum Bischof gemacht hat, auf dessen besonderen Dank er also hätte rechnen dürfen, ist der erste, der der Kaiserin huldigt. Nach der Wiedereinnahme Breslaus hat er daher auch nichts Eiligeres zu tun, als seinen Posten zu verlassen und sich nach Österreich zurückzuziehen. Er reist nach Rom, aber überall, wo er hinkommt, wird er schlecht aufgenommen. Das sind die Früchte einer nichtswürdigen Denkungsart und eines mangelnden ehrlichen Charakters, der uns in allen Lebenslagen den geraden Weg weist.

In Berlin gibt es Gesellschaften an bestimmten Tagen. Die erste, die ich besuche, ist beim Grafen Gotter. Man nennt sie meist die Waffel-Assemblee, weil man hier alle möglichen Kuchen reicht, während es auf andern Gesellschaften nur Tee und Limonade gibt. Ich erneuere hier die Bekanntschaft mit Frau v. Katte, meiner Cousine, die ich im Jahre 1751 heiraten sollte; Familienintriguen brachten es aber dorthin, daß sie Herrn v. Katte die Hand reichte, einem Manne, der für diese junge liebenswürdige Frau gar nicht paßte. Sie hat es auch bald bitter bereut, ebenso wie ich, der ich niemals mehr als 200 000 Taler gehabt habe, so viel, wie auch sie mir in die Ehe gebracht haben würde. Sie besitzt ein heiteres Gemüt und andere schätzenswerte Eigenschaften, die völlig zu mir gestimmt hätten. Da es uns nun aber unmöglich ist, den Ehebund zu schließen, so schließen wir eine unwandelbare Freundschaft.

1. bis 6. Februar 1758. Ich bringe meine Zeit größtenteils beim Prinzen von Preußen zu, den ich nie ohne Kummer ansehen kann. Dieser so kühne, so hochherzige Prinz muß um eines Ehrenpunktes willen, den ich nicht verstehe, jetzt hier bleiben. Es handelt sich darum, daß er eine öffentliche Genugtuung für eine ihm öffentlich angetane Beleidigung verlangt. Seine Gesundheit leidet schrecklich darunter, und selbst in Gesellschaft sieht man, daß seine Gedanken immer mit der ernsten Angelegenheit beschäftigt sind.

Die Königin geht zum Abendmahl, und wir legen wieder Trauer für die englische Prinzessin an, nachdem wir die für die Königin von Polen kaum abgelegt haben. Im Grunde ist diese Kleidung jetzt auch für uns die passende, da wir weit mehr Grund zur Trauer als zur Freude haben. Bei allem Ruhm den unser erhabener Herrscher erworben hat, leiden seine Staaten schrecklich. Mein armes Heimatland ist in der Gewalt der Rus-

Januar 1758. Bei der Prinzessin Heinrich fällt mir beim Souper und dann beim Kartenspiel die niedergeschlagene Miene des Prinzen von Preußen auf. Als ich es ihm nach aufgehobenem Spiel sage, erwidert er mir: »Liebes Lehndorffchen, ich habe eine Sottise begangen« und gibt mir Aufklärung, daß ich rufe: »Gnädigster Herr, Sie würden uns zu größtem Dank verpflichten, wenn Sie diese Sottise öfter begingen; von diesem edlen Blut können wir niemals genug haben«.

Prinz August Wilhelm. Kupferstich von Mich. Probst nach einer Zeichnung von J. P. Haidt

J. P. Haidt. inv. et del. Joh. Mich. Probst, exc. A. V.

sen, die Hauptstadt von ihren Truppen besetzt. Der ganze Adel ist geflohen, meine alte, bis dahin so glückliche Mutter, die seit 30 Jahren aus ihrem schönen, reizenden Landsitz nicht herausgekommen ist, hat in der schrecklichen Kälte alles im Stich lassen müssen und ist jetzt mit meiner Schwester Ysenburg in Danzig. Ich ziehe nicht einen Pfennig aus meinen Besitzungen und bin nahe daran, meine Freunde um Hilfe zu bitten, wenn man nur solche in diesen Zeiten des Elends hätte. Trotz dieses Elends, obwohl man nur Papier erhält und man vor dem zittert, was in zwei Monaten und im Sommer geschehen kann, ist ganz Berlin mit dem Maskenfest beim Grafen Eickstedt beschäftigt. Die Bewohner der Stadt sind noch über die Steuer sehr erregt, die ihnen aufgelegt worden ist, um die 200 000 Taler, die der Überfall gekostet hat, aufzubringen. Die Steuer wird nicht bloß von den Hausbesitzern, sondern auch von den anderen Bürgern erhoben.

18. bis 20. Februar 1758. Ich verbringe einen großen Teil meiner Zeit mit den Franzosen. Der Vicomte de l'Angle ist ein äußerst liebenswürdiger Mann, dem ich sehr zugetan bin. Er muß den Dienst verlassen, weil er in der Schlacht bei Roßbach drei Finger verloren hat. Sein Schwiegervater, ein sehr reicher Mann, schreibt ihm: »Mein Sohn, sorgen Sie nicht um Ihre Verluste, ich werde Ihnen alles außer den drei Fingern ersetzen!« Der Stil ist eines Vaters würdig.

23. Februar 1758. Die kriegsgefangenen Franzosen treten hier in solcher Menge auf, daß man sich verwundert die Augen reibt und sich fragt, ob man vielleicht im Vorzimmer von Versailles ist. So hat der Krieg auch seine glänzenden Seiten. Wenn wir aber an unser Elend denken und ich besonders daran, daß meine arme dreiundsechzigjährige Mutter auf der Flucht ist und meine Güter der Plünderung ausgesetzt sind, dann erlischt dieser Glanz, und man wünscht sehnsüchtig den Frieden herbei.

3. bis 9. März 1758. Herr v. Grappendorf gibt einen Ball, auf dem sich unsere Herren Gefangenen zwanglos der Freude hingeben. Das Publikum gibt den Österreichern den Vorzug vor den Franzosen. Es gibt unter den letzteren allerdings geziertere und geschicktere Leute, aber besonders im Tanzen sind die Österreicher überlegen.

10. bis 16. März 1758. Zur Befriedigung einer langgeheg-

Die russischen Gefangenen in Berlin. Kupferstich von Daniel Chodowiecki, 1758

ten Neugier gehe ich in die Charité, um alle die Leute zu sehen, die dort wegen Lustseuche in Behandlung sind. Mein Gott! welch schreckliches Bild! Ich bin es lange nicht wieder losgeworden. Man sollte die jungen Leute alle dahinführen, um sie frühzeitig vom Laster abzuschrecken, indem man ihnen seine Folgen vor Augen stellt. Nichts Scheußlicheres als diese Operationen mitanzusehen, die man an diesen Geschöpfen vornimmt, und was mich besonders abstößt, ist die Schamlosigkeit, mit welcher diese Weiber ihre Schamteile zeigen, und die Gleichgültigkeit, mit der sie sich über ihre Lage hinwegsetzen.

21. bis 31. März 1758. Weiter gute Nachrichten aus Westfalen. Die Franzosen haben Hameln, Münster und Kassel aufgegeben und ziehen sich nach dem Rhein zurück. Prinz Heinrich, der mit einem Korps bei Hildesheim stand, um die Kriegsoperationen des Prinzen Ferdinand zu unterstützen, ist nach Sachsen zurückgekehrt, wo er eine Armee von 28 000 Mann kommandieren wird. Die Armee, die gegen die Schweden operiert, bekommt den General Grafen Dohna zum Kommandanten, und Herr Marschall Lehwald, Maulheld erster Klasse, wird abberufen und muß sich mit der friedlichen Rolle als Gouverneur von Berlin bescheiden. Diesem Manne verdanken wir das ganze Unglück in Preußen. Hätte er die Russen angegriffen, bevor sie in das Land einrückten, so wären wir nicht ausgeplündert worden und ständen jetzt nicht unter der Herrschaft dieser Barbaren.

Unter den hiesigen französischen Gefangenen herrscht große Bestürzung. Es hat sich das Gerücht verbreitet, sie sollten alle nach Küstrin geschickt werden. Diese Herren werden sich hier noch lange weiter langweilen können, denn es ist noch keine Rede von ihrer Auswechselung, und auf die Dauer werden sie überall furchtbar lästig.

29. April bis 13. Mai 1758. Unser teurer Prinz von Preußen reist ganz allein nach Oranienburg ab, wo er den ganzen Sommer sich mit seinen Büchern und mit Handwerkern beschäftigen will, während seine Brüder dem Kriegsglück nachjagen, um Lorbeeren zu ernten, die oft nur durch die äußersten Gefahren und noch größere Ungerechtigkeiten erworben werden. Ich verbringe den ganzen Tag in Traurigkeit zu Hause und gehe erst abends an den Hof. Der Markgraf von Schwedt, der wunderliche Kauz, gibt im Park ein Picknick, wozu er alle französischen und österreichischen Generale hat einladen lassen. Im Rausch verrichtet er ein kleines Bedürfnis unter dem Tisch und ergreift dann einen Besen, um das Zimmer auszufegen. Ich bin froh, daß diese Herren unsere anderen Prinzen kennen, weil dieser ihnen keine hohe Meinung vom edeln Brandenburger Blut geben könnte.

14. Mai 1758. Ich komme nach Schwedt, nachdem ich am Tage vorher Berlin verlassen habe, um meine kranke Mutter in Stargard zu besuchen.

15. Mai 1758. Meine Mutter, die meine Schwester Podewils bei sich hat, sehe ich nun nach siebenjähriger Trennung wieder.

16. bis 29. Mai 1758. Ich freue mich aufrichtig, mit ihr zusammen zu sein. Ich habe wohl manchmal unter ihren Launen zu leiden gehabt, aber ich achte und liebe sie herzlich. Wenn man mit gefühlvollem Herzen daran denkt, was alles die Eltern für ihre Kinder tun, so nimmt man auch ihre Grillen hin. Es ist immer ein Glück, wenn man Eltern hat, über die man nicht zu erröten braucht und die im Grund nur sparsam sind, um die Ihrigen in guter Lage zurückzulassen. Auch über unsere alten Dienstboten freue ich mich, selbst über ihre preußische Aussprache. Es ist wahr, daß man seine alte Heimat nie vergißt. Ich bleibe vierzehn Tage in Stargard und erneuere alte Bekanntschaften. Die Herren Staatsminister aus Preußen sind ein Bild des Jammers; sie haben alles, ihre Besitzungen und ihre Stellungen verlassen müssen.

Der Rangälteste von ihnen ist der Obermarschall Wallenrodt. Er ist recht unbedeutend und will dabei mit seinen 63 Jahren noch den Schwerenöter spielen. Er hat eine alte Mätresse bei sich und ist ein sehr schlechter Wirtschafter.

Der Zweite ist der Justizpräsident Gröben. Dieser hat noch das würdevolle Wesen der alten Zeit an sich, ist ein guter Redner und nach meiner Ansicht der beste Kopf, den wir in Preußen haben.

Endlich noch der Oberburggraf. Der ist ein Mann aus dem Nichts. Sein Vater war der Bierbrauer Rohd. Er ist in der Welt emporgekommen, indem er zuerst Botschaftssekretär, dann Resident in Köln, später Gesandter in Schweden und zuletzt Oberburggraf in Preußen wurde zum Ärger des ganzen Königreichs, das gewohnt war, dieses Amt den ersten Familien des Landes verliehen zu sehen. Er ist in hohem Grade lächerlich, und man hat ihn auch überall, wo er war, so eingeschätzt. Trotz alledem hat der Mann Glück gehabt, hat es nicht nur zu einem so ehrenvollen Amte, sondern auch zu einer sehr hübschen Frau gebracht. Sie ist die Tochter des Obermarschalls Wallenrodt und hat über 40 000 Gulden Vermögen. Der Titel Oberburggraf hat sie geblendet, und ich glaube, sie bereut es sehr. Dieser alte Bock ist eifersüchtig über alle Maßen, geizig und unangenehm. Um an Kleidern zu sparen, sollte seine Frau ständig im Reitkleid gehen. So mußte diese hübsche Frau drei Monate lang dasselbe Kleid tragen und sich von der Kirche fern halten, weil die Schicklichkeit es nicht gestattete, dort so zu erscheinen. Ich mache noch mit mehreren Damen aus Preußen Bekanntschaft, worunter sich sehr lächerliche Exemplare befinden. Aber die aus Pommern übertreffen sie in dieser Hinsicht noch bei weitem.

Im übrigen ist Stargard der Sammelplatz für falsche Nachrichten, was nicht verwunderlich ist, da sämtliche Witwen Pommerns sich hierher geflüchtet haben und der Klatsch hier unumschränkt herrscht.

1. bis 12. Juni 1758. Auf der Rückfahrt nach Berlin erfahre ich in Templin, daß es dem Prinzen von Preußen sehr schlecht geht.

Schloß Oranienburg. Kupferstich aus Broebes' »Vues des Palais et Maisons de Plaisans de S.M. le Roy de Prusse«, Augsburg 1733

Ich komme mehr tot als lebendig in Oranienburg an. Da schreit mir alles entgegen: »Er ist nicht mehr! Er ist tot!« Gleichzeitig schleppt man mich in das Gemach, in dem sein Leib gebettet ist. Man stirbt nicht am Schmerz, ich habe es in diesem Augenblick empfunden. All mein Denken hatte mich verlassen, ich war regungslos, ich hegte keinen anderen Wunsch als den, mich an seiner Stelle zu befinden. Ich konnte mich von der teueren Hülle dieses würdigen und ewig achtungswerten Prinzen nicht trennen. Er war gar nicht verändert, er hatte denselben Gesichtsausdruck, wie ich ihn so oft bei ihm im Schlaf gesehen habe. Man las noch in seinen Zügen, welch schöne Seele diesen vollkommenen Leib bewohnt hatte. Mehrere Blumentöpfe, die man um ihn herumgestellt, erinnerten mich lebhaft daran, wie oft ich ihn damit beschäftigt gefunden hatte, Feste zu arrangieren und Blumengirlanden flechten zu lassen. Ach, meine Verzweiflung ist nicht zu beschreiben. Es ist einer der Verluste, die man nie verwindet, die unser weiteres Leben mit Weh erfüllen. Welch jammervoller Tag! Und wieviel qualvolle werden noch folgen!

13. Juni 1758. Am Nachmittag kleiden wir den Prinzen in seine Uniform und legen ihn in einen Sarg von Eichenholz.

Dies geschieht mit so wenig Gepränge, wie man einen einfachen Edelmann bestatten würde. Aber dafür rinnen die aufrichtigsten Tränen. Die armen Bewohner Oranienburgs weinen dermaßen, daß der Fußboden von ihren Tränen befeuchtet ist. Gegen 10 Uhr abends schließen wir den Sarg, und ich schlage den ersten Nagel ein.

Wir stellen den Sarg auf den Leichenwagen und bringen ihn in die Oranienburger Kirche in eine Privatgruft. Ich ganz allein trage schluchzend ein Gefäß, in das man die Eingeweide des Prinzen getan hat. O anbetungswürdiger Prinz, warum mußte man dich kennen, oder vielmehr, warum mußte man dich verlieren! Warum verbietet uns unsere religiöse Überzeugung, jene heldenmütigen Römer und Griechen nachzuahmen, die sich auf den Gräbern ihrer Herren opferten! Mit welcher Freude würde ich dieses Opfer der Freundschaft bringen, denn Gott weiß es, daß kein anderes Band als das der vollkommensten Hochachtung und Verehrung, deren Grundlage die Freundschaft gewesen ist, mich an dich fesselte.

14. Juni 1758. Mein Zusammentreffen mit der Prinzessin von Preußen und ihren Kindern ist schrecklich. Was die Gemahlin des Prinzen anbetrifft, so zwingt die Gerechtigkeit zu bekennen, daß sie am wenigsten Ursache hat traurig zu sein, weil er sie nicht immer gut behandelt hat. Er war sehr jung, als er sie heiratete, und sie, eine schüchterne Natur, verstand es nicht, sich eine Stellung zu erringen. Die Prinzessinnen Luise Ulrike, die spätere Königin von Schweden, und Amalie behandelten sie schlecht und machten sie lächerlich. Der Prinz stand ihr nicht bei und vernachlässigte sie; zuletzt speisten sie nicht mehr zusammen, trafen sich aber öfter abends am Hofe der Königin-Mutter. So kam es, daß die Gatten sich manchmal in zwei bis drei Monaten nicht sprachen. Nichtsdestoweniger vernachlässigte der Prinz nicht ganz seine Gattenpflicht, aber die Schilderung, die er von diesen Zusammenkünften machte, war immer zum Totlachen. Sie hat ihm zwei Prinzen und eine recht hübsche Prinzessin geboren und bleibt noch guter Hoffnung.

In dieser Zeit hatte ich ein recht merkwürdiges Abenteuer. Die Königin hatte seit einiger Zeit eine sehr liebenswürdige, geistreiche und besonders temperamentvolle und reizende Hofdame. In meiner traurigen Stimmung suchte ich die einsamsten Orte des Schönhauser Gartens auf, um mich meinem

Bildnisse der im gegenwärtigen Kriege befindlichen gekrönten
Kupferstich von Christian Fritsch, 1759

Schmerze zu überlassen. Das kleine Ding folgte mir aber überallhin, sprach mich an und suchte mich zu animieren. Eines Abends trafen wir in einem Gehölz zusammen, sie wurde zudringlicher, und ich gab nach. Dieses junge Persönchen ist auch wirklich zu verführerisch, ein Körper wie zur Liebe geschaffen. Dieser Verkehr dauerte den ganzen Sommer über.

In diesen Tagen kam auch meine Mutter nach Berlin, nachdem sie eine Zeitlang in Stargard und Stettin sich aufgehalten hatte. Ich hätte nie gedacht, sie jemals in Berlin zu sehen, nachdem sie 60 Jahre lang in Preußen gelebt hatte; aber der Krieg macht alles möglich.

Dezember 1758. Am 1. komme ich in Magdeburg an, nicht zum Heiraten, sondern um noch eine Menge Einkäufe machen zu helfen und verschiedene Dinge ins Reine zu bringen, was aber um so schwieriger ist, als meine Schwiegermutter die unleidlichste Frau ist, die ich kenne. Ich freue mich sehr über das Wiedersehen mit meiner Braut. Sie ist ein sanfter Charakter, und ich hoffe sicher, mit ihr glücklich zu werden.

Als ich am 11. abends nach Berlin zurückkehre, reicht mir meine Mutter einen Brief. Ich öffne ihn und erkenne sofort die Handschrift des Präsidenten Cocceji in Glogau. Dieser teilt mir zu meinem Schrecken mit, daß mein Bruder am roten Friesel, einer Folge seiner Verwundung bei Hochkirch, gestorben ist. Ich wage es nicht, dies sogleich meiner Mutter mitzuteilen, sondern bereite sie erst darauf vor. Ich hätte gedacht, daß sie von der Nachricht mehr erschüttert sein würde, aber ich habe immer gefunden, daß die alten Leute sich leichter darüber hinwegsetzen als die jungen. Was mich anbetrifft, so beklage ich aufrichtig das Hinscheiden meines Bruders; es war ein anständiger Mensch von schönem Äußeren, der sein Glück gemacht haben würde.

1759

1. Januar 1759. Eine unendliche Menschenmenge erscheint bei Hofe, um der Königin zum neuen Jahr Glück zu wünschen, besonders Fremde, da wir mehr als 300 gefangene Offiziere haben.

Februar 1759. Am 7. verheirate ich mich, nachdem ich am 27. Januar nach Magdeburg abgereist war. Das Hochzeitsfest ist herrlich, meine Braut prächtig geschmückt, aber meine Schwiegermutter, Frau v. Häseler, ist widerwärtig.

März 1759. Ich verbringe vier schreckliche Wochen in Magdeburg. Meine Schwiegermutter gibt kein Taschentuch heraus, ohne dafür eine Quittung mit meiner und meiner Frau Unterschrift zu fordern. Sie gibt uns höflich zu verstehen, daß sie uns noch zu beerben hoffe und darum zu solchen Vorsichtsmaßregeln genötigt sei. Im übrigen bringt sie mich zur Verzweiflung, indem sie mir immer alten Rheinwein und Fasanen vorsetzt. Dieser Fraß ist mir auf die Dauer zuwider; ein Stück Rindfleisch möchte ich haben wollen, um meinen Appetit wiederzubekommen. Ihre Unterhaltung ist noch unangehmer. Nachdem sie uns mit der albernen Liebelei mit ihrem seligen Gemahl, der ein tüchtiger Mann gewesen sein muß, gelangweilt hat, nachdem sie ausführlich das Thema des Geldausleihens und den Vorteil des Agios behandelt hat, fängt sie wieder von vorn an, und so alle Tage. Als echte Kaufmannstochter sagt sie feierlich: »Dieses kostet tausend Taler«, tituliert ihr Haus »mein Schloß« und zeigt alle Untugenden der Geldprotzen.

Ich begebe mich mit meiner Frau nach Wolmirstedt, um meine Verwandten zu besuchen, die das Elend aus meiner Heimat vertrieben hat. Es sind dies der Obermarschall Wallenrodt und der Kanzler Tettau mit seiner Frau, einer geborenen Gräfin Dönhoff, meiner rechten Cousine. Trotz allen Ärgers, den mir dieses Haus bereitet hat, bin ich doch erfreut, meine Cousine zu sehen; das Blut spricht doch immer bei solchen Gelegenheiten mit.

Am 6. März reise ich von Magdeburg ab und treffe am Abend des 9. in meiner Berliner Wohnung ein. In den nächsten Tagen führe ich meine Frau in die Gesellschaften, und ich sehe zu meiner Freude, daß sie Beifall findet. Meine Mutter spielt allerdings die Stolze, indem sie auf ihre sechzehn Ahnen pocht.

8. April 1759. In großen Städten passieren immer sonderbare Dinge. Die Witwe des berühmten Fredersdorf, Tochter eines reichen Bankiers, heiratet einen Herrn v. Aschersleben, der keinen Heller Vermögen besitzt, ihr aber für die 100 000 Taler, die sie ihm mitbringt, den eiteln Vorzug verschafft, das Wörtchen »von« vor ihren Namen zu setzen.

Vierzehn Tage nach ihrer Hochzeit erklärt er ihr, daß er sich unbedingt von ihr scheiden lassen wolle, er habe eine unüberwindliche Abneigung gegen sie und sei entschlossen, sie zu verlassen. Daraufhin entschließt sie sich, ihm 10 000 Taler zu geben und vollständig mit ihm zu brechen. Man sagt, sie sei bereits wieder verlobt. Das alles ging in einem Zeitraum von acht Tagen vor sich.

Da ich einmal beim Kapitel der Ehescheidungen bin, so muß ich noch eine zweite erwähnen, die einen zu sonderbaren Grund hatte. Vor drei Jahren heiratete ein sehr hübsches junges Fräulein v. Groeben einen Herrn v. Marschall. Beide liebten sich innig und wohnten in Küstrin während des schrecklichen durch die Russen verursachten Brandes, der diese Stadt vernichtete. Überdies hatte Herr v. Marschall auch den Dienst quittiert, um keinen Augenblick von seiner teuern Gattin getrennt zu sein. Wer hätte daran zweifeln mögen, daß diese Leutchen ihr Leben ruhig weiterführen und alle Freuden des Ehestandes genießen würden? Allein eine schlechte Verdauung hat dieses ganze Glück vernichtet! Herr v. Marschall war hartleibig und verbrachte jeden Tag regelmäßig eine Stunde damit, einen Nachtstuhl im Zimmer seiner Frau herumzuschieben. Sie machte ihn zuerst in Güte darauf aufmerksam, daß sie das unmöglich ertragen könne. Als Antwort darauf blieb er noch eine Stunde länger sitzen. Nach vielem Hin und Her erklärte der Mann schließlich, sich lieber von seiner Frau als von seinem teuern Stuhl trennen zu wollen. Wie erniedrigend für den Menschengeist, daß ein elendes Stück Möbel so heilige Bande wie die der Ehe zu sprengen vermag!

10. April 1759. Den Abend verbringe ich beim Grafen Solms, der den Geburtstag seiner Schwiegermutter, der Gräfin Dönhoff, feiert, die durch die große Zahl derer, die sie in ihrem Leben glücklich gemacht hat, so berühmt geworden ist. Diese

Frau, die alle vier Wochen die große Welt zu verlassen und all ihren Flitter ihren Töchtern zu überlassen droht, lebt nun schon zehn Jahre in dieser Weise dahin und verbringt ihre Tage damit, daß sie entweder Migräne hat, oder sich putzt wie ein junges Mädchen von zwölf Jahren. Sonst ist sie die beste Frau von der Welt; sie schreibt wie ein Engel und würde ebenso reden, wenn sie nicht immer ihre eigenen Geschichten mit in die Unterhaltung brächte. Sie hat das Vergnügen immer um des Vergnügens willen geliebt und niemals Nebenzwecke dabei verfolgt. Ich verdanke ihr meine Einführung in die Gesellschaft und den Sinn für die Lektüre; ich werde ihr ewig zu Dank verpflichtet sein.

27. April 1759. Ganz Berlin beschäftigt sich mit der Abreise der fremden Offiziere nach Spandau. Die Bürger beschweren sich, daß sie dadurch unendlich viel verlieren. In der Tat gaben diese Herren monatlich 50 000 Taler aus und kauften viel von unseren Handwerkern. Unsere Frauen beklagen sich, daß sie ihres Hauptvergnügens beraubt werden, die gute Gesellschaft bedauert sie aufrichtig, denn unter ihrer großen Anzahl gab es manche recht nette Leute. Bloß die geprellten Ehemänner gewinnen dabei, weil sie eine Zeitlang Ruhe haben werden. Einen großen Skandal verursacht noch ein Plakat, das man an den Arkaden des Schlosses aufzuhängen die Frechheit hatte. Unsere Damen werden darin unbarmherzig mitgenommen. Jeder und jede wird offenkundig mit Namen genannt. Der Kommandant läßt das Pasquill sofort herunterreißen und will die Namen der darin genannten Damen nicht nennen, was die Sache nur um so schlimmer macht, da nun jedermann im Verdacht steht, darunter zu sein.

Frau v. Grappendorf gibt den vornehmsten dieser gefangenen Offiziere noch ein Souper.

Ich persönlich bedaure es, daß wir ihre gute Gesellschaft missen müssen, im übrigen finde ich mich damit ab wie mit allen anderen Ereignissen des Lebens. Was man nicht ändern kann, muß man sobald wie möglich zu vergessen suchen.

Hier ist jetzt alles ruhig, aber wir durchleben eine kritische Zeit. Die Armeen rücken einander näher, und wir müssen uns darauf gefaßt machen, in kurzem eine große Freude oder großes Leid zu erfahren.

5. Mai 1759. Ich wohne einem Diner bei der Königin bei.

Königin Elisabeth Christine. Kupferstich von Joh. Christoph Sysang

Es verläuft anfänglich ganz gut. Als aber die Tafel aufgehoben wird, tritt Ihre Majestät auf den Grafen Wartensleben zu, um ihm zu sagen, sie wolle einige Überzählige unter die Pagen aufnehmen. Wartensleben erklärt ihr, das ginge nicht, da er keine Mittel zu ihrem Unterhalt habe. Die Königin antwortet darauf ziemlich heftig. Wartensleben wird noch lauter, so daß schließlich ein heilloser Spektakel entsteht. Die Königin schlägt mit dem Fächer nach ihm, zerbricht ihn dann in hundert Stücke, wirft sie ihm ins Gesicht und geht wütend hinaus. Er ruft ihr noch nach, er könne keine Marschallstafel halten, da er keinen Wein habe. Kurz, der Skandal ist vollständig. Was mich betrifft, so spiele ich dabei bloß den erstaunten Zuschauer, ziehe mich mit der verehrten und hochgeschätzten Gräfin Camas in eine Fensternische zurück und spreche mit ihr über ein neues Buch, das eben unter dem Titel Candide erschienen ist und Voltaire zum Verfasser haben soll. Er macht sich darin über die Leute lustig, die behaupten, wir lebten in der besten der Welten, zählt die vielen Leiden auf, die uns bedrücken, und das auf so komische und ungewohnte Art, daß man herzlich dabei lachen muß.

15. Mai 1759. In der ganzen Stadt verbreitet sich das Gerücht, die Österreicher seien im Anzug und befänden sich bereits in Kottbus, was allgemeine Bestürzung hervorruft. Zwei Tage darauf erfahren wir glücklicherweise das Gegenteil, die Zahl dieser Leute sei nicht beträchtlich gewesen, und sie hätten sich sofort wieder zurückgezogen. Wir müssen uns diesen Sommer über oft auf derartige Beunruhigungen gefaßt machen.

Ich verbringe manche angenehmen Tage beim holländischen Gesandten, Herrn v. Verelst. Seitdem er von seiner ungestümen Liebe zu Frau v. Kraut abgekommen ist und seine Zierpuppe von Frau fortgeschickt hat, ist er ein ganz prächtiger Mensch. Seine Vorliebe für Odeurs und seine Schwäche, die Augenbrauen zu schwärzen, vergibt man ihm für die gute Gesellschaft, die sich in seinem Hause zusammenfindet.

Prinz Heinrich macht weitere erstaunliche Fortschritte im Reich, Bamberg und alle Magazine der Kaiserlichen Armee sind in seinen Händen. Er steht vor den Mauern von Nürnberg. Dieser Prinz erntet reichen Ruhm, und was ihm dabei eine ganz besondere Genugtuung gewähren muß, ist der Umstand, daß er sich nicht nur die Achtung der Untertanen seines Bruders gewonnen hat, sondern auch die unserer Feinde.

Alle russischen Offiziere, die nach Spandau gebracht worden waren, sind jetzt in Magdeburg, da der König ihnen Annehmlichkeiten verschaffen wollte, die in Magdeburg leichter als in Spandau zu finden sind.

4. Juni 1759. Abends setzen wir den würdigen Marschall Klackstein bei. Mit Entrüstung bemerke ich, daß sein Schwiegersohn, der General Wylich, Mühe hat, seine Freude über die reiche Erbschaft zu verbergen. Der achtungswerte Greis wird im Gewölbe der Garnisonkirche an der Seite mehrerer anderer Generale beigesetzt. Bei der Gelegenheit sehe ich, wie es mit dem Menschen bestellt ist. Alle diese Marschälle im Gewölbe nehmen nicht mehr Platz ein als der ärmste Handwerker, und indem der Totengräber uns die Särge zeigt, versetzt er jedem einen Fußtritt und sagt: »Das ist der Herzog von Holstein, das ist der Marschall Keith, das Natzmer.« Das ist das Ende der Männer, die sich in ihrem Leben keine Ruhe gönnten, sondern nur darauf bedacht waren, sich Ruhm zu erwerben und ein Ansehen, das so bald erlischt.

14. Juli 1759. Ich feiere den Geburtstag meiner Frau. Meine Mutter macht ihr sehr hübsche Geschenke, und ich kann mit ihrem Betragen nur zufrieden sein. Wie schön ist doch ein einträchtiges Zusammenleben mit den Eltern!

Schloß Schönhausen. Kupferstich

15. Juli 1759. In Schönhausen höre ich eine Geschichte, die diesen ganzen Hof in Aufregung versetzt. Der junge Prinz von Preußen ist in die Keyserlingk verliebt und zwar so lebhaft, wie man es nur zum ersten Mal sein kann. Das Dirnchen ist von dieser Eroberung entzückt und will den Prinzen mit Vergnügen den engen Pfad führen. Der einfältige Graf Borck fängt die Sache so verkehrt wie möglich an, um den Lauf der Dinge zu hemmen, und schlägt Lärm; die Königin wird unruhig, die Prinzessin von Preußen zuckt mit den Achseln, die Hofdamen keifen. Ich mache es wie die Gräfin Camas, ich lache.

31. Juli 1759. Welch schrecklicher Tag! Schon gestern hieß es, die Russen kämen nach Berlin, und nun trifft plötzlich die Nachricht ein, daß Frankfurt von ihnen besetzt und die Garnison kriegsgefangen ist. Wenn der König nicht eine Schlacht gewinnt, haben wir den Feind morgen abend hier. Es nimmt mit uns kein gutes Ende. Der große Mann hat zu viele Feinde; wir müssen ja überwältigt werden.

1. August 1759. Man hat noch immer ein wenig Hoffnung, daß der Name des Großen Friedrich uns retten wird. Es heißt, daß er in Frankfurt eingetroffen sei und nun die Russen in Schach halten werde, so daß sie ihre Pläne auf Berlin aufgeben müssen. Sie fürchten sich vor ihm noch immer mehr als vor 60 000 Mann. Ich bringe den ganzen Tag damit zu, mein Hausgerät zu den fremden Gesandten und zu Freunden in der Stadt hinzubringen. Es ist ein Jammer, daß man, um ein paar hundert Dukaten zu sparen, nicht genug Leute ausschickt, um zuverlässige Nachrichten über den Feind einzuziehen.

3. August 1759. Man weckt uns mit der angenehmen Nachricht, daß die verbündete Armee die Franzosen geschlagen habe.

7. August 1759. Nach so viel Ängsten haben wir auch einmal ein erfreuliches Bild: 2 600 gefangene Österreicher mit 36 Offizieren werden nach Berlin geführt.

10. August 1759. Schrecklicher Lärm weckt uns; es heißt, die Österreicher ständen vor den Toren. Genauere Erkundigungen ergeben, daß sie fünf Stunden von hier stehen. Wir erwarten vom König eine Stafette, ob wir abreisen sollen oder nicht. Welch schreckliche Zeit! Das Blut ist in fortwährender Erregung. Die Prinzen hält man nicht mehr in Potsdam für sicher, man bringt sie schon nach Oranienburg.

7. August 1759: »Auch trifft die Kunde vom Tode Maupertuis' in Basel ein. Seine Frau findet ihn schon tot; sie war 24 Stunden zu spät gekommen. D'Argens sagt aus Anlaß des Todes zur Königin: ›Er ist zu sehr zur Unzeit gestorben, als daß man um ihn trauern könnte; man ist mit zu wichtigen Dingen beschäftigt, so daß man keine Zeit zur Trauer hat.‹«
Die Urne des Mathematikers und ehemaligen Präsidenten der Berliner Akademie Pierre Louis Moreau de Maupertuis. Titelvignette zu König Friedrichs »Hinterlassenen Werken« von J. W. Meil

12. August 1759. Unsere Unruhe steigert sich. Der König hat die Oder passiert und soll heute die Russen angreifen. Wir verbringen einen der aufregendsten Tage. Die Reichsarmee hat Torgau, Leipzig und Wittenberg genommen. Äußerst besorgt sind wir um den Prinzen Heinrich, von dem wir seit drei Wochen nicht die geringste Nachricht haben; er beobachtet immer die Daunsche Armee.

13. August 1759. Man weckt mich um 5 Uhr mit der Nachricht, daß die Schlacht gewonnen sei. Ich springe mit einer Freude ohnegleichen aus dem Bett, lasse anspannen, fahre zu meiner Mutter und überallhin, zuletzt zur Königin. Endlich beginne ich nach den näheren Umständen zu forschen. Da sagt man mir, daß der Postmeister eine Stafette erhalten habe, mit dem Auftrage, Postillione bereitzuhalten; als diese Stafette vom Schlachtfelde abgegangen sei, habe der König schon zwei Batterien mit 40 Kanonen genommen und viele Gefangene gemacht. Die Fenster sind dicht besetzt und die Straßen so gefüllt, daß man nicht durchkommen kann. Alles schreit: »Vivat!« Unterdessen füllen sich die Vorzimmer der Königin mit dem ganzen Adel, Damen und Herren, die der Königin gratulieren wollen. Der Baron v. Müller, der immer die Gelegenheit zum Spiel wahrnimmt, legt eine Bank auf, kurz, man äußert seine Freude auf jede mögliche Art.

Doch dann, als wir mitten im Diner stehen, wird Hertzberg gemeldet, und die Königin erhebt sich, um ihn zu sprechen. Einen Augenblick darauf tritt Fräulein v. Tettau herein, mehr tot als lebendig, und sagt: »Der König befindet sich wohl, die Schlacht ist verloren, der Hof soll augenblicklich abreisen.« Gott, welch Augenblick! Alles steht im Nu auf. Die Prinzessinnen haben weder Wagen noch Bediente hier.

Der König hat an den Grafen Finck geschrieben: »Meine Infanterie ist niedergehauen, die Kavallerie in völliger Auflösung, ich habe nicht mehr als 3 000 Mann. Rettet das königliche Haus!« In kaum einer Stunde sind meine beiden Wagen beladen und ich mit meiner Frau zur Abreise fertig, aber in welcher Verfassung!

Mehr als hundert Kutschen und Gepäckwagen stehen um das Schloß herum, die Königin und die Prinzessinnen essen noch etwas kaltes Fleisch, und gegen 9 Uhr fahren wir alle ab. Das Volk ist empört und ruft uns Schimpfworte nach, aber unsere Bestürzung und besonders die Angst um den König machen uns gegen dergleichen unempfindlich. Um 11 Uhr sind wir in Spandau.

14. August 1759. Um 4 Uhr früh sind wir in Wustermark. Die Konfusion mit den Pferden ist schrecklich; man hat keine Zeit gehabt, Pferde und Wagen zu numerieren, und so nimmt jeder sich alles nach Gutdünken. Wer den stärksten Lakaien hat, der ist den anderen gegenüber im Vorteil.

Nachdem man wieder angespannt hat, fahren wir nach Rathenow, wo eine neue Demütigung unser harrt. Alle französischen Gefangenen sind in dieser Stadt, und wir sehen uns genötigt, durch sie wie durch ein Spalier hindurchzufahren. Aber ich muß ihnen die Gerechtigkeit widerfahren lassen, daß ihre Gesichter Bedauern über unser Unglück verraten. Die Frau Prinzessin, die auf diese armen Leute nicht gut zu sprechen ist, ohne recht zu wissen, warum, hat die Vorhänge ihres Wagens heruntergelassen, um sie nicht zu sehen. Dies hat sie sehr verdrossen. Die Prinzessin Amalie dagegen, die sie sehr gnädig gegrüßt hat, vergöttern sie. In der Tat verdienen sie Dank, denn unserem Gefolge haben sie nach Kräften Dienste geleistet, indem sie Wein und kaltes Fleisch besorgten.

16. August 1759. Ich fange an, mich in Magdeburg einzuleben, muß aber immer mit Schmerz an Berlin zurückdenken. Alles ist hier entsetzlich teuer. Wegen der großen Anzahl der Gefangenen und der Flüchtlinge kann man nichts für Geld bekommen.

17. August ff. 1759. Jeder fängt an, sich hier einzurichten. Wohnungen von drei bis vier Zimmern gibt es hier sehr wenig. Ein Zentner Heu kostet 22 Taler, und an Lebensmitteln fehlt es überhaupt.

8. September ff. 1759. Wir erfahren die Einnahme Dresdens durch die Reichsarmee. Die öffentliche Meinung tadelt den General Schmettow, daß er die Stadt übergeben hat, doch muß man, bevor man urteilt, erst die Umstände kennen. Wir sehnen uns immer nach Berlin zurück, der Aufenthalt hier ist zu langweilig.

6. Oktober ff. 1759. Mehrere österreichische Gefangene treffen hier ein, an ihrer Spitze General Wehlen; es ist die Siegesbeute unseres anbetungswürdigen Prinzen Heinrich. Gegenwärtig haben wir 8 000 Gefangene hier und 600 Offiziere. Die Garnison ist höchstens 4 000 Mann stark und besteht aus den schlechtesten Truppen; trotzdem herrscht hier große Ordnung.

19. Oktober ff. 1759. Prinz Heinrich ist mit seiner Armee nach Torgau gekommen und hat dort ein Lager bezogen, um Herr der Elbe zu bleiben. Von den Russen hoffen wir, daß sie nach Polen zurückkehren werden, wenigstens sagt man, daß ihr schweres Gepäck dahin abgegangen ist; aber wir fürchten, daß sie sich nach Schlesien wenden könnten. Endlich ist die Auswechslung der Franzosen geordnet. Die armen Menschen haben zwei Jahre außer Landes zubringen müssen und sind währenddessen nach den verschiedensten Orten geschleppt worden. Sie erwarten deshalb mit der lebhaftesten Ungeduld den Augenblick ihrer Abreise.

27. Oktober 1759. Alle Prinzessinnen sind jetzt auf das Quinze-Spiel erpicht, womit sie sich gegenseitig ruinieren. Der Baron Müller und der Präsident Voß sind die Seele dieses Spieles; nachdem sie ihr Hab und Gut verpraßt haben, leben sie jetzt von dieser kleinen Nebenbeschäftigung. Was mich anbetrifft, so suche ich mich möglichst fern davon zu halten. Kein vernünftiger Mensch sollte eine Ausgabe machen, die seine Einnahmen übersteigt; das ist aber bei einem Spiel, in dem man täglich 40 bis 50 Taler verlieren kann, der Fall, das führt zum Ruin.

30. Oktober 1759. Wie sicher verlautet, gehen die Russen nach Polen zurück. Dank der göttlichen Vorsehung stehen unsere Angelegenheiten ja viel besser, als wir es zu hoffen wagten. Die Abreise der Russen steht nahe bevor. Diese Nation, d.h. der Adel dieser Nation, hat sich durch seine vornehme Handlungsweise die allgemeine Achtung erworben. Sie haben hier einen großartigen Aufwand gemacht und sich stets höflich benommen.

2. November 1759. Um 7 Uhr stehe ich auf, um den letzten Trupp Franzosen abziehen zu sehen. Es sind 900 Mann, alle betrunken, von ihren Offizieren nicht gekannt. Es herrscht ein grenzenloser Wirrwarr. Wir Preußen, die wir an so große Ordnung, so große Ruhe und die strengste Subordination bei unseren Truppen gewöhnt sind, können gar nicht begreifen, wie es möglich ist, daß diese Armee bei so entsetzlichem Durcheinander bestehen kann. Alle diese Leute schimpfen auf alles. Einige führen kleine Hunde an der Leine, auf denen sie Puppen befestigt haben, und lassen sie über Stöcke springen. Einer hat einen Husaren auf seinem Hunde und sagt immer: »Springen Sie, Herr Colignon.« - Dieser Herr v. Colignon ist ein französischer Offizier, der in unsere Dienste getreten ist und ein Freikorps kommandiert.

7. November 1759. Ich gehe in das Haus der entschlafenen alten Stilcken, um ihre Leiche, die man in der Ulrichskirche beisetzen will, zu begleiten. Man hat hier noch die alten Bräuche, daß man sich in einen großen Mantel hüllt und ein großes Mahl und viel alten Rheinwein aufträgt, den man, um den Sarg herumstehend, trinkt. Hier gibt es nun also, damit ja nichts fehlt, in der Mitte des Zimmers eine schwarzgedeckte Tafel, auf die man den Imbiß gestellt hat, dessen Mitte ein kleiner Zuckersarg einnimmt, kurz, alles erinnert an eine Trauerfeier. Es war geradezu zum Erbrechen, und doch aßen viele von der Gesellschaft, daß es eine Wonne war.

14. November 1759. Wir hören, daß der Hof nach Berlin zurückkehren soll. Die meisten verlassen Magdeburg mit Bedauern, indem sie voraussehen, daß der Aufenthalt in der Hauptstadt nicht von Dauer und eine Übersiedlung hierher während des Krieges noch öfter nötig sein wird. Was uns aber besonders Berlin verleidet, das ist der Holzmangel und eine unglaubliche Teuerung. Vom König kommt die Nachricht, daß er unpäßlich war, als er sich von Schlesien nach Sachsen begab. Da er das Rütteln im Wagen oder auf dem Pferde nicht vertragen konnte, so ließ er sich in einer Sänfte tragen, und man hatte dieserhalb alle Viertelmeile 30 Soldaten aufgestellt, die einander ablösen sollten. Aber die ersten 30 wollten durchaus die Sänfte nicht abgeben und haben Seine Majestät bis nach Sachsen getragen. So wird er in seiner Armee angebetet.

19. November 1759. Meine arme Frau soll in Magdeburg bleiben, um hier ihre Wochen zu halten.

26. November 1759. Um 8 Uhr besteigen wir die Wagen, um so früh wie möglich nach Berlin zu kommen. Am Schloß erwartet der ganze Adel die Königin, aber mit höchst bestürzten Gesichtern. Kaum bin ich aus dem Wagen gesprungen, so flüstert mir der Markgraf Heinrich ins Ohr, daß 10 000 Mann von den Unseren unter General Finck, 300 Offiziere und 10 Generale, von den Österreichern gefangen seien. Ich bin entsetzt.

3. Dezember 1759. Alle Welt verdammt den General Finck, aber die, welche den Grund der Sache kennen, sagen, daß er genau die Befehle des Königs befolgt hat.

Nun ist alles, was von Berlin fort war, wieder da. Gott gebe, daß es für lange sei! Derartige Reisen bringen alles aus der Ordnung, und man gerät schließlich in eine solche seelische Verwirrung, daß das Leben, das man dabei führt, kein Leben mehr zu nennen ist.

12. Dezember 1759. Wegen meines kranken Fußes gehe ich nicht aus. Da kommt eines Tages ein Kaufmann Schultz, der mit meiner Schwiegermutter entfernt verwandt ist, und bittet mich mit gefalteten Händen, den Abend bei ihm zu verleben. Ich muß ihm versprechen hinzukommen. Ich finde dort mehr als vierzig Personen, lauter reiche Kaufleute und Geheimräte. Die ganze bürgerliche Herrlichkeit ist in ihrem Glanz zu sehen; überall Reichtum, prächtige Kleider und Edelsteine. Eine Frau Wegelin überstrahlt aber alle, sie ist in einem einer Königin würdigen Geschmack gekleidet. Sie erklärt mir, sie könne keinen Putz leiden, sobald sie wüßte, daß eine andere ihn früher habe als sie, und spricht von tausend Talern wie wir von einem Goldstück. Kurz, ich fühle mich gedemütigt, und ich bin überzeugt, wollten wir gegen ihre reellen Vorzüge alle unsere alten Pergamente und Familiendokumente nebst Stammbäumen von zweiunddreißig Ahnen ausspielen, so würden sie uns auslachen.

1760

1. Januar 1760. Ein Jahr voll beständiger Aufregungen liegt hinter mir. Ich verheirate mich in dem Gedanken, ein ruhigeres Leben führen zu können; allein, obwohl meine Frau den angenehmsten Charakter von der Welt besitzt, so finde ich doch, daß die Gründung eines Hausstandes tausenderlei Sorgen und Scherereien mit sich bringt. Die Ausgaben für Dienerschaft und Haushalt werden größer. Wenn ich dazu noch an all das Unglück denke, das der Krieg mit sich gebracht hat, so kann ich wahrhaftig nicht sagen, daß dieses Jahr für mich ein glückliches gewesen ist. Kaum war ich verheiratet, so mußte ich mich mit meiner Schwiegermutter wegen allerhand Kleinigkeiten herumärgern, die nicht einmal wert sind, daß man davon spricht. Als ich dann im März nach Berlin kam, mußte ich meine Frau einführen und sie mit den Gepflogenheiten einer Gesellschaft vertraut machen, von der sie nicht die geringste Ahnung hatte. Ich mußte große, langweilige Gastmähler geben, vor allem eine Menge Unannehmlichkeiten von seiten meiner Mutter über mich ergehen lassen, für die meine Frau nicht aus genügend gutem Hause ist.

Mitten in diesem Wirrwarr kamen dann alle jene Unglücksbotschaften von verlorenen Schlachten, und ich mußte innerhalb einer halben Stunde Berlin verlassen und nach Magdeburg zu meiner wunderlichen und lächerlichen Schwiegermutter ziehen. Mittlerweile wurde meine Frau guter Hoffnung, der Hof reiste nach Berlin zurück, ich mußte sie bei ihrer launenhaften, mürrischen Mutter zurücklassen und befinde mich nun in der größten Unruhe über ihre baldige Niederkunft.

10. Januar 1760. Wie ich mich des Morgens eben ankleide, erhalte ich durch eine Stafette die Nachricht, daß meine Frau mit einem Sohne niedergekommen ist. Obgleich mir dieses Ereignis die höchste Freude bereitet, so fürchte ich doch, daß das Kind nicht am Leben bleiben wird, weil es, wie ich glaube, 14 Tage zu früh zur Welt gekommen ist.

11. Januar ff. 1760. Ohne irgendwelchen Zwischenfall lange ich um 6 Uhr abends in Magdeburg an. Das erste, was ich höre, ist, daß das Kind so schwach gewesen sei, daß man es gleich habe taufen lassen müssen. Man hat ihm die Namen Friedrich Ahasverus Heinrich gegeben. Ich besuche meine Frau und nehme mit der größten Freude von der Welt das Kind, das man mir entgegenbringt, in meine Arme. In solchen Augenblicken überkommen einen ganz besondere Gefühle. Ich hätte nie geglaubt, daß man zu einem so armen kleinen Wesen eine so außerordentliche Zuneigung haben könnte. Ich kann mich gar nicht von ihm trennen. Allein, alle meine Hoffnungen waren von kurzer Dauer. Eines Morgens weckte man mich auf, um mir zu sagen, es liege im Sterben, und eine Stunde später verschied es.

15. März 1760. Nachdem man schon monatelang davon gesprochen hat, daß der Hof nach Magdeburg zurückkehren werde, trifft ein Befehl des Königs ein, daß alles, was zur Königsfamilie gehört, am 20. dieses Monats hier sein müsse.

19. März 1760. Die Königin langt schon heute an. Was mich betrifft, so beklage ich diese Übersiedlung bitter. Ich muß meine Mutter, mein hübsches Haus, meine Bekannten und meine gute Gesellschaft verlassen und zu einer verrückten, widerwärtigen Schwiegermutter ins Haus ziehen. So lebt man in beständigen Widerwärtigkeiten und Unannehmlichkeiten dahin.

Juni 1760. Wir sind immer auf Neuigkeiten gespannt; man befürchtet eine Schlacht in Sachsen, aber seit einigen Tagen hat man sich darüber wieder beruhigt. Die Königin trinkt Brunnen, brummt zuweilen und zankt sich mit Wartensleben. Die Prinzessin von Preußen spielt Quinze, die Heinrich geht spazieren und wird täglich liebenswürdiger, die Amalie hat einen schlimmen Fuß und ärgert sich, daß sie kein Geld prägen darf. So geht das Leben seinen Gang. Ich selbst führe ein ruhiges Leben; ich gehe spazieren, lese, male und freue mich, meine Schwiegermutter, die in ihrem Garten herumstreicht, selten zu erblicken, kurz, ich lebe so apathisch dahin ohne Zweck und Ziel. Alle meine Wünsche sind nur auf den Frieden gerichtet. Nachher mag man zusehen, was man mit dem Rest des Lebens anfängt, den die Vorsehung uns bestimmt hat, gegenwärtig lebt man so von Tag zu Tag dahin.

14. Juli 1760. Frau v. Häseler feiert den Geburtstag meiner Frau, die in ihr achtzehntes Lebensjahr eintritt. Sie gibt mir ein großes Festessen, das mich zwar entsetzlich langweilt, aber eine gefüllte Börse, die sie meiner Frau schenkt, macht ein derartiges Mahl erträglich.

2. August ff. 1760. Man sucht sich möglichst zu zerstreuen, allein die Besorgnis wegen der allgemeinen Lage läßt in den Gesellschaften keine rechte Fröhlichkeit aufkommen, und von dem öffentlichen Notstand abgesehen, verspürt auch jeder am eigenen Leibe die Folgen des Krieges ganz empfindlich. Das schlechte Geld zerrüttet das Wirtschaftsleben und zerstört die geordnetsten Verhältnisse. Es hat einen so geringen Wert, daß man kaum mehr die Hälfte seines früheren Einkommens hat, und die Ausgaben vermehren sich von Tag zu Tag. Die Kaufleute erhöhen die Preise ihrer Waren in ganz unerhörter Weise; was früher zwei Taler kostete, kostet jetzt vier und fünf Taler. In der Polizei, in den Finanzen und überall herrscht Unordnung, und das Elend nimmt in einer Weise zu, daß es jeden, der noch ein fühlend Herz hat, ergreifen muß. Man sieht Witwen aus besten Kreisen Almosen heischen und Kinder von Leuten von Stande ohne jede Erziehung aufwachsen.

4. Oktober 1760. Die Nachrichten aus Berlin lauten immer schlimmer. Graf Tottleben hat an die Stadt die Aufforderung gerichtet, neun Millionen zu bezahlen, andernfalls werde er sie plündern. Er hat in der Hasenheide eine Batterie aufstellen lassen und droht Feuerkugeln in die Stadt zu werfen. Nur ein ganz geringer Teil der Einwohner hat sich retten kön-

Die Straße unter den Linden in Berlin, rechts das Zeughaus. Kupferstich von Meno Haas

nen. Der Jammer so vieler Leute von Stande muß daher schrecklich sein.

5. Oktober 1760. Mit größter Ungeduld erwarten wir die Berliner Post. Sie langt an, und bei den Nachrichten, die sie bringt, stehen uns die Haare zu Berge. Die Stadt ist den ganzen Freitag über bombardiert worden. Eine Bombe schlug ganz nahe beim Schloß ein und beschädigte mehrere Häuser. Feuer brach aus, aber man konnte es immer wieder löschen. Dreimal versuchte der Feind die Tore zu sprengen, er wurde aber von dem tapferen General Seydlitz und dem alten Lehwald zurückgeschlagen. Ich bin in unbeschreiblicher Angst um meine Mutter.

9. Oktober 1760. Ich erhalte endlich einen Brief von meiner Mutter. Sie schildert mir in lebhaften Farben ihre grausame Lage. Meine arme Schwester Ysenburg muß überdies noch ihren Gatten, der Major im Regiment Lehwald ist, jeden Tag fortgehen sehen, ohne zu wissen, ob er mit heiler Haut wieder zurückkehrt.

10. Oktober 1760. Wir erfahren, daß Berlin in den Händen der Russen sei. Der Fall Berlins bedeutet für uns einen schrecklichen Verlust. Mit einem Schlage sind nun sämtliche Hilfsquellen des Krieges dahin. Der Feind hat unsere Magazine, unsere Fabriken, unsere Pulvermühlen und tausend andere Vorräte in seinem Besitz. – Ich gehe abends nochmals zur Königin. Sie ist ganz untröstlich und weint viel. Ich wünschte, der Prinz von Preußen zeigte etwas mehr Teilnahme an alledem, doch da er sonst ein gutes Herz hat, muß man es seiner großen Jugend zugute halten, daß er es nicht empfindet, wie sehr all dieses Unglück seiner künftigen Größe Einbuße tut.

15. Oktober 1760. Letzten Sonntag Nachmittag sind die Russen fortgezogen. Graf Tottleben wird allgemein gelobt. Er hat sich gegen jedermann, der mit ihm zu tun hatte, gut benommen. Pulvermühlen, Gießereien, Münze, Militärtuchfabriken wurden gänzlich zerstört, ein großer Teil der Kadetten und die Garnison gefangen genommen. Trotz aller Vorsorge des Generals wurden aber doch hier und dort große Gewalttätigkeiten verübt. Das ganze platte Land ist vollständig verwüstet, Charlottenburg ganz ausgeplündert und das nette Schönhausen der Königin von Grund aus ruiniert. Das Zeughaus in Berlin, das schönste Gebäude, das wir besitzen, hatte man in die Luft sprengen wollen. Auf Verwenden der Gesandten und auf die Vorstellungen des Magistrats, daß die ganze Stadt dabei zugrunde gehen würde, hat man es indessen unterlassen. Auch die Pferde wurden zum größten Teil vom Feinde mit weggenommen, vor allem die prächtigen englischen Pferde, die der Markgraf Karl in seinem Stall zurückgelassen hatte. Ich habe unter anderen auch einen Brief der alten Gräfin Dönhoff zu Gesicht bekommen, der mich mit Bewunderung erfüllt hat. Diese Frau, die nun schon zwei Jahre mit dem Tode ringt, hat diesen Schrecken mit erstaunlicher Standhaftigkeit überstanden. Sie schreibt uns einen langen Bericht darüber und macht sich darin über die Angst lustig, die andere ausgestanden haben.

17. Oktober 1760. Der Kaufmann Gotzkowsky ist von Berlin hier angekommen und erzählt uns viele Einzelheiten über die dortigen Ereignisse.

Man lobt allgemein die Russen viel mehr als die Österreicher.

Schönhausen haben die Kosaken verwüstet, nachdem sie den dortigen Kastellan in barbarischer Weise mißhandelt hatten. Die Russen haben dort derart gehaust, daß sie, um einen näheren Weg zu haben, acht Tage lang durch den Garten und den großen Saal des Schlosses hin und her ritten.

Unser Unglück ist unermeßlich. Einen nach meiner Ansicht unersetzlichen Verlust stellt auch die Gefangennahme des Kadettenkorps dar. Mehr als 130 junge Edelleute wurden dabei in die Gefangenschaft geschleppt, und vielleicht sehen wir nicht einen von ihnen jemals wieder.

19. Oktober 1760. Ich muß immer wieder an die Plignacschen Statuen denken, die im Charlottenburger Schlosse zerstört worden sind. Von den alten Griechen bewundert, von den Römern in Ehren gehalten und von den Goten und Hunnen und allen Barbarenvölkern verschont, haben sie nun schließlich bei uns durch die Hände der Österreicher und Sachsen ihr Grab gefunden.

28. November 1760. Der König wird sein Winterquartier in Leipzig nehmen. Dresden werden wir nicht bekommen, wie wir es nach der Schlacht bei Torgau gehofft hatten, und so hat uns diese Schlacht keinen weiteren Vorteil gebracht, als daß wir in Sachsen etwas an Boden gewonnen haben. Die Franzosen wollen immer weiter ins Hannöversche vordringen. Die verbündete Armee tritt ihnen entgegen und will Göttingen zurückerobern; darum dreht sich gegenwärtig der Streit. Alles deutet darauf hin, daß wir einem schrecklichen Jahr und einem noch grauenhafteren Kriege entgegengehen.

1. Dezember 1760. Alle unsere Hoffnungen, den Winter mit dem Hof nach Berlin zurückzukehren, sind geschwunden. Der König hat dem Prinzen Ferdinand geschrieben, er hätte viel besser getan, wenn er sich statt nach Berlin direkt nach Magdeburg begeben hätte. Der Prinz hat daher hier ein Haus für sich mieten lassen, und gegen das Frühjahr hin wird sich die Zahl der erlauchten Verbannten hier um einen vermehren.

Am gleichen Tage bekomme ich Briefe von Herrn v. Knyphausen aus England und von Herrn v. Borcke aus Kopenhagen, die mir zwei schottische Lords namens Hope und Rouet empfehlen. Es sind liebenswürdige Leute, die sich ganz an mich anschließen. Ich bringe sie zu sämtlichen Prinzessinnen

Schlußvignette aus der Prachtausgabe der »Poesies Diverses« Friedrichs des Großen. Kupferstich von G. F. Schmidt, 1760

und gebe ihnen meine Equipage, um überall hinzukommen; denn für Geld ist hier keine zu bekommen.

8. Dezember 1760. Mylord Hope ist noch ein junger Mann, etwas unbesonnen und in seinem Wesen den echten Engländer verratend, der nicht immer der einstudierten Höflichkeit entspricht, auf die wir uns so viel zugute tun. So sagte er zum Beispiel zum Prinzen von Preußen, indem er von den dänischen Prinzen sprach: »Es sind sehr nette Jungen, Königliche Hoheit!«

Ich begleite meine Engländer vor ihrer Abreise noch zu einem Prediger namens Silberschlag, der ein großer Mechaniker ist und durch eingehendes Studium der Alten die Zusammensetzung der Maschinen herausgebracht hat, deren sich die Griechen und Römer bei der Belagerung von Festungen bedienten. Er hat nach der Beschreibung Vitruvs den Katapult, den Sturmbock und die Balliste konstruiert. Kurz, er ist der erste, der sich seit Jahrhunderten daran gemacht hat, in den Geist der Alten einzudringen. Er ist ein berühmter Mann geworden, und die Berliner Akademie hat ihn zu ihrem Mitglied gemacht. Alle unsere Prinzessinnen besichtigen gleichfalls diese Maschinen und reden nachher darüber, als hätten sie ihr Lebtag nichts anderes getan, als Mechanik studiert. Man sieht daraus, daß Leute von so hoher Stellung alles verstehen, ohne etwas gelernt zu haben!

1761

1. Januar 1761. Wiederum habe ich eine Spanne Zeit zurückgelegt, ohne jenes Glück gefunden zu haben, dem der Mensch nachjagt, ohne es je zu erreichen. Wieviel Leid, wieviel Angst und Kummer habe ich dieses Jahr über erfahren; wieviel Unglück, das mich sicherlich zu Boden gedrückt hätte, hat aber auch jenes allgütige Wesen von mir fern gehalten! Dir, allmächtiger Gott, weihe und widme ich daher den Rest meines Lebens. Du wirst mich leiten, du wirst meine einzige Stütze sein, und ich werde den Großen dieser Welt gegenüber, die mich so oft enttäuscht haben, auch weiter den Mut nicht verlieren.

26. Januar 1761. Ich entschließe mich, auf einige Monate nach Berlin zu reisen, um in diesem elenden Magdeburg nicht ganz zu versauern.

Februar und März 1761. Ich finde hier viel mehr Leben, als ich geglaubt hätte; man denkt schon nicht mehr an die Katastrophe vom Oktober, und wenn man weiter nichts als die glänzenden Gesellschaften sähe, würde man das Unglück, das der Krieg verursacht hat, gar nicht gewahr werden. Auch vom Frieden ist viel die Rede, aber gleichzeitig werden so umfassende Kriegsvorbereitungen getroffen, daß kaum daran zu denken ist. Man versichert, der König werde dieses Jahr 45 000 Mann mehr haben als im letzten.

Man räumt auf Befehl des Herrschers das ganze Hubertsburger Schloß aus als Wiedervergeltung für Charlottenburg, eine Maßregel, die alle anständigen Menschen beklagen und die große Befürchtungen für unsere Häuser hervorruft, falls das Unglück es wollte, daß die Feinde nochmals nach Berlin kommen. Der jetzige Zustand des Münzwesens ruft allgemeine Klagen hervor. Der ganze Adel und all die Leute, die von ihren Gehältern leben, werden ruiniert, während die Kaufleute sich ungeheuer bereichern. Diese schwimmen jetzt im Überflusse und spotten über unsere Armut. Wir werden uns künftig von den christlichen Juden nur durch die größte Einfachheit unterscheiden.

5. Mai 1761. Dieser Krieg wirft eben alle bisherigen Verhältnisse über den Haufen. Handwerker und Kaufleute werden reich, während der Adel zugrunde geht. Bei den Kaufleuten herrscht jetzt ein außerordentlicher Reichtum und Luxus. Sie fahren sechsspännig, halten eine große Dienerschaft und sind aufs prächtigste eingerichtet, während wir uns immer mehr einschränken müssen. Alle schönen Häuser des Adels werden an Kaufleute verkauft. Behrens, Splittgerbers Schwiegersohn, hat eben für 35 000 Taler das Haus des Freiherrn v. Grappendorf erworben. Die Juden haben sich mit Hilfe der Münze der Reichtümer des Landes bemächtigt und haben eben auch noch die Erlaubnis erhalten, Rittergüter zu kaufen. Kurz, es droht eine allgemeine Umwälzung alles bisher Bestehenden.

1. August 1761. Ich bin im Begriff eine Reise anzutreten, von der ich mir viel Vergnügen verspreche. Die Königin schickt mich nach Perleberg, um dort die künftige englische Königin zu begrüßen, die dort durchkommt. Halb Berlin eilt nach Strelitz, um die glückliche Prinzessin zu sehen, die das Schicksal auf einen so schönen Königsthron setzt.

18. August 1761. Der Vormittag vergeht mit dem Ausschmücken der Stadt. Alle Landpomeranzen schicken zu unseren Frauen, um zu erfahren, wie sie sich anziehen sollen. Die eine will meinen Perückenmacher haben, eine andere Putzgegenstände. Gegen Mittag kommen die Landequipagen von allen Seiten ganz vollgepfropft und hinten mit einer Unmasse Lebensmittel und Heu bepackt. Um 6 Uhr trifft die Prinzessin ein. Ich brauche nur vier Minuten, um der Prinzessin die Teilnahme der Königin an ihrer Erhebung auszusprechen und um ihre Freundschaft für Ihre Majestät zu bitten. Sie antwortet mir ganz vortrefflich, indem sie erklärt, sie sei in den Gefühlen der Hochachtung für die Königin aufgewachsen, denen sich jetzt die einer zärtlichen Freundschaft zugesellen, seit sie die Ehre habe, ihre nahe Verbündete zu sein. Dann zeigt sie mir Armbänder von Perlen mit dem Bildnis des Königs, der sehr gut aussieht. Sie spricht recht viel, und ich bewundere dabei ihre Gemütsruhe, indem sie ihr erstaunliches Glück gar nicht zu empfinden scheint. Mir gegenüber zeigt sie sich ebenso wie damals, als ich sie in Strelitz kennenlernte. Von ihrem Gesicht kann man nichts anderes sagen, als daß es nicht mißfällt.

20. August 1761. Ganz früh setze ich meine Reise über

Lauenburg nach Escheburg fort. Von hier an kommt man durch wunderschöne Gegenden. Links liegen die sogenannten Vierlande, die erstaunlich fruchtbar sind. Die Bauern sind hier sehr reich, und alle Leute, denen man begegnet, sehen wohlgenährt und zufrieden aus. Eine halbe Meile von Hamburg beginnen die Gärten, welche die Bewunderung der Fremden erregen. Einer ist immer, was die Umzäunungen, die Statuen, die Springbrunnen betrifft, prächtiger als der andere. Endlich gelangt man in die Stadt, der man den ungeheuren Reichtum gleich beim Eintritt ansieht. Ich steige in dem Gasthof am Jungfernstieg ab, der den Namen Prinzhausen führt, wo ich sehr gut aufgehoben bin.

22. August 1761. Welch Entzücken, den Hamburger Hafen mit den unendlich vielen Schiffen aus aller Herren Länder zu sehen! Auch das ganze Ufer von Altona bis Stade gewährt einen reizenden Anblick.

27. August 1761. Ich bleibe noch zehn Tage in Hamburg, so sehr gefällt mir hier das großartige Leben und Treiben. Ich besuche auch den berühmten Schimmelmann, der sich in diesem Kriege ein so ungeheures Vermögen erworben hat. Der Mann lebt wie ein Fürst, und seine liebenswürdige Frau besitzt den Ton der besten Gesellschaft.

In dieser Stadt muß man mit den Handeltreibenden verkehren, die alle große und mächtige Herren sind. Oft gehe ich am großen Alsterbassin spazieren. Auch Altona besuche ich. Endlich verlasse ich Hamburg, von dem ich ganz entzückt bin. In drei Tagen erreiche ich Wust, wo ich meine Frau gelassen hatte, und am Abend des nächsten Tages das schreckliche Magdeburg. Nun heißt es der Königin Bericht erstatten und wieder den unerquicklichen Dienst antreten.

16. Oktober 1761. Ich soupiere bei der Prinzessin Amalie. Wir sind fünf und verzehren 200 Austern. Prinzessin Amalie ist in der besten Stimmung von der Welt, und ich verbringe bei ihr einen recht angenehmen Abend. Zwar hat man alle möglichen Dinge erfunden, um sich die Zeit zu vertreiben, allein ich nehme so wenig daran teil, daß meine Gedanken in einem fort mit den Ereignissen beschäftigt sind, die Europa beunruhigen. Man behauptet jetzt, Spanien werde sich aus Eifersucht auf die Erfolge der Engländer für Frankreich erklären. Pitt, der bisher mit so viel Würde Englands Größe aufrecht erhalten hat, ist von den Geschäften zurückgetreten, was uns vielleicht Schaden bringen kann; denn er hat stets mit großer Festigkeit für die preußische Sache gewirkt.

Die Gesellschaften verschlechtern sich, man will nur immer spielen und hat für gute Unterhaltung keinen Sinn mehr. Vor vier Wochen stand ich bei der Prinzessin von Preußen in besonderer Gunst; da ich aber das Quinzespiel aufgegeben habe, so ladet man mich jetzt bloß noch alle acht Tage einmal dort ein, gerade wie einen, den man der Schicklichkeit halber noch empfängt. Graf Wartensleben hat sich von seiner Krankheit, die er vor einigen Monaten durchgemacht hat, wieder erholt, ist aber immer noch schwach und hat Zufälle, die auf nichts Gutes schließen lassen. Von einer schlimmen Diarrhöe geplagt, muß er fast jeden Tag sich von der Tafel der Königin entfernen, was jedesmal bei den Damen ein Gelächter hervorruft. Trotz alledem läßt er sich nicht überreden, zu Hause zu bleiben. Der Mann will mit aller Gewalt am Hofe sterben.

27. November 1761. Herr v. Humboldt, dieser reiche Kauz neuesten Datums, gibt uns ein prächtiges Fest. Er hat sich im Laufe dieses Krieges ein ungeheueres Vermögen gemacht. Er hatte die Lieferungen für die verbündete Armee und daran außerordentlich viel verdient. Er ist ein guter Kerl, fühlt sich aber in seinem so unverhofft gekommenen Glücke noch so wenig zu Hause, daß er beständig davon spricht. Er hat alles voll Ringe und Tabaksdosen, da er alles ohne jeden Geschmack zusammenkauft.

Dezember 1761. Kolberg, das sich drei Jahre lang gegen die russische Streitmacht gehalten, hat sich nun doch dem Feinde ergeben müssen. Die Russen sind nun Herren in Pommern bis an die Oder, und Stettin ist der einzige Ort in ganz Pommern, der noch in unseren Händen ist. Berlin ist in großer Unruhe. Die Teuerung nimmt allenthalben zu, ja wir stehen sogar vor einer Hungersnot in unseren Staaten, und wenn Gott uns nicht bald den Frieden schenkt, so wird unsere Lage verzweifelt. Man schränkt sich allgemein aufs äußerste ein, und trotzdem weiß man nicht, wie man auskommen soll. Die Prinzessinnen haben bei Tisch bloß noch vier Gänge und täglich sechs Kerzen.

1762

Januar 1762. Die sehnlichsten Wünsche, die wir zu Beginn des neuen Jahres an den Himmel richten, gehen dahin, daß es der göttlichen Vorsehung gefallen möge, uns den Frieden zu bescheren. Unsere Not ist aufs höchste gestiegen; Gott allein vermag zu helfen.

31. Januar 1762. Nachdem alle Hoffnungen, den König glücklich aus all den Krisen hervorgehen zu sehen, zuschanden geworden sind, kommt ein plötzlicher Hoffnungsstrahl durch den Tod der Kaiserin von Rußland. Diese Fürstin, gegen den König persönlich erbittert, hatte ihm den Untergang geschworen, indem sie sich für die Witze rächen wollte, die der König zu unserem Unglück über sie gemacht hatte. Ihr Vorhaben war ihr auch so gut geglückt, daß die Russen im Besitze von Preußen, Pommern, Kolberg, eines Teiles der Neumark und mit einer beträchtlichen Armee in Schlesien nächstes Frühjahr zum letzten Schlage ausholen konnten; da trat zu unserem Glück der Tod dazwischen. Ihr Land verliert in ihr eine gute Herrscherin, aber wir gewinnen sicherlich dabei.

April 1762. Wir sind immer noch mitten in der Freude über die glückliche Wendung, welche die Dinge für uns genommen haben. Wenn ich daran denke, wie im November alles verloren schien, wie die Russen vor den Toren Berlins und die Österreicher vor Breslau standen, während jetzt unser Gesandter in Petersburg das Entzücken des Kaisers bildet und man an diesem Hofe nur auf den König von Preußen schwört, da muß ich ausrufen: Gott allein ist wirklich groß!

Wenn der Kaiser von Rußland die Regierung seines Landes in der Weise weiterführt, wie er sie begonnen hat, wird er sicherlich nicht bloß der Vater seiner Untertanen, sondern auch die Bewunderung Europas werden. Jeder Tag kündigt neue Wohltaten an. Er gibt seinem Adel die Freiheit, schafft die politische Inquisition ab und ruft die Verbannten zurück.

Es herrscht jetzt eine Teuerung wie noch nie; der Scheffel Roggen kostet jetzt 20 Taler, und in Berlin war zwei Tage lang kein Brot mehr vorhanden. Das schlechte Geld bricht uns den Hals.

Mai 1762. Es herrscht hier jetzt eine Vergnügungssucht wie noch nie. Um 10 Uhr gehen die Herren schon zum Kegeln zu Herrn v. Häseler, nach Tisch geht's jeden Tag in die Gesellschaften und zum Spiel. Abends spielt man wiederum bei der Königin, und nach dem Souper, um Mitternacht, versammelt sich die ganze Gesellschaft noch vor dem Hause der Prinzessin Amalie, die vor ihrer Tür hat Bänke aufstellen lassen, um bis 1 Uhr noch eine zwecklose Unterhaltung zu führen.

Juni 1762. Es gibt nichts Lächerlicheres als die Lebensweise, die man hier jetzt führt. Alles stirbt fast vor Hunger und schränkt sich ein, so gut es geht; dabei wird aber mit solcher Leidenschaft gespielt, daß keine richtige Stimmung mehr aufkommt und man gar nicht mehr weiß, was angenehme Gesellschaft ist. Man ist einzig damit beschäftigt, sich gegenseitig möglichst viel Geld aus der Tasche zu ziehen, und die Verlierenden sind dann so verstimmt, daß einem ganze Abende verleidet werden.

28. Juni 1762. Graf Dohna bringt uns die Nachricht, daß die verbündete Armee bei Wilhelmsthal in Hessen sehr beträchtliche Erfolge gegen die Franzosen errungen hat. 4000 Gefangene und 200 Offiziere fielen in die Hände der Verbündeten. Bei der Frau Prinzessin trifft er sämtliche österreichischen Generale, die die Nachricht von dem Verluste ihrer Verbündeten mit größtem Gleichmut aufnehmen. Man sieht daraus, welch tiefe nationale Abneigung zwischen den Österreichern und Franzosen besteht.

11. Juli 1762. Ganz Berlin beschäftigt sich nur mit der Ankunft des Kaisers von Rußland. Prinz Ferdinand, der vom König Befehl erhalten hat, den Kaiser in Stettin zu empfangen, trifft großartige Vorbereitungen dazu. Er hat 15 Kavaliere ernannt, die in seinem Gefolge sein werden, wozu auch ich zähle.

21. Juli 1762. Um 6 Uhr hält die junge Gräfin Dönhoff, die in derselben Nacht nach Preußen abreisen wollte und bereits Abschied von uns genommen hatte, vor meiner Tür und läßt mich hinunterkommen. Dort sagt sie mir, ihre Reise sei verschoben, da die Unglücksbotschaft eingetroffen sei, der Kaiser sei entthront. Näheres sei noch nicht bekannt, man wisse bloß, daß die noch in Pommern stehenden Truppen bereits auf die Kaiserin Katharina vereidigt worden seien. Die Revolution ist also zugunsten der eigenen Gemahlin des Kaisers erfolgt. Diese durch alle sie begleitenden Umstände so traurige und grausame Nachricht scheint danach angetan, uns wieder in eine äußerst mißliche Lage zu versetzen. Unser König verliert dadurch den sichersten und treuesten Verbündeten, den er jemals hatte.

22. Juli 1762. Die neue Kaiserin hat erklärt, sie werde sich an diesem Kriege in keiner Weise mehr beteiligen, vielmehr ihre sämtlichen Truppen zurückziehen. Nach und nach räumen die russischen Truppen unsere Provinzen, die sich von dem Kriege zu erholen beginnen.

August 1762. Ich mache in Berlin die Bekanntschaft einer Gräfin Sapieha, einer geborenen Prinzessin Sulkowski. Sie ist eine richtige Zierpuppe, die in Berlin recht viel Vergnügen zu finden hoffte. Allein die jetzigen Zeiten sind nicht dazu angetan, sich sehr der Freude hinzugeben. Sie bleibt deshalb auch nicht lange, da es ihr nicht behagt, in den Gesellschaften so viele hübsche Frauen und so wenige Männer zu finden. Sie ist klein, keineswegs hübsch, hat aber einen so reizenden Fuß, wie man selten einen sieht. Sie spricht ein schauderhaftes Kauderwelsch.

Es ist erstaunlich, daß es in Berlin noch ebenso hergeht, wie bei meinem Herkommen. Die Teuerung ist schrecklich, und trotzdem halten manche Leute noch ein offenes Haus, wogegen andere aber auch wieder in großer Not sind. Bei der Bürgerschaft hingegen liegen die Dinge ganz anders; diese ist wohlhabend und lebt in großem Prunk, vor allem die Juden, die Paläste bauen und prachtvolle Gärten anlegen.

November 1762. Ein ausgezeichneter Monat. Schon Ende Oktober hatten wir von der Einnahme von Schweidnitz erfahren, und nun trifft dazu noch die unerwartete Nachricht ein, daß Prinz Heinrich die Reichsarmee aufs Haupt geschlagen und dabei 6 000 Gefangene gemacht und 30 Kanonen erbeutet hat. Unsere Freude kennt keine Grenzen.

19. November 1762. Der Friede zwischen Frankreich und England ist gesichert. Alle Feindseligkeiten zwischen den beiden Armeen sind eingestellt. Unser Herr und König bezieht sein Winterquartier in Leipzig. Er hält sich gegenwärtig in Sachsen auf. Dort hat er seinen Bruder Heinrich aufs herzlichste begrüßt und ihm trotz seiner persönlichen Anwesenheit den Oberbefehl über die Armee überlassen. – Der Prinz von Preußen hält sich einige Tage in Berlin auf, und alle Briefe, die wir von dort erhalten, sind voll des Lobes über ihn. Sein Onkel, Prinz Ferdinand, schreibt mir in einem seiner Briefe: »Der Prinz von Preußen hat sich während des Feldzugs sehr herausgemacht; er hat sich sein gutes Gemüt bewahrt, ist jetzt aber weniger schüchtern als früher. Er spricht mit jedermann und immer mit großer Bescheidenheit.« Man schreibt mir, er sei gegen die Reize der Frau v. Grappendorf nicht unempfindlich geblieben, die aber auch ihr Möglichstes getan habe, um diese Neigung noch zu verstärken. – Das Eintreffen des Fürsten Repnin, des russischen Gesandten, hat ganz Berlin den Kopf verdreht. Alles singt nur sein Lob und erwartet großartige Feste von ihm. Er soll jährlich 80 000 Taler auszugeben haben, das heißt nach unserem schlechten Gelde. Ich persönlich lese diese Berichte mit großer Seelenruhe.

18. Dezember 1762. Ich erhalte die Trauernachricht, daß meine Schwester am 14. eines ruhigen Todes entschlafen ist. Sie war bis zum letzten Augenblick bei Bewußtsein. Meine Schwester war von Natur aus sehr tätig, aber gegen das Ende ihrer Krankheit kümmerte sie sich um nichts mehr und wollte nur von Gott und der Seligkeit reden hören. Die Ärzte haben es mit mir für immer verdorben; ich habe bei dieser Gelegenheit gesehen, wie wenig sie wissen. Als ich von Berlin abreiste, versicherten sie mir, sie werde noch lange leben, und nach Verlauf von kaum sechs Tagen war sie schon nicht mehr.

Wir stehen nun wiederum am Ende eines Jahres. An Aufregungen und Sorgen hat es uns nicht gefehlt. Die Teuerung der jetzigen Zeiten übersteigt alle Grenzen. Der Scheffel Roggen kostet 7 Taler, das Pfund Butter 14 Groschen, ein Paar Schuhe 4 Taler und alles übrige im Verhältnis dazu.

1763

1. Januar 1763. Das Jahr beginnt mit günstigen Hoffnungen. Ein Teil Europas erfreut sich schon des Friedens, und man versichert, daß die Verhandlungen zwischen unserem und dem Wiener Hofe den allgemeinen Frieden herbeiführen werden.

6. Januar 1763. Wir haben die günstigsten Nachrichten bezüglich des Friedens. In Hubertsburg sind Gesandte aus Wien eingetroffen; von unserer Seite geht Herr v. Hertzberg dorthin. Es ist nun Hoffnung vorhanden, daß die Verhandlungen zu dem lebhaft gewünschten Frieden führen werden.

18. Januar 1763. In Gr.-Ottersleben, eine Meile von hier (Magdeburg), ist bei einem reichen Bauern Hochzeit. Wir begeben uns dorthin. Es sind mehr als 300 Personen eingeladen. Gleich nach meiner Ankunft erkundige ich mich nach den Vorräten zur Beköstigung dieser Menschenmenge, und ich höre, daß 42 Kapaunen zur Bouillon, 36 Scheffel Weizen zu Kuchen, für 150 Taler Karpfen, 2 Rinder, 14 Kälber, für 150 Taler Branntwein usw. verzehrt werden sollen. Die Ausstattung der Braut, was Kleider und Leinenzeug anbetrifft, übersteigt den Wert von 3 000 Talern, ihre Mitgift beträgt 14 000 Taler. Diese reichen Bauern, die noch ihre alten Privilegien besitzen, sind Untertanen des Domes. Ich amüsiere mich auf diesem ländlichen Fest vortrefflich, besonders freue ich mich, daß diese Leute mit ihrer Lage zufrieden sind und sich eines behaglichen Wohlstandes erfreuen.

5. Februar 1763. Die Königin empfängt in dem Augenblick, als der Hof sich abends versammelt, vom König einen Brief, worin dieser ihr schreibt, sie sei Herrin ihrer Entschlüsse, wenn sie nach Berlin abreisen wolle. Somit dürfen wir hoffen, in etwa acht Tagen die Reise unternehmen zu können.

16. Februar 1763. Beim Einzug in Berlin sind wir von der ungeheuern Menschenmenge, die zur Erhöhung des Festesglanzes beitragen will, aufs höchste überrascht. Nicht allein alle Fenster, sondern auch die Dächer sind mit Menschen besetzt, und alle diese Leute bezeigen beim Anblick der Königin eine so aufrichtige Freude, daß diese mit ihren Untertanen zufrieden sein kann. Zu meiner herzlichen Freude sehe ich unter ihnen des Königs Bruder, den Prinzen Heinrich, diesen erhabenen Helden, den Schrecken unserer Feinde, der uns durch seinen Sieg bei Freiberg diesen günstigen Frieden errungen hat, wie wir ihn nie erwarten durften. Kaum ist die Königin da, so erscheint ein Leibjäger des Königs mit der Meldung, daß die Friedensurkunde vollzogen sei und der König alle seine Staaten wiedererhält. Somit hat alle unsere Not ein Ende. Wenn man nun aber bedenkt, welche unzähligen Opfer dieser Krieg gefordert hat, wieviel Provinzen verwüstet, wieviel Familien ruiniert worden sind, und das alles, um die Herrscher in dem status quo ante zu sehen, so möchte man über den Wahnwitz der Menschheit laut aufschreien. Nun ist noch die Münzfrage zu erledigen. Wenn der König nicht schleunigst Hilfe schafft, sind wir alle ruiniert. Die Preise aller Waren haben eine Höhe erreicht, daß uns ein permanenter Notstand droht. Aber man verspricht uns ja Wunder vom Erscheinen des Königs und einen Umschwung aller Verhältnisse.

März 1763. Unsere alten Regimenter kehren nach und nach in ihre Garnisonen zurück, und man fängt allmählich an, sich an den Gedanken zu gewöhnen, sich der lange entbehrten Ruhe ungestört wieder freuen zu dürfen.

7. März 1763. Prinz Heinrich gibt einen Maskenball. Niemals habe ich ein schöneres Fest gesehen. 1400 Masken erscheinen, der ganze Adel und die bessere Bürgerschaft, und dabei verläuft alles in schönster Ordnung. Am Ende der Galerie und des Saales stehen mehrere Büfette mit den schönsten Erfrischungen. Die Masken sind schmuck, zum größten Teil prächtig. Die Frau Prinzessin und Prinz Ferdinand sind als Neuperser, die Prinzessin Ferdinand und der junge Prinz Heinrich als Asiaten, Frau v. Katte und Herr v. Marschall als Afrikaner, meine Frau und Graf Schlippenbach als Sultan und Sultanin gekleidet. Es werden Quadrillen in Kostümen getanzt, die Tag und Nacht vorstellen, auch Chinesen führen einen Tanz auf, kurz das Ganze ist reizend.

26. März 1763. Die Nachricht trifft ein, daß der König am 30. hier sein wird. Die ganze Stadt rüstet sich zu seinem Empfang. Die einen sprechen von Illuminieren, die anderen von den bevorstehenden großen Änderungen. Was mich anbetrifft, so bin ich ruhig und verlasse mich ganz auf die weise Vor-

Prinz Heinrich. Kupferstich von Johann Balzer

sehung. Die einzige Änderung, die alle ehrlichen Menschen wünschen müssen, ist die Ordnung des Münzfußes.

1. April 1763. Man spricht nur von den neuen Maßnahmen. Der König hat alle Provinzialräte kommen lassen, um sich über die Zustände im Lande zu unterrichten.

Ich mache auch die Bekanntschaft des Herrn de Catt, des Vorlesers des Königs, wie auch des Quintus Icilius, des berühmten Tapezierers von Hubertsburg. Wir nennen ihn so, seitdem er dieses Schloß in gemeiner Weise ausgeplündert hat; selbst die Parkette und das Dach, die von Kupfer waren, hat er verkauft. Sein Freibataillon ist aufgelöst worden, und es scheint, daß er in der Gunst sehr gesunken ist.

1. Juni 1763. Wir durchleben eben die Zeit der Umgestaltung des Münzwesens. Die Verwirrung ist größer als je, denn es hält schwer, das Volk durch den Hinweis auf das bessere Geld, das wir jetzt haben, zu einer Verringerung der Preise der Waren zu veranlassen. Diener, Arbeiter, kurz alles ist in Angst und Not, und es wird noch geraume Zeit dauern, bis allenthalben wieder Ordnung eintritt.

Die Königin erhält plötzlich eine Nachricht, die sie aufs äußerste überrascht. Der König hat über ihr Oberhofmeisteramt zugunsten des Grafen Wartensleben verfügt und das Amt als Hofmarschall, das dieser bisher innehatte, dem Präsidenten Voß verliehen. Dieser Mann hat von frühester Jugend auf nichts getan als sich ruiniert; überall wo er hinkam, wurde er verabscheut. Er scheint in keiner Weise geeignet, den Posten als Hofmarschall auszufüllen, da dies einen Mann der Ordnung erheischt, der sich gründlich auf den Haushalt versteht. Eine Zitrone, die an diesem Hofe mehr gegessen wird, verursacht hier ja schon eine Budgetstörung auf mehrere Monate hinaus.

September 1763. Alle Welt spricht nur von den Bankerotten, die jetzt allenthalben an der Tagesordnung sind. In Hamburg sind 56 Kaufleute davon betroffen worden, Amsterdam, Danzig und sogar London leiden sehr darunter. Manche dieser Herren haben durch ihren übermäßigen Luxus selbst viel dazu beigetragen, besonders in Berlin, wo man Vergoldungen, Statuen, Gemälde und große Wohnungen bloß noch bei den Geschäftsleuten zu sehen bekam.

Dezember 1763. Berlin beginnt sich auf die Freuden des

19. November 1763. Um 11 Uhr kommt der Gesandte an. Er sitzt sehr gut zu Pferde, auch sind alle Türken in seinem Gefolge schöne Männer. Im übrigen finde ich den Aufzug nicht gerade prächtig; freilich erklärt man, daß der ganze Pomp für die Audienz beim König aufgespart bleibe. Die türkische Musik ist entsetzlich, das ganze Auftreten der Leute und ihr Benehmen möchte man jüdisch nennen.

Friedrichs des Großen weltweites Ansehen: Der Einzug des türkischen Gesandten Achmed Effendi in Berlin am 19. November 1763. Kupferstich aus der Folge »Les actions glorieuses de Frédéric le Grand« von Joh. David Schleuen, 1763

Karnevals vorzubereiten. Der König hat angeordnet, daß immer am Sonntag bei der Königin Cour sein solle, Montag Operette, Dienstag Lustspiel, Mittwoch Empfang bei der Prinzessin von Preußen, Donnerstag Operette, Freitag Redoute. Das wäre alles ganz prächtig, wenn wir gutes Geld hätten; aber so haben alle Vergnügungen einen bitteren Beigeschmack.

1764

1. Januar 1764. Wiederum ein neues Jahr! Das Leben geht dahin, man jagt nach dem Glück, ohne es zu erreichen. Glücklich, wer seine Wünsche einzuschränken versteht und sich schließlich im Frieden zur Ruhe setzen kann! Dieser den Komplimenten und Lügen gewidmete Tag vergeht an den Höfen immer unter großen Aufregungen und Strapazen. Man umarmt sich, sagt sich gegenseitig tausend schöne Wünsche, die nicht von Herzen kommen, und freut sich erst wieder, wenn endlich der Augenblick da ist, wo man nach Hause zurückkehren kann. Seine Majestät hat am Dreikönigstage eine kleine ausgewählte Gesellschaft bei sich. Man trägt unter anderem eine große Pastete auf, in der ein junges Mädchen steckt, das vom König gedichtete Verse vorträgt.

Zum Geburtstag Seiner Majestät gibt Prinz Heinrich dem König, seinem Bruder, und der ganzen königlichen Familie ein großes Festmahl en robe. Nachmittags nimmt die Königin die Glückwünsche der Damen und Herren in Gala zu diesem Tage entgegen. Um 11 Uhr findet beim Prinzen Heinrich ein Maskenball statt, auf dem 1400 Masken erscheinen. Die bessere Bürgerschaft hat Zutritt, und man sieht dabei prächtige Masken. Die Prinzessinnen Heinrich und Ferdinand sind als Ägypterinnen erschienen. Prinz Ferdinand, Bruder des Königs, Prinz Friedrich von Braunschweig, Marschallin Schmettow, der kleine Katt, Marwitz, der junge Graf Schmettow stellen eine Bettlertruppe so natürlich dar, daß jeder beinahe seine Taschen zuhielt und man sie auch nach der Demaskierung kaum erkannte, so sehr hat sie diese Verkleidung verändert.

Frau v. Brandt, die sowohl durch ihre schlechte Wirtschaft wie durch Kriegsunglück sehr heruntergekommen war, ist ein eigenartiges Glück widerfahren. Ein alter Herr namens Braunsberger, ehemaliger Diener im Hause ihres Vaters, vermacht ihr in seinem Testament 25000 Taler aus Dankbarkeit für das Gute, das er dort in seiner Jugend empfangen hat.

Februar 1764. Der König hat sich in Sanssouci ganz allein eingeschlossen, um Memoiren zu schreiben. Der Prinz von Preußen und die beiden Prinzen von Braunschweig sind in

Potsdam, wo sie nachts die Straßen unsicher machen und ihren Bekannten die Fenster einwerfen. Im Interesse des allgemeinen Wohls hätte ich es gern gesehen, wenn man den Prinzen vor einem Jahr verheiratet hätte; es wären ihm dann manche Jugendtorheiten erspart geblieben, denn dieser Prinz besitzt von Hause aus vortreffliche Neigungen, und wenn er nicht verführt würde, verfiele er nicht auf derartige Streiche.

Ich befinde mich in einer sehr verdrießlichen Lage. Ich hatte schon alle Vorkehrungen getroffen, um nach Preußen zu reisen, und schrieb an den König, um ihn um seine Erlaubnis zu bitten. Seine Majestät antwortet aber nicht, und ich schwebe darob in einer ganz unerträglichen Ungewißheit. Wie ist das Leben doch voll Bitterkeit! Nichts ist ärgerlicher, als wenn man sich beständig in allen seinen Unternehmungen gehindert sieht. Ich schreibe nochmals an den König und stelle ihm vor, daß eine vierzehnjährige Abwesenheit meine Verhältnisse dermaßen zerrüttet habe, daß meine Anwesenheit in Preußen unbedingt erforderlich sei. Wiederum keine Antwort! Wo bleibt da nun jener Edelsinn, von dem unter den Menschen so viel Aufhebens gemacht wird! Sind denn die Großen nur dazu da, um ihre Untertanen zu quälen, deren Herzen doch nur Liebe und Anhänglichkeit für sie hegen?

März 1764. Prinz Ferdinand gibt zu Fastnachtsdienstag dem ganzen Adel ein Fest. Alles erscheint in Masken, Frau Prinzessin Ferdinand als Sultanin, gefolgt von Frau v. Marschall, der verwitweten Gräfin Dönhoff und Frau v. Katt als ihren Sklavinnen, was reizend aussieht. Trotz der hier herrschenden Not ist man auf neue Moden toller als je. Man schwärmt jetzt für das Griechische; Essen, Kleidung, Gangart, alles muß griechisch sein. Graf Bohlen, der schwedische Gesandte, beginnt jetzt auch Gesellschaften bei sich zu empfangen. Er gibt den jungen Damen einen Ball, auf dem ein Leben herrscht, wie sonst nirgends. Er ist ein sehr liebenswürdiger, höflicher Mann von schönem Äußeren, noch etwas jung, und sein Geist erfordert noch etwas Ausbildung, aber bei seinem großen Bildungseifer wird er alles leicht erreichen.

In Potsdam kommt es zu einer Szene, die allgemein Bedauern und Angst hervorruft. Graf Borck, der Hofmeister des Prinzen von Preußen, hatte an der Tafel des Königs im Gespräch mit seinem Nachbarn die Bemerkung gemacht, der Friede sei immer besser als der Krieg. Auf die Frage des Königs, was man eben gesprochen habe, teilt Prinz Friedrich von Braunschweig in seiner Unbesonnenheit diese Unterhaltung dem König mit, und dieser gerät darüber in so schrecklichen Zorn, daß er zu Borck sagt: »Wenn ich eine solche Denkart bei Ihnen vermutet hätte, hätte ich Ihnen meinen Neffen nicht zum Erziehen gegeben«; und sich abwendend, spricht er vom Grafen Borck mit größter Verachtung und nennt ihn unwürdig, den Degen zu tragen. Kurz, Seine Majestät ist während des ganzen Mahles in übelster Stimmung.

Zwei Tage darauf wird ihm mitgeteilt und auch das Billet vorgezeigt, er solle zum König zum Diner kommen. Er geht hin, und sowie er das Gemach betritt, regt sich Seine Majestät so furchtbar auf, daß er zu General Wylich sagt: »Schaffen Sie mir diesen Menschen fort, oder ich lasse ihn zur Tür hinauswerfen.« Wylich nähert sich daher dem Grafen und sagt zu ihm: »Sie sind hier zuviel, suchen Sie möglichst rasch fortzukommen.« Nach dem Diner schreibt ihm der König, da der Prinz von Preußen nicht mehr in dem Alter sei, wo er einen

Palais des Prinzen Ferdinand und ein Teil des Hauses des Grafen von Schulenburg in Berlin. Kupferstich von Johann Georg Rosenberg

Hofmeister brauche, so solle er, Graf Borck, sich nur auf seine Güter zurückziehen und seine in Unordnung geratenen Verhältnissse ordnen; sein Gehalt von 3 000 Talern wolle er ihm belassen. Graf Borck richtet hierauf an den König die untertänige Bitte, seiner Gesundheit halber noch einige Tage in Berlin bleiben zu dürfen. Der König schlägt es ihm aber ab und befiehlt ihm, sich sofort auf seine Güter zu begeben. Graf Borck soll öfter unpassende Äußerungen getan haben, die das Mißfallen des Königs erregten. Er ist sonst ein sehr ehrenwerter Mann, bloß daß er vielfach Vorurteile hegt und oft Ansichten verficht, die unhaltbar sind.

Seine Majestät der König reist nach Schlesien. Seine ganze Begleitung besteht aus seinen vier Neffen, dem Grafen Anhalt und Herrn v. Anhalt, im ganzen vier Kutschen. Welch ein Kontrast im Vergleiche mit dem Kaiser, der zu gleicher Zeit mit einem gewaltigen Gefolge, das Millionen kostet, nach Frankfurt reist! Die Summen, die aus Anlaß dieser Krönung ausgegeben werden, sind gar nicht zu berechnen, und mancher Privatmann ruiniert sich dabei.

Ein hiesiger reicher Bankier namens Schultz hatte eine einzige wohlerzogene und hübsche Tochter. Diese hatte einen Grafen Schlippenbach liebgewonnen, der sie gern heiraten wollte und beim Vater um ihre Hand anhielt. Vom Reichtum verblendet, hatte der Bankier sie aber für irgendeinen Millionär bestimmt und schlug sie dem Grafen ab. Das junge Mädchen regte sich darüber sehr auf, bekam das Nervenfieber und starb.

5. April 1764. Der König kommt aus Schlesien zurück. Er bleibt einen Tag hier, diniert bei der Königin und kehrt dann wieder nach Potsdam zurück. Dem Prinzen von Preußen, mit dem ich bei seiner Frau Mutter soupiere, scheint es auf dieser Reise gefallen zu haben. Er hat sich zwar sehr angestrengt, hat aber in Breslau hübsche Frauen gesehen und getanzt, und das tröstet in diesem Alter über manches andere. Der König verlegt das Regiment dieses Prinzen von Spandau nach Potsdam und das des Prinzen Heinrich nach Spandau. Der König will mit aller Gewalt aus dem Prinzen von Preußen einen guten Soldaten machen. Dieser muß daher jeden Tag die Exerzierübungen mitmachen. Der König scheint mit ihm nicht zufrieden zu sein. Er findet unter anderem, daß er die französischen

Friedrich der Große mit seinem Neffen und Thronfolger Friedrich Wilhelm II. Kupferstich von Christ. Hallbauer und Barth. Hübner nach einem um 1756 entstandenen Gemälde von Antoine Pesne

Moden zu sehr liebt. Als sich der Prinz eines Tages in Potsdam von der Tafel erhebt, reicht ihm der Page einen ganz anderen Hut und Stock, als er mitgebracht hat. Der Prinz ist erstaunt, aber der König sagt ihm, man müsse vorschriftsmäßig gehen und dürfe keinen kleinen Hut tragen, während die übrigen Gardeoffiziere einen großen trügen.

Ich reise auf einige Tage nach dem Landgute meines Schwagers, des Grafen Schlippenbach. Es heißt Schönermark und liegt in der Ukermark, 13 Meilen von hier. Schlippenbachs sind sehr ehrenwerte Leute; der Vater ist ein alter Militär und die Mutter eine geistvolle Frau. Sie haben zwei Töchter und außer meinem Schwager noch einen Sohn. Die Ländereien sind prächtig, vortrefflicher Boden, reizende Lage und beträchtliche Waldungen, kurz alles, was ein schönes Landgut ausmacht. Zudem läßt es auf noch weitere Erträge hoffen. Ich werde hier mit jener ländlichen Herzlichkeit aufgenommen, die man in den großen Städten und besonders an den Höfen nicht kennt. Das Leben hier gefällt mir unendlich, und wenn ich eines Tages ein angenehmes Landgut finden sollte, so könnte ich sehr wohl den Rest meines Lebens darauf verbringen. Die große Welt lockt mich zwar immer wieder, aber im Grunde ist sie mir doch zuwider und vermag weder mein Herz noch meinen Geist voll zu befriedigen.

Berlin ist eine so bedeutende Weltstadt, daß man nur ein paar Tage fort zu sein braucht, um dann alle möglichen Neuigkeiten zu erfahren. Fräulein Bredow, Hofdame der verstorbenen Königin, stirbt an der Schwindsucht. Sie war eine geistreiche Person, die ihr Geschäft gut verstand; sie gewann viel Geld im Spiel und verdeckte mit ziemlichem Geschick ihre Galanterien hinter der Maske der Prüderie.

24. April 1764. Der König gibt endlich dem Prinzen von Preußen das Regiment seines seligen Vaters, und alles bereitet sich auf die Revüen vor, die im Mai abgehalten werden sollen.

Mai 1764. Die Revüen finden statt. Ich begebe mich im Gefolge der Frau Prinzessin hin, und wir sehen alles sehr gut. Der König hat alle fremden Gesandten zu diesem militärischen Schauspiel eingeladen.

Trotz allen Tadels von seiten Seiner Majestät ist der Prinz von Preußen von seinem Geschmack für französische Moden nicht abzubringen, ein Vergnügen, das umso verzeihlicher ist, als es seinem Alter entspricht. Wir haben damit ein spaßiges Abenteuer. Wir kommen von einem Café coiffé, zu dem Herr v. Edelsheim sämtliche hiesigen hübschen Damen und die fremden Gesandten eingeladen hatte, und sind eben im Begriff in die Boote zu steigen, um nach Monbijou zu fahren, als wir einen schönen jungen Mann in hochroter Chenille und blauer Satinweste, alles mit griechischer Stickerei versehen, die Haare hochgekämmt, ganz allein daherkommen sehen. Wie die hübsche Gestalt näher kommt, erkennen wir in ihr den Prinzen von Preußen. Er fragt, ob es erlaubt sei, mit einzusteigen. Wir sagen »ja«, obwohl uns angst dabei wird, und er fährt mit uns in fröhlichster Stimmung nach Monbijou. Am folgenden Tage warnt man mich von allen Seiten und empfiehlt mir, mich um die Vergnügungspartien des Prinzen nicht zu kümmern, denn das könnte mir Unannehmlichkeiten zuziehen. Ich war ja ganz unschuldig bei der Sache, danke aber doch dem Himmel, daß sie gut abgelaufen ist.

Juni 1764. Die Zeiten des guten Geldes sind zurückgekehrt. Es wird indes noch eine geraume Weile dauern, bis das Volk sich daran gewöhnt hat, die Preise um die Hälfte zu verringern. Jetzt herrscht noch ein schrecklicher Wirrwarr. Die Bauern wollen nichts auf den Markt bringen, und wir erleben hier mitten im Frieden eine Art Hungersnot.

Es wird immer noch viel von einer Verheiratung des Prinzen von Preußen geredet, man weiß indes noch nicht, ob der König sich für die Schwedter oder für die Braunschweiger Prinzessin entschließen wird. Man ist allgemein sehr für die letztere, aber ich fürchte, daß der Prinz eine Abneigung gegen sie hat, weil er ihre beiden Brüder, die in unseren Diensten stehen, nicht mag. Diese zwei Prinzen schienen sich anfangs jedermanns Zuneigung zu gewinnen, aber seit sie so viele unangenehme Geschichten gemacht haben, ist man zu einem ganz andern Urteil über sie gekommen. Sie sind darauf erpicht, Schriftsteller zu werden; der ältere hat ein Lustspiel mit dem Titel »A la Grecque« gedichtet und der jüngere ein Loblied auf den Krieg, zwei gleich jämmerliche Machwerke.

Meine Mutter läßt durch Fräulein v. Gohr aus Preußen die kleine Ysenburg hier abholen. Sie hat mit eigenen Pferden den Weg in 18 Tagen zurückgelegt.

Die Königin erhält endlich die so sehr ersehnte freudige

Nachricht, daß der Prinz von Preußen die Prinzessin Elisabeth von Braunschweig heiraten wird. Am 20. Juli wird der ganze Braunschweiger Hof hierherkommen und die Verlobung vollzogen werden. Die Hochzeit wird indes erst nächstes Jahr stattfinden. Das junge Paar soll, wie es heißt, in Potsdam Wohnung nehmen.

Alles, was auf guten Ton hält, trinkt jetzt Brunnen, so auch Frau Prinzessin Ferdinand, die allen denen, die sie ihres vertrauten Umgangs würdigt, gestattet, morgens mit ihr zu frühstücken. Außerdem gibt sie auch ein großes Frühstück im Tiergarten, zu dem alle fremden Gesandten und die hiesige feine Welt erscheinen.

Juli 1764. Man spricht nur von der bevorstehenden Ankunft der Braunschweiger Herrschaften, die gegen den 10. sämtlich in Potsdam eintreffen sollen. Der Landgraf von Hessen wird gleichfalls dort erwartet. Seine Majestät der König trifft bereits Vorbereitungen zu sehr schönen Festen und hat sogar schon Herren zur Dienstleistung bei den Prinzessinnen bestimmt. Der jungen Prinzessin Wilhelmine schickt der König einen schönen rosa- und silberfarbigen Stoff, und auf ihr verbindliches Dankschreiben schreibt ihr der König zurück: »Da Sie Geschenke von mir in so liebenswürdiger Weise annehmen, so schicke ich Ihnen Brillantohrringe in der Hoffnung, daß Sie keine falschen Perlen mehr tragen werden, die so wenig für Sie taugen.« Das Publikum ist sehr neugierig darauf, ob der König seine beiden Brüder zu den Potsdamer Festlichkeiten einladen wird. Die meisten bezweifeln es, besonders weil er gegen den Prinzen Heinrich verstimmt ist, der es unterließ, sich an die Spitze seines Regiments zu stellen, als der König dieses bei der Parade in Spandau musterte. Die Königin ist auch noch im Ungewissen, ob sie eingeladen wird oder nicht, und darum in großer Aufregung, ebenso auch die Prinzessin von Preußen, der man noch nicht einmal eine Mitteilung über die beabsichtigte Heirat ihres Sohnes hat zukommen lassen.

6. Juli 1764. Die Herzogin, die Prinzessin von England, Prinzessin Elisabeth und Prinzessin Auguste sind ebenfalls schon eingetroffen. Alle diese Prinzessinnen sollen dem König sehr gut gefallen haben. Unsere Königin hat noch keine Einladung. Wenn man all die Unruhe und Aufregungen dieser hohen Herrschaften in der Nähe mitansieht, dann hat man allen Anlaß, über das bißchen Glück, um das die Mehrzahl der Sterblichen die Großen dieser Welt so beneidet, seine Betrachtungen anzustellen. Der König läßt drei uralte Damen nach Potsdam kommen, um den Gästen die Ehren seines Hauses zu erweisen, lauter Schönheiten aus dem vorigen Jahrhundert, aber sonst ganz liebenswürdige Frauen, nämlich die Damen v. Kannenberg, v. Pannwitz und v. Morien. Die beiden ersteren erhalten bei ihrer Ankunft jede einen Brillantring, der letztere 100 Louisdor.

Die Königin und die Prinzessin von Preußen, die es schon schmerzlich empfunden hatten, daß man sie nicht nach Potsdam hatte kommen lassen, hofften wenigstens nach Charlottenburg eingeladen zu werden. Sie warteten Stunde auf Stunde ab und sind noch heute, wo jene Herrschaften nach Charlottenburg kommen, ohne Einladung. Die Königin befindet sich in einem Zustand heftiger Erregung, während die gute Prinzessin von Preußen alles ruhig hinnimmt. Prinz Heinrich und Prinz Ferdinand sind zu dieser Festlichkeit auch nicht eingeladen. Kurz, alles sieht voll Kummer dem Ausgang der Dinge entgegen.

15. Juli 1764. Abends ist nur von der Ankunft des Königs und des Braunschweiger Hofes in Charlottenburg die Rede. Die Königin ist in Monbijou voller Verzweiflung, daß sie noch keine Einladung hat. Montag erfahren wir, daß der König angekommen sei und daß er den Prinzen Ferdinand und seine Gemahlin eingeladen habe. Wegen der Königin verlautet aber noch kein Wort. Endlich kommt um 11 Uhr ein Leibjäger an und überbringt ihr die angenehme Nachricht, daß sie am folgenden Tage mit der Prinzessin von Preußen zum Diner erscheinen und in Charlottenburg Wohnung nehmen solle. Darob große Freude!

18. Juli 1764. Verlobungsfeier. Das ganze Königliche Haus und der Landgraf von Hessen versammeln sich um 1 Uhr im Vorzimmer der Herzogin. Die Prinzessinnen tragen Courrobe. Der König erscheint und richtet an die Herzogin und an den Herzog die Frage, ob sie ihre Einwilligung zur Vermählung der Prinzessin Elisabeth mit dem Prinzen von Preußen geben; dieselbe Frage richtet er auch an die Prinzessin-Witwe von Preußen. Sie antworten alle mit freudiger Zustimmung. Darauf wechseln die Brautleute die Ringe, und man begibt sich zur Tafel. Der König, der Fieber hat, zieht sich gleich nachher zurück. Um 4 Uhr erscheinen die Staatsminister und fremden Gesandten, um alle diese Fürstlichkeiten zu beglückwünschen, und um 6 Uhr kommen sämtliche Damen im Domino, um dieselbe Höflichkeitspflicht zu erfüllen. Es ist ein Entzücken, den jungen Prinzen und die junge Prinzessin zu sehen; sie sind ein reizendes Paar. Der Prinz trägt einen pfirsichblütenfarbigen Domino mit italienischen Blumen und Blonden garniert, was sich prächtig ausnimmt. Die Prinzessin ist allerliebst, ihr Gesicht äußerst interessant und ihre Konversation so gefällig, daß sie sich alle Herzen erobert.

Bis 9 Uhr wird gespielt, dann begibt man sich in die Orangerie, wo drei Tische mit 300 Gedecken bereitstehen. An das Souper schließt sich ein Ball an, der bis 1 Uhr dauert. Als die Herzogin von Braunschweig mich erblickt, sagt sie sogleich: »Ich bin vollkommen glücklich.« Überhaupt scheint jedermann zufrieden zu sein. Man stellt mich auch der Prinzessin Auguste von England, der Gemahlin des Erbprinzen, vor. Von ihr läßt sich dasselbe sagen, was man Ludwig XIV. von einer Braut des Dauphin gesagt hat: »Abgesehen vom ersten Eindruck kann man mit ihr zufrieden sein!« Sie ist nicht schön, aber ihr Benehmen entschädigt für alles, und jeder, der sie sieht, muß sie liebgewinnen. Besonders verehrt wird sie von den Personen ihrer Bedienung, was immer ein gutes Zeichen dafür ist, daß ein Prinz oder eine Prinzessin wirklich achtbare Eigenschaften besitzen. Der Königin wird eine Gräfin Schuwalow vorgestellt, die direkt aus Moskau kommt. Sie trägt eine Menge funkelnder Edelsteine und überstrahlt mit ihrem Glanze sogar die Prinzessin von England vollständig, die doch sehr reichen Schmuck trägt. Diese Gräfin ist erst 18 Jahre alt und ihr Gatte 22. Sie haben ein Einkommen von 100 000 Rubeln zu verzehren und machen jetzt eine Reise durch ganz Europa, um sich die Langeweile zu verscheuchen und ihre asiatischen Reichtümer an den fremden Höfen zu verschwenden.

20. Juli 1764. Prinz Heinrich wird allgemein getadelt, daß er nicht zu der Verlobung des Prinzen von Preußen gekommen ist, obwohl man ihn dazu eingeladen hat.

22. Juli 1764. Die Braunschweiger Herrschaften kommen alle nachmittags nach Monbijou, wo die Königin sich eingefunden hat, um sich von ihnen zu verabschieden. Morgen gehen sie nach Potsdam. Der Landgraf von Hessen, der gleichfalls abreist, hat dem Adjutanten Schulenburg, der den Ehrendienst bei ihm versah, eine goldene Dose, einen Brillantring und 100 Louisdor geschenkt. Baron Pöllnitz ist von all den Herrschaften mit Geschenken überhäuft worden, deren Wert er selbst auf 3 000 Taler taxiert. Er hat denn auch nichts Eiligeres zu tun, als sich eine Equipage zuzulegen; seit 20 Jahren hat er keine mehr gehabt.

Ich habe einen sehr betrübenden Auftritt beim Grafen Finck. Dieser läßt mich zu sich bitten und teilt mir mit, er sei vom König beauftragt, mir zu sagen, ich solle mich mit dem Prinzen von Preußen nicht so befreunden; Seine Majestät beunruhige sich darüber. Ich für meinen Teil habe mir keinerlei Vorwürfe zu machen, ich rühme mich, ein Ehrenmann zu sein, und obwohl mich dieses Kompliment schwer kränkt, sehe ich meinem Schicksal mit Ruhe entgegen. Aber das ist das Unglück, wenn der Herrscher von aller Welt abgeschlossen lebt, er läßt sich durch die schlimme Meinung bestimmen, die man ihm über ehrenwerte Leute beibringt, da er sie selbst nicht beurteilen kann, weil er sie nicht kennt. Denn das kann ich sagen, mein Herz war stets innig dem König ergeben, und stets habe ich nur darnach getrachtet, mir den Beifall des Herrschers zu verdienen. Alle diese Vorkommnisse bestärken mich eben immer mehr in meinem Plane, das geräuschvolle Treiben der großen Welt zu verlassen und mich mit Ehren ins Privatleben zurückzuziehen.

Ein hiesiger Bürger namens Corsica, der den Garten des Bankerottierers Oemcken gekauft hat, gibt darin jedem, der hinkommt, Abendtisch, und zwar sehr sauber in Geschirr und Porzellan. Die ganze vornehme Welt kommt hin, und die reichen Bürger ebenfalls. Dieser Garten mit den mehr als 50 gedeckten Tischchen, an denen jeder mit seiner Gesellschaft vergnügt zu Abend speist, macht auf den Besucher einen sehr netten Eindruck. Die fremden Gesandten kommen öfters hin.

August 1764. Ich habe die Freude, meinen Schwager Schlieben aus Preußen hier zu sehen, den ich seit 14 Jahren nicht mehr gesehen hatte. Er ist ein Mann von Verdienst, der sehr gut zu wirtschaften versteht. Er ist hierher gereist, um das Ritterkreuz des Johanniterordens zu empfangen. Ich gehe mit ihm nach Potsdam und sehe mit größter Bewunderung, was der König seit dem Frieden hier alles geschaffen hat. Dieses Sanssouci ist ein bezaubernder Ort. Man glaubt sich in ein Märchenland versetzt, wenn man diese schönen Promenaden durchwandelt und diese Menge Gold und Marmor und all die Statuen betrachtet. Doch noch überwältigender ist der Eindruck, den man beim Eintritt in die Gemäldegalerie empfängt. Die Hauptwerke aller großen Meister sind hier vereinigt, Rubens und Rembrandt sind in reichem Maße vertreten. In einem besonderen Kabinett hängt ein wundervoller Raphael. Wir halten uns einen ganzen Tag hier auf, und ich konnte mich von diesem herrlichen Orte kaum trennen.

Am Hofe herrscht allgemeines Erstaunen über den plötzlichen Bruch eines Liebesverhältnisses. Fräulein v. Brandt, die Nichte der Gräfin Camas, hatte sich in den Kabinettssekretär Herrn v. Marconnay verliebt, den häßlichsten Menschen, den man sich denken kann. Sie war so in ihn vernarrt, daß sie ihn mit Gewalt heiraten wollte. Nach dreijähriger standhafter Liebe gibt sie nun auf einmal den Bitten ihrer Mutter und Tante nach, schickt ihm seinen Ring und seine Briefe zurück und verlangt auch die ihrigen wieder. Graf Finck ist dabei tätig und hat die Sache geschlichtet. Der verschmähte Liebhaber soll allerdings ganz in Verzweiflung sein. Die Schöne hat, wie ich glaube, eine andere Neigung gefaßt und darum sich zu diesem Schritt entschlossen.

September 1764. Herr Premontval stirbt. Er war ein in der Gelehrtenrepublik sehr bekannter, eigenartiger Mann, der immer mit aller Welt im Streite lag. Er hat eine neue Methode der Kindererziehung aufgestellt, die er besonders an einem jungen Grafen Dönhoff erprobt hatte, den er in allen seinen akademischen Vorträgen als Musterbeispiel einer guten Erziehung anführte. Dieser ist allerdings ein sehr artiger Knabe, aber ich glaube, sein Erzieher ist gerade noch zur rechten Zeit gestorben, sonst hätte er ihn mit seinen vielen Lobsprüchen sicher doch noch verdorben.

Unsere jungen Frauen sorgen stets für neuen Unterhaltungsstoff. Frau Alvensleben hat an den König geschrieben und gebeten, sie von ihrem Gatten zu scheiden. Der König antwortet ihr, sie solle sich an das Konsistorium wenden; er gebe ihr aber den Rat, ihren jetzigen Mann zu behalten, da sie schwerlich einen anderen finden werde, der sein Unglück mit soviel Geduld trage wie er.

Prinz Heinrich, der seit einiger Zeit mit dem König auf gespanntem Fuße steht, kehrt nach Spandau zurück in der Absicht, dem König bei seiner Rückkehr aus Schlesien seine Aufwartung zu machen. Er schreibt an Seine Majestät und bittet um die Erlaubnis dazu, erhält aber vom König zur Antwort, er möge sich seinetwegen nicht inkommodieren, worauf der Prinz nach Rheinsberg zurückreist. Alle anständigen Menschen bedauern diesen Bruch aufs tiefste. Der Prinz kommt hierher und geht nach Schönhausen, um dort der Königin einen Besuch zu machen.

Die Prinzessin von Preußen gibt zum Geburtstag des Prinzen, ihres ältesten Sohnes, ein schönes Fest. Dieser teuere Prinz wird seit einiger Zeit sehr vom Fieber geplagt. Sein Kummer, beim König schlecht angeschrieben zu sein, trägt auch viel dazu bei. Ich für mein Teil bin fest entschlossen, mich von dem Prinzen möglichst fern zu halten, denn alle Anzeichen deuten auf eine gewitterreiche Zukunft.

1. Oktober 1764. General Seydlitz läßt sich von seiner Frau scheiden. Sie ist ein geborene Gräfin Hacke, erst 19 Jahre alt, und hat ihren Gatten mit einem ganz gewöhnlichen Lakaien so schändlich hintergangen, daß er sich von ihr scheiden lassen mußte. Er behält die Kinder, und sie zahlt ihm 40 000 Taler und wird nach Pommern verbannt.

18. November 1764. Von Königsberg in Preußen ist die Nachricht eingetroffen, daß mehr als 600 Häuser und 7 Kirchen in Flammen aufgegangen sind. Ich war in großer Besorgnis, das Haus meiner Mutter könnte auch darunter sein, aber zum Glück ist dieses Stadtviertel verschont geblieben. Der Schaden, den der König erleidet, ist gewaltig, und die Trostlosigkeit der armen Stadt grenzenlos.

Die Bank, die hier errichtet werden soll, wird vom Publikum viel besprochen. Man hört verschiedene Urteile darüber, aber jeder Verständige kann nur große Vorteile davon erwarten. Das Publikum bedauert es immer noch, daß man plötzlich die roten Sechser verrufen und auf zwei Pfennig herabgesetzt hat. Die Arbeiter klagen sehr darüber.

Dezember 1764. Man trifft bereits alle Vorbereitungen für den Karneval. Wir werden Opern-Aufführungen haben und alles, was zu den Festlichkeiten der Großen gehört, aber eine richtige Freude wird trotzdem nicht aufkommen, da der König übler Laune ist. Er ist mit seinem Bruder, dem Prinzen Heinrich, im Zerwürfnis und hat jedermann im Verdacht, sich mit dem Prinzen von Preußen zu eng zu befreunden, der gleichfalls mißvergnügt ist, weil der Herrscher nicht mit ihm zufrieden ist. Es heißt, der Prinz habe sich Ausschweifungen hingegeben und sei dabei erkrankt, der König wisse davon, und daher kämen die fortwährenden Reibungen. Kurz, das Leben in Berlin ist nicht mehr, wie es früher war. Einer beargwöhnt den anderen, und überall herrscht Mißtrauen.

Der Karneval beginnt und nimmt den altgewohnten Verlauf. Die Oper »Merope« findet großen Beifall, aber leider fehlt zum Vergnügtsein die fröhliche Stimmung. Prinz Heinrich zeigt ein lebhaftes Interesse für Gräfin Stroganow, die Tochter des russischen Großkanzlers. Er gibt ihr allerlei kleine Feste und wird dabei ganz lebhaft.

Prinz Heinrich gibt während des ganzen Karnevals der königlichen Familie und dem Adel jeden Sonnabend ein Souper von 80 Gedecken. Prinz Ferdinand dagegen läßt nicht viel von sich hören. Er steckt so tief in seinen Plänen, an der Bank zu gewinnen, daß er an gar nichts anderes mehr denkt.

1765

Januar 1765. Ein neuer Zeitabschnitt im menschlichen Leben! Glücklich, wer dies neue Jahr in Seelenruhe genießen und sein Tun und Handeln so einrichten kann, daß er es später nicht zu bereuen braucht.

Prinz Heinrich feiert den Geburtstag des Königs. Seine Majestät kommt zu ihm zu einem großen Diner, zu dem auch die Königin und alle Prinzessinnen in größter Gala erscheinen. Aller Augen waren auf das hohe Brüderpaar gerichtet in der Erwartung, daß dieser Tag die Bande der Freundschaft zwischen beiden wieder anknüpfen würde. Leider aber blieb alles, wie es war. Abends hielt die Königin große Cour ab, und alles erschien, um ihr seine Glückwünsche darzubringen. Ich ging nachher mit dem Prinzen Heinrich allein zusammen zum Souper, und als wir aus dem Zimmer traten, fanden wir ganz Berlin in den Gemächern des Prinzen versammelt. Es fand ein Maskenball von über 1400 Personen statt. Das Gedränge war so groß, daß man bisweilen zu ersticken glaubte.

Februar 1765. Wir sehen hier unerwartet Herrn v. Buch, unseren Gesandten am sächsischen Hofe, aus Dresden zurückkommen. Ein Rangstreit, der am Neujahrstage zwischen den Ministern dieses Hofes und den fremden Gesandten ausgebrochen ist, hat seine Rückkehr veranlaßt. Bisher hatten nämlich die Gesandten den Vortritt vor den Ministern. Nun wollte man plötzlich diesen Brauch ändern, worauf dann die fremden Gesandten, die sich verletzt fühlten, sämtlich den Hof verließen.

Eben kehrt auch eine recht wunderliche Frau aus Frankreich und England zurück. Es ist die Generalin Oertzen, eine Mecklenburgerin, die mit ihren 48 Jahren sich noch wie eine Zierpuppe benimmt und die Jugendliche spielt. Sie war schon zweimal in Frankreich und einmal in England. Ihre Tochter, die sie begleitete, gab sie dabei für ihre Schwester aus.

Lord Buckingham, der aus Rußland zurückkommt, wo er Gesandter war, reist hier durch. Er ist einer der manierlichsten Engländer, die ich im Leben kennengelernt habe, sehr galant gegen die Frauen, aber mit seiner eigenen wenig zufrieden. Er hatte in England eine reiche Erbin geheiratet, war ihrer aber schon nach sechs Monaten so überdrüssig geworden, daß er sich nach Rußland versetzen ließ, um möglichst weit von ihr weg zu sein.

Prinz Heinrich, der Bruder des Königs, ist krank, er leidet sehr an Hartleibigkeit, und seine Gesundheit wird überhaupt immer schlechter. Er gedenkt nach Karlsbad zu reisen. Seine Stimmung ist immer gleich trübe.

März 1765. Ich bin in großer Verlegenheit um eine Wohnung. Mein Hauswirt hat mir meine jetzige gekündigt, und ich weiß noch nicht, wo ich eine andere bekommen kann. Der König diniert bei der Königin, und man glaubt, er werde die beabsichtigte Vermählung der Prinzessin Louise bekanntgeben.

10. März 1765. Prinz Heinrich reist nach Rheinsberg ab. – Die Affäre des Herrn v. Rothenburg, der im Spiel betrogen hat, wirbelt viel Staub auf. Der Anwalt Daniere vertritt die Sache des geprellten Schweizers, und Frau Rothenburg erscheint nicht mehr am Hof. Rothenburg bekommt erst Hausarrest und wird nachher nach der Hausvogtei gebracht.

General Forcade stirbt nach sechsmonatiger Krankheit. Er hinterläßt eine zahlreiche Familie und wenig Vermögen. Er war ein ehrenwerter Mann, aber im Verkehr wenig angenehm. Seine militärischen Fähigkeiten waren auch nicht gerade berühmt, er hatte weiter nichts für sich, als eine lange Dienstzeit. Seine Frau, die Geist besitzt, trifft dieser Schlag sehr hart; der Titel und die Vorrechte einer Excellenz schmeichelten ihr gar sehr. Obwohl die Familie sehr zahlreich ist, so sind doch alle Hinterbliebenen bereits einigermaßen versorgt. Die hübscheste von den Töchtern ist seit langem Hofdame der Prinzessin Heinrich. Bei ihrer Schönheit machte sie sich große Hoffnungen. Alles ging ihr nach Wunsch, und die liebenswürdigsten Herren machten ihr den Hof. Sie wollte aber zum mindesten einen General oder einen fremden Gesandten heiraten. Darüber verflogen ihre Jahre unmerklich, und sie zählt bereits 29. Ihre Schönheit beginnt zu verwelken, und ihre Hoffnungen schwinden immer mehr. Jetzt kann sie froh sein, daß noch ein Hauptmann vom Regiment des Prinzen Heinrich, namens Lattorff, gekommen ist, mit dem sie trübselig in seine Spandauer Garnison abziehen wird, um dort ihre Tage zu beschließen. Ja, so verfliegen die schönsten Hoffnungen.

Das muß auch ich mir selbst immer wieder sagen. Ich trat mit den schönsten Hoffnungen in die Welt, war wohlaufgenommen von den Großen und bei meinesgleichen beliebt, machte eine aussichtsreiche Heirat und durfte glauben, daß mir alles nach Wunsch gehen werde. Leider muß ich gerade das Gegenteil erfahren! Im gegenwärtigen Augenblick befinde ich mich sogar in einer recht kritischen Lage. Ich habe ein Haus gekauft und weiß nicht, wie ich es bezahlen soll. Das macht mir großen Kummer. Zwar besitze ich Welterfahrung genug, um das vor der Öffentlichkeit zu verbergen, wo man glaubt, ich hätte keine Sorgen und lebte in großem Wohlstand; im stillen aber seufze ich und fühle mich keineswegs wohl in meinen vier Wänden. Diese Sorge quält mich mehrere Tage. Endlich erhalte ich von meiner Schwiegermutter einen Brief, worin sie mir mitteilt, daß sie für einen Teil des Geldes, das ich zum Kauf des Hauses benötige, aufkommen werde. Gott allein kann dieses Herz von Stein gerührt haben! Ich bin davon ganz ergriffen und atme erleichtert auf.

April 1765. Der König schreibt der Generalin Forcade, er gebe ihr 1500 Taler Pension; er drückt sich dabei folgendermaßen aus: Ich gebe Ihnen 500 Taler als Generalswitwe, 500 Taler als Anerkennung für Ihren reichen Kindersegen und 500 Taler zur Erziehung Ihrer Kinder.

Frau Premontval stirbt kurz nach ihrem Gatten, und ihre ganze Pension löst sich auf. Graf Dönhoff, der Musterschüler dieser Pension, kommt zu Herrn Toussaint. Nach dem Tode dieser Frau entspinnt sich ein sonderbarer Prozeß. Sie hatte zeitlebens für ein Muster von Tugend gegolten, und nun kommt auf einmal ein Herr Sari, ein verheirateter Mann, und erklärt, Frau v. Premontval habe vor zehn Jahren ein Kind von ihm gehabt; dieses Kind sei noch am Leben und müsse zum Erben seiner Mutter eingesetzt werden und nicht die Personen, denen Frau Premontval das bißchen Vermögen, das sie hinterläßt, vermacht habe. Er führt als Zeugin die Hebamme auf, die sie entbunden hat. Das ist der einzige Beweis, worauf er sich stützt. Andererseits bleibt jedoch unverständlich, wie eine stets ehrbare Frau wie sie sich zu einem solchen Fehltritt mit einem verheirateten und dazu noch moralisch übel beleumundeten Manne hätte verleiten lassen sollen und wie sie hätte niederkommen können, ohne daß ihr Mann, der stets zu Hause war, es gewahr geworden wäre. Kurz, es ist das eine sehr sonderbare Geschichte.

Herr v. Knyphausen, der sich nach seiner Rückkehr aus England die Ungnade des Königs zugezogen hatte, wird nach Potsdam zurückberufen. Seine Majestät überträgt ihm die Bank, die hier ins Leben gerufen werden soll, und mehrere andere Handelszweige. Man führt hier jetzt das Pachtsystem ein wie in Frankreich. Der Tabak allein soll dabei einen Überschuß von einer Million abwerfen. Der hiesige Handel nimmt überhaupt einen ganz gewaltigen Aufschwung.

Mai 1765. Nach der Heimkehr von einem Souper mit Ball werde ich plötzlich von einem ungemein starken Fieber befallen, das mich gleich so herunterbringt, daß ich mich während einiger Tage in Gefahr glaube. Es quält mich besonders eine starke innerliche Unruhe, und ich verfalle in eine Art Schwermut, die ich als eine Folgeerscheinung meiner Krankheit ansehe, die aber zum Unglück nichts anderes als eine für mich allzu grausame Vorahnung war. Mein ganzes Glück und meine einzige Freude waren meine innig geliebten Kinder. Mein dreijähriger schöner Junge, der schon laufen und sprechen konnte, war mein Alles. Am 7. feierten diese lieben Kinder mit meiner ganzen Familie meinen Geburtstag. Da ich krank zu Bette lag, kamen diese beiden Engel zu mir ins Zimmer und überreichten mir beide Blumensträuße. Von allen Festen, die man mir je gegeben hat, war mir dieses wirklich das teuerste. Mit inniger Freude betrachtete ich die beiden teuern Sprossen, und mein Herz quoll über vor Glück.

Aber mein Gott, welch ein Schlag stand mir bevor! Ich begann mich eben wieder etwas zu erholen und mich etwas zu zerstreuen, suchte meine Kinder auf und fand sie beide ziemlich munter, bloß daß sie husteten, was mir aber weiter nicht gefährlich erschien. Um 5 Uhr meldete man mir, daß die Kinder auf einmal Krämpfe bekommen hätten. Als ich mich abends zu Bett begab, brachte man mir gute Nachrichten über ihr Befinden. Aber am 15. erwachte das Töchterchen morgens 4 Uhr in schrecklichen Krämpfen, und trotz aller möglichen Bemühungen und Hilfe starb das teuere Kind um 8 Uhr morgens. Der Schmerz, den mir dieser traurige Unglücksfall verursachte, ist nicht in Worte zu fassen. Ich beschwor alle Welt und betete zu Gott, mir wenigstens meinen Sohn zu erhalten.

Drei Offiziere. Kupferstich von J. R. Schellenberg nach einer Zeichnung von Daniel Chodowiecki

Diesem lieben Kinde schien es wieder besser zu gehen, ich ließ ihn in mein Zimmer bringen und wich keinen Schritt von seinem Bett. Den ganzen 15. hatte ich Hoffnung, daß Gott mir ihn lassen werde, aber am 16. stellten sich um 11 Uhr die Krämpfe von neuem ein, und am 17. um 5 Uhr morgens hatte ich auch meinen Sohn verloren. Die Feder fällt mir aus der Hand. Was man in einer solchen Lage fühlt, läßt sich nicht durch Worte ausdrücken. Ich kann nur sagen, man stirbt nicht am Schmerze, wiewohl man lieber tot wäre.

Mein Gott! ist es möglich, daß ein Mensch einen solchen Schlag überwinden kann! Ich war ganz niedergeschmettert, schleppte mich von einem Zimmer ins andere und ging dann zu meiner Frau, die ich äußerst niedergeschlagen, aber immerhin gefaßt vorfand. Ich setzte mich zu ihr ans Bett, um mein Unglück zu bejammern. Plötzlich sagte sie zu mir, es werde ihr übel; ich springe auf, um sie zu stützen, aber da fällt sie mir auch schon wie tot und eiskalt in die Arme. Ich glaubte, meine Frau würde keine Stunde mehr leben; sie bekam so furchtbare Krämpfe, daß ich bereits den Augenblick kommen sah, wo sie ihr Leben aushauchen würde. Man ließ sie zur Ader und gab ihr die stärksten Sachen zum riechen, trotzdem schwebte sie noch 24 Stunden lang zwischen Tod und Leben. Was ich in diesen Tagen gelitten, übertrifft alles, was je eine Feder über Menschenunglück geschrieben.

Dieser Mai des Jahres 1765 wird mir zeitlebens in schrecklichem Angedenken bleiben. Ich komme mir immer noch wie aus einem furchtbaren Traum erwacht vor. Mein Gott, wie doch das Unglück die Seelenstimmung des Menschen ändert! Ich bin von Hause aus heiterer Natur, aber jetzt empfinde ich nur Schmerz und Bitterkeit. Die schönsten Hoffnungen bedeuten mir nichts mehr, ich habe an nichts mehr Interesse, und meine ganze Zukunft malt sich schwarz in meinen Augen. Die Religion allein vermag in solchen Lebenslagen noch einigen Trost zu spenden, alles andere ist nichts wert.

Hier finden die Revüen statt. Alles war darauf gespannt, wie sich Prinz Heinrich diesmal aus der Sache ziehen werde. Bei der letztjährigen Parade hatte er es versäumt, bei der Vorführung seines Regiments das Esponton (Halbpike) zu tragen, was Seine Majestät ihm sehr verübelt und das ganze Jahr über nachgetragen hatte. Auch im Publikum hatte man es dem Prinzen damals verdacht, daß er sich über diese Förmlichkeit hinweggesetzt hatte. Am Tage der Parade erhielt ich nun die Mitteilung, der Prinz habe sein Regiment pflichtgemäß vorgeführt, der König habe, als er ihn mit seinem Esponton sah, dem Regimentskommandeur befohlen, es zu nehmen und dem Prinzen deswegen ein recht liebenswürdiges Kompliment gemacht. Man hoffte, das würde das Einvernehmen zwischen den durchlauchten Brüdern wieder herstellen, allein, es scheint ein Unstern der Erfüllung dieses Wunsches aller achtbaren Leute im Wege zu stehen.

Juni 1765. Prinz Heinrich reist nach Karlsbad, wo ihm die Kaiserin einen glänzenden Empfang bereitet. Man stellt ihm eine Ehrenwache, richtet Wohnungen für ihn ein und sendet das Prager Theater zu seinem Vergnügen herüber. Kurz, er ist voll des Lobes über die vielen Auszeichnungen, die man ihm zuteil werden läßt.

Der König begibt sich zu den Revüen nach Pommern und nachher nach Magdeburg. Von dort reisen die jungen Prinzen nach Braunschweig, wo der Prinz von Preußen erkrankt, wieder das Fieber und eine schlimme Halskrankheit bekommt, was uns sehr beunruhigt. Sonst rüstet sich alles auf die Vermählung des Prinzen, die am 14. Juli stattfindet. – Wir haben hier eine Fürstin Radziwill aus Polen und eine Generalin v. Goltz, die nach Aachen reist, sowie den Hetmann Rasumowsky. Dieser ist ein Bruder des Günstlings der verstorbenen Kaiserin von Rußland. Er ist über und über mit Brillanten behangen und sieht aus wie ein Kutscher. Auch eine Gräfin Radziwill aus Polen trifft auf der Durchreise nach Aachen hier ein. Sie ist schön und liebenswürdig.

Alles beschäftigt sich jetzt mit dem Handel. Die Bank kommt nach dem Jägerhof. Frau v. Keith, der der König dieses Haus auf Lebenszeit überlassen hatte, wird von Sr. Majestät mit jährlich 1300 Talern sehr großmütig entschädigt. Es wird ein Lombard eingerichtet, was für das Publikum von großem Vorteil sein wird; den Brandschatzungen der Juden und Wucherer wird dadurch mit einem Schlage ein Riegel vorgeschoben. Kurz, wir leben in der Zeit der Neuerungen und der Projekte. Jeder Tag bringt eine andere Neuheit, wovon gewiß manches zum Wohl des Landes beitragen wird.

Prinz Ferdinand weilt in Friedrichsfelde, wo es ihm sehr gefällt. Man führt dort ein recht angenehmes Leben. Ich war einen Tag dort und fand, daß sich alles recht behaglich fühlt. Um 1 Uhr wird diniert, um 5 Uhr versammelt sich alles bei der Prinzessin, man treibt Lektüre und Musik, geht spazieren und soupiert bei angeregter Unterhaltung. Die Königin, die Prinzessin von Preußen und die Prinzessin Wilhelmine residieren in Schönhausen, wo jede Woche zweimal Cour abgehalten und reizende Spaziergänge unternommen werden. Ich mache das alles mit unendlichem Schmerze im Herzen mit. Das Wort, daß unter vergoldeten Decken am meisten Kummer und Gram sich findet, läßt sich so recht auf mich anwenden. Als Folge meiner Seelenleiden werde ich von neuem fieberkrank.

Juli 1765. Dieser Monat beginnt mit den Vorbereitungen zur Hochzeit. Als der König dem Prinzen von Preußen Herrn v. Forcade als Hofmarschall bestimmt, hält er an jenen eine bemerkenswerte Ansprache. Er sagt ihm, daß er seinen Hof aus ehrlichen und verdienten Männern zusammengesetzt habe und hoffe, der Prinz werde sie als solche behandeln. Indem er sodann seinen Neffen umarmt, erklärt er ihm, wie sehr er recht bald Nachkommenschaft von ihm erwarte; die Wohlfahrt des Landes erfordere es gebieterisch. Nicht umsonst wolle er, der König, alle Strapazen des Krieges und alle Mühen der Regierung getragen haben; alles sei geschehen, damit der Prinz dereinst ein mächtiger, geachteter Fürst werde, und da die ganze Hoffnung der Dynastie nur auf seinen und seines Bruders Heinrich Nachkommen beruhe, so erwarte er aus seiner Ehe recht viele Prinzen. Er wolle ihm alle Annehmlichkeiten gewähren, aber eine Mätresse werde er nicht dulden. Der Prinz solle Vertrauen zu ihm haben und ihm aufrichtig bekennen, wenn er Geld brauche. Man muß wirklich gestehen, die Auseinandersetzung zwischen dem Onkel und dem Neffen war geradezu rührend.

Pöllnitz, der das ganze Vermählungszeremoniell entwirft, macht nach seiner Gewohnheit bei dieser Gelegenheit einige Streiche. Der Oberstallmeister Graf Schaffgotsch, ein sehr guter Mensch, aber recht schwacher Kopf, hat diesen undankbaren Alten immer mit allen möglichen Aufmerksamkeiten überhäuft in der Hoffnung, bei den Vermählungsfeierlichkeiten irgendwie Verwendung zu finden; denn das ist seine Marotte, daß er überall mitauftreten will. Der alte Baron vergaß ihn aber, und der Graf geriet darüber in solche Wut, daß er fieberkrank wurde, sein Haus verkaufte und den König um seinen Abschied bat. Ein anderes Stückchen des alten Barons war, daß er zu dem Feuerwerk im königlichen Garten von Charlottenburg die Plätze verkaufen ließ, während Seine Majestät alles gratis zu geben gedachte.

14. Juli 1765. Die Hochzeit wird in Charlottenburg gefeiert. Alles versammelt sich um 5 Uhr; die Trauung wird um 8 Uhr vollzogen. Die Neuvermählten sehen reizend aus und erscheinen zufrieden. Der König bleibt in seiner Uniform und sieht gütig aus, was allgemeine Freude erregt. Die Königin flattert herum und schreit unbarmherzig, wiewohl sie nichts zu sagen hat. Die Prinzessinnen sind prächtig gekleidet. Die Prinzessin-Witwe von Preußen hat eine Courrobe von Goldbrokat, mit schwarzen Spitzen garniert, was von wundervoller Wirkung ist. Auch der ganze Adel macht sich prächtig. Beim Ausgang aus der Kirche herrscht ein schrecklicher Wirrwarr, wie schon der Eingang sich merkwürdig gestaltet hat. Um die Prinzessin-Braut in die Kirche zu geleiten, reicht nämlich die Königin dem Herzog von Braunschweig ihre Hand und verlangt vom Prinzen Ferdinand, dem Bruder des Königs, daß er die Prinzessin-Witwe von Preußen führe. Dieser lehnt das aber ab, da er mit Recht verlangen kann, im Range über dem Herzog von Braunschweig zu stehen. Die Folge davon ist, daß kein Prinz eine Prinzessin führt, sondern daß jede von einem Kavalier geführt wird.

Die königliche Tafel zeigt eine erstaunliche Pracht, alles Gerät ist von Gold, und die zweiundzwanzig Prinzen und Prinzessinnen, die sich daran befinden, sind mit Schmuck überladen.

Die Menge der Zuschauer ist so groß, daß man hin und her gestoßen wird. In der Orangerie sind drei große Tafeln gedeckt, an denen der Staatsminister Finckenstein, der Gouverneur Hülsen und der Oberhofmarschall Reuß präsidieren. Die Ordnung ist aber so mangelhaft, daß gerade, als man die Schüsseln aufträgt, die Tafel aufgehoben wird. So bleiben wir alle an diesem Tage ohne Abendessen.

Nach aufgehobener Tafel begibt sich die ganze königliche Familie in die Galerie zum Fackeltanz. Da stellt sich aber heraus, daß mehr Minister als Fackeln vorhanden sind, und so marschiert der Graf Eickstedt, weil er auf das Vergnügen, mit den anderen Ministern mitzumachen, nicht verzichten will, gravitätisch einher, ohne etwas in der Hand zu haben, was das Publikum natürlich zum Lachen reizt. Nun führt man das junge Paar ins Schlafgemach, und der König entkleidet selbst den Prinzen und bringt ihn zu Bett, und das mit so gütiger Miene, daß alle Anwesenden davon gerührt sind. Damit ist dieser ermüdende Tag beendigt.

15. Juli 1765. Alle Welt begibt sich in Hofroben nach Charlottenburg, um das junge Paar zu begrüßen. Alles ist entzückt in dem Gedanken, daß wir nun wirklich eine junge Prinzessin von Preußen haben und daß das schmucke Paar augenscheinlich glücklich ist. Die junge Prinzessin hält Cercle, wie man es nicht besser machen kann. Abends ist ein Feuerwerk, so prächtig, wie man es hierzulande noch nicht gesehen hat. Daran schließt sich ein großes Souper und ein Ball, die reizend gewesen wären, wenn die Menschenmenge und die Unordnung nicht alles verdorben hätten. Der Fürst Dolgorukij, der russische Gesandte, findet immer Gelegenheit sich vorzudrängen, und so wählt die Prinzessin von Preußen ihn zuerst zum Tanz. Als sie darauf den General Nügent, den Wiener Gesandten, auffordern läßt, scheint es, daß dieser darüber verletzt ist, daß man ihn nicht zuerst gewählt hat, und er tanzt überhaupt nicht.

16. Juli 1765. Unser ganzes königliches Haus und das von Braunschweig scheinen sich gegenseitig zu langweilen, besonders die Prinzessin Ferdinand, die erst aufatmen wird, wenn alle abgereist sind. Was die jungen Eheleute anbetrifft, so ist das anders; diese sind zufrieden und glücklich, und alle ehrlichen Menschen freuen sich darüber.

19. Juli 1765. Frau v. Brandt hat die Tollheit, trotz ihrer 54 Jahre auch noch wie die andern auf Eroberungen auszugehen und führt eine Szene auf, die die ganze Gesellschaft zum Lachen bringt. In dem Augenblick, wo sie mit dem Herzog von York spricht, erheuchelt sie plötzlich eine Ohnmacht in der Hoffnung, auf diese Weise ihr Ziel erreichen zu können. Der Herzog nimmt die Sache jedoch einfach als ernst auf, führt die Dame an die frische Luft und läßt es dabei bewenden.

August 1765. Der Prinz Heinrich kommt von Karlsbad zurück; er sieht sehr gekräftigt aus. Er kann nicht genug die Aufmerksamkeit der Kaiserin rühmen; unter anderem mußten 2 000 Bauern die Wege verbreitern, die er passierte.

18. August 1765. Ich reise nach Rheinsberg ab, übernachte in Oranienburg und lange am 19. in der Residenz meines verehrten Prinzen Heinrich an. Es macht mir unendliche Freude, die Stätten wiederzusehen, wo ich mich in meinen jungen Jah-

Schloß Rheinsberg. Kupferstich von Joh. Conrad Krüger. Ausschnitt aus dem von Eckel und Krüger gestochenen Plan von Rheinsberg

ren so vergnügt und wo ich seit neun Jahren nicht mehr geweilt hatte. Ich finde alles bedeutend verschönert. Rheinsberg ist unbestritten eine der schönsten Örtlichkeiten des ganzen Landes. Die Aufnahme, die allen Besuchern zuteil wird, erhöht immer noch das Vergnügen des Aufenthaltes. Man kann nicht gnädiger sein als der Prinz und die Prinzessin. Die Lebensweise hier ist die Behaglichkeit selbst, jedermann fühlt sich befriedigt. Ich kann wohl sagen, daß ich in meinem ganzen Leben noch nicht acht solche Tage wie diesmal in Rheinsberg verlebt habe, ohne die geringste Langeweile, ohne die geringste Störung. Seine Königliche Hoheit zeigt mir gleich alle neuen Anlagen. Der Garten ist ums Doppelte vergrößert worden, endlose Pflanzungen und neue Meiereien sind entstanden, kurz, man merkt allem die Anhänglichkeit an, die der Prinz für diesen Ort hat.

21. August 1765. Ich besuche Frau v. Lossow, die ich vor 15 Jahren heiraten sollte. Sie kommt mir jetzt ganz abstoßend vor und ist über alle Maßen schwatzhaft.

26. August 1765. Seine Königliche Hoheit läßt am Morgen mitteilen, daß sich jeder als Bauer maskieren solle, und schickt dazu für jedermann gleich ein Kostüm mit. Alle Diener, Kammerfrauen und Hausbeamte sind ebenso verkleidet. Wir versammeln uns alle im großen Marmorsaal. Pöllnitz und die Gräfin Bredow kommen als Dorfherr und Dorfherrin, Frau v. Blumenthal als Müllerin, alle anderen als französische Bauern. Seine Königliche Hoheit erklärt uns, er werden in Wirklichkeit ein armes Bauernpaar trauen lassen, dem er als Hochzeitsgabe 100 Taler und das Brautkleid schenkt, sowie den Hochzeitsschmaus bezahlt. Wir stellen uns alle paarweise auf und marschieren, vorn und hinten von Musik begleitet, durch die große Schloßallee und das Labyrinth zum Tempel hinan, der auf einer Anhöhe des Gartens steht. Gleichzeitig kommt die wirkliche Hochzeitsgesellschaft an, und der Geistliche von Rheinsberg nimmt die Trauung vor. Nachher wird die ganze Dorfgesellschaft in Kähne gesetzt und zu Wasser nach dem Buberow gebracht. Wir anderen fahren in Wagen gleichfalls dahin. Bei unserer Ankunft finden wir alle Alleen mit Blumengirlanden geschmückt. Die Tafel des Prinzen ist unter einem blumengeschmückten Zelt gedeckt, gegenüber ist die Tafel für die Bauern, zur Rechten die für sämtliche Kammerfrauen und

Kammerdiener und links die der Schöngeister. Der Anblick ist reizend. Nach Tisch läßt man die ganze Gesellschaft tanzen.

Es ist wirklich ein köstlicher Tag. Um Mitternacht fahre ich nach Rheinsberg zurück, wechsle nur die Kleider und werfe mich voller Verzweiflung in meinen Wagen, um nach Berlin zurückzukehren. Am 27. bin ich um 9 Uhr bereits in Oranienburg und um 3 Uhr wieder hier. Leider finde ich bei meiner Ankunft meine Frau recht krank vor.

Oktober 1756. In meiner Wohnung herrscht ein furchtbares Durcheinander. Ich ziehe eben nach meinem neuen Hause um, das ich kürzlich gekauft habe. Prinzessin Amalie kehrt von Braunschweig zurück. Sie macht unterwegs in Potsdam einen Besuch, wo der König sie mit Güte überhäuft und ihr eine schöne Dose zum Geschenk macht. Worüber man sich aber in der Öffentlichkeit am meisten freut, ist die huldvolle und liebenswürdige Aufnahme, die der König dem Prinzen Heinrich, seinem Bruder, zuteil werden läßt. Er hat ihn nach Potsdam eingeladen und erweist ihm dort alle möglichen Freundlichkeiten.

Ich wohne der Taufe des Sohnes des Generals Zieten bei. Dieser würdige Greis, der seinem Vaterlande mit einem Eifer und einer Auszeichnung gedient hat, wovon die Geschichte genugsam sprechen wird, hatte sich nach Beendigung des Krieges mit einem Fräulein v. Platen verheiratet und erlebt jetzt im Alter von 66 Jahren das Glück, noch einen Sohn zu bekommen. Der König erweist ihm die Ehre, persönlich als Taufpate zu erscheinen. Das ganze königliche Haus wohnt der Feier bei, und Seine Majestät ist dabei in reizender Leutseligkeit. Er unterhält sich huldvoll mit der Wöchnerin und spricht zum Vater: »Alles, was ich dem Kinde am besten wünschen kann ist, daß er möge die Meriten des Vatters erlangen.« Seit 15 Jahren hatte Seine Majestät niemand die Ehre erwiesen, einer Taufe beizuwohnen.

Die Einrichtung meiner neuen Wohnung hält mich beständig in Aufregung. Den ganzen Tag verbringe ich mit allen möglichen Handwerkern. – Ich hatte mich mit zwei Engländern, die sich hier aufhielten, gut befreundet. Der eine davon ist der Bruder des Herzogs von Portland und heißt Bentinck. Ich sehe sie mit Bedauern von hier scheiden. Mylord ist in jeder Hinsicht ein echter Engländer, von gerader Denkungsart und ent-

Das Gassenlaufen. Kupferstich von Daniel Chodowiecki zu dem »Elementarwerk«, 1774, des philantropischen Reformators des Erziehungs- und Unterrichtswesens Johann Bernhard Basedow

sprechender Handlungsweise. Sein Vetter Rudolph Bentinck hat sieben Jahre in Amerika verlebt, dort mit Auszeichnung gedient und in jeder Weise sich bemüht, emporzukommen; denn er besitzt von Hause aus großen Ehrgeiz. Er erlebte in Amerika ein höchst merkwürdiges Abenteuer. Er war mit seinem Major und einem Hauptmann in die Gefangenschaft der Wilden geraten, war vollständig ausgeplündert und geknebelt worden und machte sich bereits auf seinen Tod gefaßt, zumal als er sah, wie diese Wilden vor seinen Augen den Major mit einem Beil hinschlachteten, in Stücke hackten, brieten und verzehrten. Sein zweiter Begleiter wurde zum Sklaven gemacht und er in einen Fluß geworfen. Er war dem Ertrinken nahe, man zog ihn aber nach einer Weile wieder aus dem Wasser, behandelte ihn liebevoll, gab ihm zu essen und führte ihn in ein Zelt, wo man ihn einem alten, ganz bunt bemalten Weibe vorstellte und ihm zu verstehen gab, daß er nun deren Gatte sei. Die Furcht vor dem Tode gab ihm Mut, und er verbrachte einige Tage in dieser seltsamen Lage. Zu seinem Glück vertrugen sich die Engländer nachher mit diesem Volke, und er konnte zu seiner Armee zurückkehren. Später erfuhr er dann, daß man ihn deshalb jenem Weibe zum Manne gegeben, weil der ihrige in dem Gefecht, in dem er gefangengenommen wurde, gefallen war. Einem Brauche dieses Volkes gemäß muß nämlich immer ein Gefangener den gefallenen Gatten ersetzen, und die Wahl der Witwe fiel auf ihn. Seine Jugend hatte ihm diesen Vorzug verschafft, wie den Major seine Beleibtheit an den Bratspieß brachte. Während des hiesigen Aufenthaltes des Herrn Bentinck spielte sich ein heiterer Vorfall ab. Ein hier weilender Graf d'Haussonville, ein französischer Oberst, der gleichfalls in Amerika gedient hatte, gab uns eine Menge Geschichte von den Heldentaten der Franzosen im Kampfe mit den Engländern zum besten, wobei er sich und seine Landsleute aufs vorteilhafteste herausstrich. Bei einem Diner beim schwedischen Gesandten Grafen Bohlen hatte er nun wieder dieses Thema angeschnitten und war eben mitten in seinen Aufschneidereien, als Bentinck das Wort nahm und ihm das Gegenteil von allem, was er gesagt hatte, nachwies, indem er die wahren Begebenheiten von Neufundland im einzelnen klarlegte. Schlimmer wie hier d'Haussonville ist wohl noch keiner abgefertigt worden.

November 1765. Mein neues Haus bereitet mir noch immer Verdruß. Ich sehe eben, daß ich dazu geboren bin, immer in Aufregungen zu leben. Je mehr ich mir vornehme, ruhig zu leben, um so häufiger werden die Plackereien, die mich immerfort quälen. Ich lasse die Gläubiger meines Hauses vorladen und muß darum mehrere Male aufs Rathaus gehen. Dabei habe ich mehr als je Gelegenheit, das schwerfällige Verfahren der Justiz kennenzulernen, was meinen Widerwillen, den ich von jeher gegen diese wohllöbliche Körperschaft hatte, noch vermehrt.

In Potsdam wird in Gegenwart des Königs das recht anstößige Trauerspiel »David« aufgeführt.

Wir sind hier immer noch bei den großen Projekten. Alles soll in Pacht gegeben werden. Die Pacht des Tabaks beginnt sich bereits zu bewähren. Die Interessenten haben Herrn v. Bredow mit 4 000 Talern Gehalt zum Direktor gewählt.

14. November 1765. Das allgemeine Gespräch dreht sich noch beständig um den Handel und die Pachtungen. Mit dem Tabak macht man weiter gute Erfahrungen. Es werden meh-

Zwei Medaillen, die obere auf die Erneuerung der Akademie, die untere auf die Justizreform. Kupferstich von Schleuen, 1749

rere Direktoren angestellt. Jeder bekommt 4 000 Taler Gehalt.

Dezember 1765. Der Prinz von Preußen freut sich, zum Karneval in Berlin zu sein, die Prinzessin dagegen durchaus nicht. Sie mag sich nicht gern putzen und sich nicht Zwang auferlegen; demnach ist ihr der Aufenthalt in Berlin nicht sehr angenehm. – Am 31. gibt der König das Souper an der »Vertraulichen Tafel«. Die Prinzessin Amalie, die junge Prinzessin von Preußen, die Prinzessin Wilhelmine, Prinz Heinrich, des Königs vier Neffen, die Gräfin Kameke, Frau v. Maupertuis, Pöllnitz und Lord Maréchal sind dazu geladen. Als die Gesellschaft versammelt ist, überreicht er allen Damen Kronen und Zepter und sagt, es sei der Silvesterabend, an dem die Damen kommandieren sollten. Er selbst nimmt einen Fächer und spielt die Dame und ist während des ganzen Mahles von reizender Laune.

20. Dezember 1765. Das ganze Königshaus erhält vom König sehr schöne Neujahrsgeschenke, überhaupt erweist der König seiner ganzen Familie eine Menge Freundlichkeiten. Die reichen Stoffe, die er den Prinzessinnen schenkt, sind von auserlesenem Geschmack und unendlich kostbar.

1766

Januar 1766. Möge das neue Jahr, in das wir eintreten, mit weniger harten Prüfungen für mich vorübergehen als das vergangene; das ist der heißeste Wunsch, den ich heute zum Allerhöchsten emporsende. Oh, meine lieben Kinder, meine teueren Kinder, die ich verloren habe! Ihr seid der Schmerz meines Herzens, wie ihr einst meine Freude und mein ganzes Glück gewesen!

Wir haben eine furchtbare Kälte und Schnee bekommen. Das veranlaßt Schlittenfahrten ohne Ende.

Die Prinzessin-Witwe von Preußen gibt ihrer Schwiegertochter öfter Bälle, auf denen diese sich vortrefflich amüsiert. Dem Prinzen genügt das aber nicht; er sucht die Gesellschaft junger Frauen auf, die ihn zwar sehr liebenswürdig finden, aber aus Angst vor dem Zorn des Königs sich nicht mit ihm einlassen wollen.

Wir haben hier viele Fremde, die durch Anwesenheit des Königs und den Karneval angezogen sind. Unter anderen ist ein Graf Holstein mit seiner Frau hergekommen, die so schön ist, daß sie allen Männern den Kopf verdreht und alle unsere schönen Frauen zur Verzweiflung bringt. Sie hat wegen eines Abenteuers Kopenhagen verlassen müssen. Der Kronprinz von Dänemark fand Gefallen an ihr und fing an, ihr den Hof zu machen, was die großen Perücken dermaßen beunruhigt hat, daß sie den König veranlaßten, die schöne Gräfin bis nach der Hochzeit des Kronprinzen vom Hofe zu verbannen. Sie scheint es nun aber einmal auf die Thronerben abgesehen zu haben, denn auch der unsrige ist von ihr bezaubert. Der König weiß das augenscheinlich und äußert sich ziemlich unverblümt darüber. Die junge Prinzessin ist natürlich eifersüchtig, und so gibt das ein fortwährendes Gezänk.

Überhaupt leben die hier anwesenden Prinzen und Prinzessinnen in ewigem Unfrieden. Jeder Hof hat seine Anhänger und bildet sich seine Partei, was große Unannehmlichkeiten in die Gesellschaft bringt, besonders wenn man gezwungen ist, mit allen zu verkehren. Mein Los ist einzig in seiner Art. Seit 12 Jahren hege ich den Wunsch, aus allen meinen Verbindungen herauszukommen, aber trotz aller Bemühungen gerate ich immer mehr hinein und finde jetzt keinen Ausweg.

Man spricht jetzt nur von der Liebe des Prinzen von Preußen zu Frau v. Holstein. Die Damen behaupten aber, daß der Roman schon zu Ende sei. Alle unsere jungen Frauen verabscheuen sie, aber man muß trotz allem, was man gegen sie vorbringt, bekennen, daß sie bildschön ist.

Unter den vielen Fremden, die zum Karneval hier sind, ist in erster Linie der Fürst von Köthen zu nennen. Alles macht sich über ihn lustig; er ist aber auch von unglaublicher Dummheit. So fragte er unter anderem den Staatsminister Grafen Finck, ob der Kaviar auf einem Baume wüchse.

Die junge Prinzessin von Preußen, die mit ziemlicher Antipathie gegen Berlin hergekommen war, gefällt sich jetzt recht gut hier und reist nur mit Bedauern ab. Diese Prinzessin ist sehr schön, und ich habe auch, nachdem ich lange ihren Charakter beobachtet habe, gefunden, daß sie kein schlechtes Herz hat, aber sie erwirbt sich keine Freunde. Sie folgt zu sehr ihren Neigungen, spricht mit niemand, liebt weder den Putz noch die Repräsentation, kurz, sie füllt die Rolle, die sie spielen soll, noch nicht aus. Man muß hoffen, daß das in ein paar Jahren besser sein wird, da sie Verstand besitzt und bei ihren 19 Jahren noch nicht alle notwendige Klugheit zu haben braucht.

Wenn die Prinzessin ihrem Gemahl mehr Zuneigung beweisen wird, so wird das auf diesen sehr günstig wirken. Denn der Prinz hat ein vorzügliches Herz, ist sehr gutmütig und vortrefflich von Charakter. Ich sehe ihn nie, ohne daß mir das Herz aufgeht, denn ich muß immer an seinen Vater denken, der ein so anbetungswürdiger Mann war. Sein Bruder, der junge Prinz Heinrich, ist die Vernunft selbst. Ich muß bekennen, daß ich noch nie einen so vernünftigen Knaben gesehen habe, der in allem, was ihn angeht, eine solche Ordnung und Umsicht beweist und dabei so liebenswürdig ist. Er hat eine Herzensneigung zu Frau v. Quast gefaßt, aber er bewahrt dabei den Anstand des vorigen Jahrhunderts. Seine Schwester, die Prinzessin Wilhelmine, wird auch täglich reizender und gediegener.

Mit Vergnügen sehe ich Frau v. Oppell, eine geborene Gräfin Dönhoff, wieder, mit der ich einen Teil meiner Jugend verlebt habe. Sie ist mit drei Töchtern hier, die ganz reizende Kinder sind. Sie spricht viel davon, sich zurückziehen und nach Preußen übersiedeln zu wollen. In gleicher Zeit trifft hier ein Baron Stirn aus Kassel ein, ein ganz junger Mann. Ich sehe ihn mehrmals, kann mir aber den Grund seines Hierseins nicht recht denken.

Die Heirat der Frau v. Oppell mit dem Baron Stirn bildet gegenwärtig das Tagesgespräch. Es war ja auch töricht von den beiden, nach Berlin zu kommen und diesen Eklat hervorzurufen. Sie konnten sich anderswo vermählen, dann hätte man sich auch nicht so viel um die Herkunft des Barons bekümmert, der der Sohn eines Kammerdieners des verstorbenen Königs von Schweden ist.

Ich verliere sehr intime Freunde, nämlich die biedern Keyserlingks, die nach ihrem sechswöchigen hiesigen Aufenthalt nach Preußen zurückkehren. Das sind wirklich vortreffliche Leute, die Gräfin reizend und reichbegabt und ihr Gemahl mildtätig wie kein zweiter. Sie reisen mit einem ansehnlichen Gefolge und machen überall einen recht hübschen Aufwand.

Hier kommen 15 für die Kaiserin von Rußland bestimmte Pferde durch. Sie kommen aus Spanien und brauchen ein ganzes Jahr, um an ihren Bestimmungsort zu gelangen. Jedes wird in Petersburg mit 3 000 Talern bezahlt. Der Leiter des Transportes hat täglich 20 Rubel, jedes Pferd hat einen eigenen Knecht, der täglich 2 Rubel erhält.

26. Februar 1766. Ein Tag, der mir viel Angst und Pein bereitet hat. Ich hatte mich um 11 Uhr von meiner Frau verabschiedet, die sich sehr wohl befand. Um 1 Uhr wurde ich benachrichtigt, daß sie Schmerzen und Leibschneiden habe. Ich eile nach Hause, finde sie in großer Angst und schicke sofort nach der Hebamme und dem Arzt. Diese sind kaum angelangt, da kommt sie mit einem Mädchen von 7 Monaten nieder. Ich hatte mich so sehr auf ein Kind gefreut, daß mein Schmerz, den Tod dieses armen Kindes voraussehen zu müssen, gar nicht zu beschreiben ist. Tags darauf verscheidet es bereits, nachdem es getauft und die Namen Sophie Christine erhalten hat. Ich bin ganz niedergebeugt. 7 Jahre bin ich nun verheiratet, Gott hat mir 4 Kinder geschenkt, und ich habe sie alle verloren, und es ist doch mein sehnlichster Wunsch auf Erden, Kinder zu haben. Aber was tun? Die weise Voraussehung wird alles zum Besten leiten. Ich verbringe zwei peinvolle Wochen in Sorge um meine so schwache Frau und in Gram über das Scheitern all meiner Hoffnungen.

März 1766. Meine Frau beginnt sich wieder zu erholen, sie empfängt Besuche, und ich sehe mit Vergnügen, daß jedermann an der Einrichtung meines Hauses Gefallen findet. Ich begebe mich mit dem Prinzen Heinrich nach Friedrichsfelde, wo Prinz Ferdinand prächtige Veränderungen vornehmen läßt. Daraus wird noch einer der schönsten Orte dieses Landes werden.

Die Generalpächter, die aus Frankreich hierher kamen, sind, wie es heißt, mit allen ihren Vorschlägen durchgedrungen. Ihr Chef, Herr Candy, ist nach Frankreich zurückgekehrt, um im Mai wieder hierher zu kommen, und dann sollen alle die Neuerungen in Wirksamkeit treten. Die alten Perücken zetern sehr darüber, daß man diese Fremden mit den geheimsten Verhältnissen des Landes bekannt macht. Ich verlasse mich hier auf die Weisheit des Königs und mache mir darüber keine Sorge. Ich beschäftige mich einzig mit meiner Reise nach Preußen und hoffe auf Gottes Segen, daß ich bei guter Gesundheit dorthin komme.

Die junge Prinzessin von Preußen ist trotz aller Wünsche, die man für sie hegt, noch immer nicht guter Hoffnung. Sie reitet und tanzt und bewegt sich immerfort derart, daß die alten Frauen sagen, bei solcher Lebensweise könne sie auch nicht schwanger werden.

April 1766. Ich bin noch immer mit meiner Reise nach Preußen beschäftigt. Gott gebe, daß kein Hindernis dazwischentritt! Die schwache Gesundheit meiner Frau macht mir noch immer Sorge.

Bei der Tabakregie tritt ein großer Wechsel ein; der König streicht viele Direktoren, die sich ganz ungeheuere Gehälter zugelegt hatten. Ganz Berlin leidet plötzlich an großem Geldmangel; niemand vermag auch nur 100 Louis aufzutreiben, selbst gegen noch so große Sicherheit. Vor zwei Jahren bot man von allen Seiten Geld zu 4 bis 3 Prozent an. Man kann sich diese sonderbare Erscheinung noch gar nicht erklären.

Ich habe von neuem schwere Prüfungen durchzumachen. Meine Reise nach Preußen war vollständig vorbereitet, die Pferde bestellt und die Bündel geschnürt; ich hatte mich an den verschiedenen Höfen verabschiedet und war eben im Begriff, es auch bei Ihrer Majestät der Königin zu tun, als man mir meldete, meine Frau, die sich bei meinem Weggehen ziemlich wohl befand, sei schwer erkrankt. Ich eile nach Hause und finde sie tatsächlich in einem sehr traurigen Zustande. Sie hatte Atemnot und glaubte jeden Augenblick zu ersticken, so daß ich schon fast an ihrer Rettung zu verzweifeln begann. Diese gefahrvolle Lage dauerte 8 Tage; jetzt geht es ihr aber besser. Sie ist jedoch so entkräftet und nervenschwach, daß ich plötzlich mich entschließe, eine meiner Neigung gänzlich widersprechende Partie zu machen, nämlich nach Ems zu gehen statt nach Preußen, wo ich so gern hinwollte. Diese Reise kommt mir allerdings sehr ungelegen; denn abgesehen von den großen Kosten, die damit verknüpft sind, stört sie mich bei gewissen Plänen bezüglich meiner Angelegenheiten in Preußen. Allein, man muß sich in den Willen der Vorsehung fügen, die alles ganz anders lenkt, als unser schwacher Geist es sich ausdenkt. Überdies habe ich auch noch recht viel Mühe, meiner Schwiegermutter die 1000 Taler loszumachen, die ich zu dieser Reise benötige. Andererseits sehe ich voraus, wie unglücklich meine Mutter darüber sein wird, daß ich nicht nach Preußen komme. Alles das versetzt mich in die übelste Stimmung.

Die Paraden locken eine Menge Menschen nach Berlin. Eben sind zwei Franzosen direkt aus Paris eingetroffen. Es sind dies die Grafen Coigny. Diesen kommt hier alles neu vor; sie wundern sich beinahe, außerhalb der französichen Grenze auch noch denkende Wesen zu finden, sind aber sonst ganz gute Jungen. Erst hatten sie sich eingebildet, in unserem Lande müsse man ein möglichst unsauberes und nachlässiges Äußeres aufweisen, um als richtiger Militär zu gelten, und sahen in den ersten Tagen wirklich auch wie schlecht frisierte Leute aus. Jetzt beginnen sie sich aber herauszumachen und jene hübschen französichen Manieren wieder anzunehmen, die stets Gefallen finden.

20. Mai 1766. Seine Majestät besichtigt einige Regimenter und kommt dann nach der Stadt, um den fremden Gesandten Audienz zu erteilen und sich sämtliche Fremde, die hierher gekommen sind, vorstellen zu lassen. Prinz Heinrich, des Königs Bruder, hatte der Prinzessin Amalie und uns vorgeschlagen, uns morgens 9 Uhr nach seinem Palais zu begeben, um den Einzug seines Regiments mit anzusehen. Wir sahen dem Aufmarsch des Regiments zu, an dessen Spitze der Prinz ritt, der bei solchen Gelegenheiten eine wundervolle Figur macht. Nachdem er abgestiegen, kam er herauf und teilte uns eine sehr tragische und besonders für die Familie Wreech sehr grausame Begebenheit mit. Der jüngere Sohn dieser Familie, der Leutnant im Regiment Gendarmes, Ferdinand Wreech, hat sich zwischen 11 und 12 Uhr nachts geradezu mutwillig durch einen Pistolenschuß ums Leben gebracht.

Dieses Ereignis ist um so überraschender, als der junge Mann nicht den geringsten Anlaß zur Verzweiflung hatte, im Gegenteil, er lebte in einer geachteten und allgemein beliebten Familie, war die Fröhlichkeit selbst, tanzte wie eine Marionette und fehlte bei keinem richtigen Feste. Er war vermögend und in seinem Regiment sehr geachtet, kurz, niemand vermutete irgendwelche Schwermut bei ihm. Am selben Tage ging er noch den ganzen Nachmittag mit mehreren jungen Fräulein im Tiergarten spazieren, schlug um 8 Uhr der Familie Boehmer einen Ball im Tiergarten vor, und als diese ihn zum Souper in ihrer Wohnung in der Stadt einlud, entschuldigte er sich mit dem schönen Wetter, das er noch zum Spazierengehen benützen wolle. Gegen 11 Uhr kam er mit dem Grafen Reichenbach nach Hause und soupierte mit ihm zusammen in bester Laune. Nachdem dieser ihn verlassen hatte, rief er seinen Diener und befahl ihm, ein Pferd bereitzuhalten, da er ihn noch mit einem Brief an den Prinzen von Preußen nach Charlottenburg schikken wolle – auch mit dem Prinzen hatte er am gleichen Tage noch im Tiergarten gesprochen –. Er drängte den Diener sehr, daß er möglichst rasch fortkam.

Als der Diener in Charlottenburg dem Prinzen von Preußen den Brief übergeben hatte, befahl ihm dieser, so schnell wie möglich heimzureiten, da sein Herr gewiß sehr krank sei. Der Mann sprengte mit verhängtem Zügel nach Hause, trat ins Zimmer und fand dort seinen Herrn tot hingestreckt in seinem Blute liegen. Es heißt, er habe dem Prinzen von Preußen geschrieben, er habe sich das Leben genommen, weil er sich an die Sklaverei in diesem Lande nicht gewöhnen könne. Da ich den Brief nicht gelesen habe, kann ich nicht versichern, ob das richtig ist oder nicht, aber den Brief, den er an den General geschrieben hatte, habe ich gelesen; darin beklagt er sich über nichts, sondern sagt einfach, er sei schon lange mit dem Plane umgegangen, sich das Leben zu nehmen, aber um dem Regimente keine Ungelegenheiten zu verursachen, habe er bis zur Spezialrevüe gewartet.

24. Mai 1766. Nächstens werden sich große Veränderungen innerhalb der Regie des Königreichs zutragen. Es ist schon eine große Zahl von Beamten und Pächtern hier angekom-

Prospect des Neuen Königl. Prinz-Heinrich-Palais, dem Opernhaus gegenüber. Kupferstich

men, und ganz Frankreich soll darüber in Bewegung sein. Man hofft dort, in unserem Lande so ungeheuere Reichtümer erwerben zu können, daß alles hierher will.

31. Mai 1766. Um 3 Uhr nachmittags reise ich voller Angst von Berlin ab, um meine Frau nach Ems ins Bad zu bringen. Ich übernachte in Saarmund und fürchte sehr, wieder umkehren zu müssen, da sich meine Frau in der Nacht sehr unbehaglich fühlt.

Juni 1766. Da meine Frau immer noch Mut hat, fahren wir weiter und kommen am 1. bis Wittenberg, wo ich mit Schmerz die Verwüstung sehe, die der Krieg in dieser Stadt angerichtet hat. Ich will das Haus Pastineller aufsuchen, wo ich während des Krieges logiert hatte, und muß mich bei einem Einwohner der Stadt erkundigen, um den Platz wiederzufinden, wo es gestanden hatte. Den 2. lange ich abends in Leipzig an, mache dort noch einen Spaziergang durch die Stadt und sehe mir den Boseschen Garten an. Die Stadt scheint die Nachwehen des Krieges schon ganz überstanden zu haben. Am folgenden Tage komme ich durch Naumburg und durch die Gebirge jener Gegend mit ihren prächtigen Aussichten. Ich übernachte in Buttelstedt, wo ich ein sehr schlechtes Lager habe, und bin am 4. in Gotha. Meine Frau ist bei unserem dortigen Eintreffen sehr schwach, erholt sich aber gegen Abend wieder etwas, und ich benütze diesen Augenblick, um den Herzoglichen Garten anzusehen. Nach dem Spaziergang steige ich in den Wagen, um nach meinem Quartier zurückzufahren, da gehen plötzlich die Pferde durch, und ohne Gottes sichtlichen Schutz wäre es um mich geschehen gewesen. Denn der Wagen wollte eben umwerfen, als Leute herbeiliefen und die Pferde anhielten.

Am 5. passiere ich Eisenach, wo ich in den höchsten Bergen prächtige Straßen vorfinde. In Vach, das dem Landgrafen von Hessen gehört, übernachte ich. Die Straßen sind hier abscheulich. Am 6. komme ich in Fulda an, wo man die Wege auszubessern beginnt, die noch in einem schrecklichen Zustande sind. In der Stadt sehe ich mir die prachtvolle Kathedrale an, die ein sehr stolzes Bauwerk ist. Der bischöfliche Garten, der außerhalb der Stadt liegt, ist gleichfalls sehenswert. Am 7. fahre ich auf abscheulichen Wegen weiter. Jeden Augenblick glaube ich, meine Frau werde den Strapazen erliegen. In Schlüchtern, wo ich zu Mittag speise, fällt die arme Kranke dreimal nacheinander in Ohnmacht. Mit Mühe kommen wir bis Salmünster, wo ich das Franziskanerkloster besuche. Am folgenden Tage, dem 8. Juni, lange ich um 7 Uhr morgens in Wächtersbach an, wo die ganze gräflich Ysenburgische Familie mich mit größter Zuvorkommenheit empfängt. Die Gräfinnen bleiben alle bei meiner Frau, die den Wagen nicht verlassen kann, während der regierende Graf mich zum Frühstück oben in seinen Gemächern einladet. In Gelnhausen mache ich Mittag und bin um 2 Uhr in Hanau. Dort besichtige ich den schönen Garten von Philippsruhe, wo die Landgräfin von Hessen, eine geborene Prinzessin von England, und ihr Sohn mit seiner Gemahlin, einer geborenen Prinzessin von Dänemark, residieren. Um 5 Uhr nachmittags komme ich in Frankfurt am Main an. Ein alter Freund, Herr v. Bassompierre, besucht mich, und ich mache dann einen Spaziergang durch die reiche Stadt. Hier fällt mir besonders die Verschiedenheit des Klimas auf. Als ich Berlin verließ, hatten die Bäume kaum verblüht, und hier finde ich die ausgezeichnetsten Kirschen bereits in voller Reife. Die ganze Gegend, durch die ich hier komme, ist von wunderbarer Schönheit.

9. Juni 1766. Früh morgens besuche ich den Römer, wo die große Feierlichkeit der Kaiserkrönung stattzufinden pflegt. Als ich vor 21 Jahren bei der Krönung Kaiser Franz I. diesen Saal sah, hatte er einen gewaltigen Eindruck auf mich gemacht. Jetzt, wo ich ihn wiedersehe, kommt er mir recht unbedeutend vor. In der Jugend findet man eben alles schön. Um 9 Uhr reise ich weiter und bin zu Mittag in Königstein, das dem Kurfürsten von Mainz gehört. Die Gebirge dieser Gegend haben ein anmutiges Aussehen. Ich übernachte in Limburg und speise am 10. in Nassau zu Mittag. Von diesem Orte stammen alle Fürsten dieses Namens her. Dann komme ich am Kloster Altenstein an der Lahn vorbei, das eine wunderbare Lage hat, und um 4 Uhr lange ich in Ems an. Meine arme Frau ist äußerst schwach und hat einen Husten, der mich aufs höchste beunruhigt. Wolle Gott, daß die lange Reise mit ihren Strapazen keine schlimmen Folgen für sie hat und daß die heilkräftigen Wasser dieses Ortes sie wiederherstellen! Auf Gottes Allmacht ruht meine ganze Hoffnung.

17. Juni 1766. Acht Tage bin ich nun in Ems; die vier ersten waren für mich schrecklich. Meine Frau war kränker als je; ein Husten erstickte sie fast, dazu Schlaflosigkeit und vollständige Mutlosigkeit. Die zwei Ärzte, die ich habe, sind entgegengesetzter Meinung. Der eine will, daß sie das hiesige Wasser trinke, der andere ist für Ziegenmilch. Schließlich gibt ihr der eine eine so starke Medizin, daß sie achtzehnmal abführt. Die Nacht darauf ist schauderhaft, und ich bereue tausendmal, daß sie diese Reise gemacht hat. Gestern begann sie nun Eselsmilch zu trinken und befindet sich dabei ziemlich wohl. Trotzdem bin ich noch immer in größter Unruhe. Die hiesige Gesellschaft ist nicht gerade hervorragend; die Leute sind indes recht gutmütig und in jeder Weise zuvorkommend. Der gute General Brackel besonders ist von morgens bis abends bemüht, uns gefällig zu sein. Die Gräfin Dönhoff ist die einzige Dame von Stande, die hier ist, und auch die einzige, die mit an unserer Tafel speist. Aber in der zweiten Etage ist eine zahlreiche Gesellschaft von Frankfurter Kaufmannsfamilien, darunter recht hübsche Frauen, besonders eine sehr liebenswürdige Frau Sarasin. Der Adel ist hierzulande sehr hochfahrend und meidet die Gesellschaft dieser guten Bürgersleute. Ich setze mich indes darüber hinweg, und mein Beispiel bewirkt, daß auch die anderen etwas von ihrem steifen Wesen ablassen.

Am 22. reise ich nach Coblenz, um die große St. Johannisprozession anzusehen, der der Kurfürst persönlich beiwohnt. Man erweist mir hier alle möglichen Aufmerksamkeiten. Ich mache hier mit der Gräfin v. d. Leyen Bekanntschaft, einer sehr liebenswürdigen und ungeheuer reichen jungen Dame. Um 10 Uhr komme ich nach Ems zurück. Der Zustand meiner Frau versetzt mich immer in eine peinvolle Lage. Keine Stunde vergeht ohne Angst und Bangen um ihr Leben. Die Nachtschweiße entkräftigen sie vollständig. Meine Qualen sind nicht zu beschreiben.

Am 24. kehre ich nach Coblenz zurück. Der gute General Brackel bringt mich sofort nach Schönbornlust, einem sehr schön ausgestatteten Landhause des Kurfürsten mit prächtiger Fasanerie. Dann begebe ich mich wieder nach der Stadt zurück, kleide mich um, und wir gehen zum Kurfürsten. Dieser ist der beste Fürst von der Welt; er verbringt sein Leben mit Beten und Rheinweintrinken. Sein Hof ist glänzend; Tafel, Dienerschaft und Hofleute machen einen gediegenen Eindruck. Nachdem ich noch die auf einem mächtigen Felsen liegende Festung Ehrenbreitstein besichtigt habe, kehre ich nach Ems zurück. Mein Geist ist zu aufgeregt, um an irgend etwas Zerstreuung zu finden, sonst hätte mir dieser Tag mit seinen mannigfaltigen Eindrücken sicher viel Vergnügen bereitet.

25. Juni 1766. Alles rät mir, mit meiner Frau nach Coblenz zu gehen, da dort ein sehr geschickter Arzt sei. Ich habe indes des Religionsunterschiedes wegen eine große Abneigung gegen diesen Ort. Gott wird mich leiten; auf die Ratschläge der Menschen kann ich nicht bauen.

Den ganzen Rhein entlang ist man in Unruhe wegen der neuen Zölle, die der König von Preußen auf die Waren gelegt hat, die durch seine Staaten gehen. Man glaubt, der ganze Handel der Städte am Rhein werde deshalb zurückgehen. Die Menge Franzosen, die in unsere Staaten gekommen sind, sind schuld an diesen Veränderungen.

27. Juni 1766. Meine Seelenqualen drücken mich nieder. Ich kann mich über den Zustand meiner Frau keiner Täuschung mehr hingeben; ihre Kräfte nehmen zusehends ab. Morgen muß ich sie nach Coblenz bringen, dem letzten Zufluchtsort meiner Hoffnungen. Der einzige Trost, der mir noch bleibt, ist der Gedanke an Gott, und es ist nicht Mutlosigkeit, was mir diesen Gedanken eingibt. Habe ich doch schon so oft in meinem Leben mitten in der großen Welt, unter hervorragenden Geistern, bei Reichen und Hochgestellten die Tatsache bestätigt gefunden, daß, wo das Vertrauen auf den Allmächtigen geschwunden ist, es auch sonst an allem gebricht.

28. Juni 1766. Ich erwache mit Kummer und Sorgen. Meine arme Frau hatte eine furchtbare Nacht, und ich sehe keine Möglichkeit, sie nach Coblenz zu bringen. Da besucht uns eine treffliche Frankfurterin namens Bernard und rät zu einem Klystier. Meine Frau willig auf gutes Zureden auch ein, und das Mittel verschafft ihr außerordentliche Erleichterung, so daß wir sie im Bette auf ein Boot bringen und nach Coblenz schaffen können. Am folgenden Tage beginnt sie die Medizinen von Herrn Conhausen zu nehmen, die ihr aber so schlecht bekommen, daß meine Angst von neuem beginnt. Ich sehe mich deshalb gezwungen, mich ganz auf den Arzt Fraentzel zu verlassen, der ihr andere Medikamente gibt, die eine sehr gute Wirkung ausüben, und seit zwei Tagen beginnt es ihr besser zu gehen. Conhausen, den hiesigen Modearzt, lassen wir in dem Glauben, daß es seine Heilmittel seien, die eine so vortreffliche Wirkung haben.

11. Juli 1766. Ich reise nach Neuwied, da die regierende Gräfin mir in Ems viel Aufmerksamkeiten erwiesen hat. Um 9 Uhr komme ich dort an und begebe mich sogleich nach der Brüdergemeinde, auch Herrnhuter genannt, die hier eine Niederlassung haben. Es herrscht da eine musterhafte Ordnung und eine wunderbare Sauberkeit. Alle möglichen Berufsarten und Zweige der Industrie sind hier vertreten, und die Bewohner führen ein ruhiges und zufriedenes Leben. Ich halte mich über drei Stunden bei ihnen auf, kleide mich dann um und fahre in dem Hofwagen, den man mir geschickt hat, zum Schlosse. Beim Absteigen empfangen mich sämtliche Kavaliere. Der regierende Graf ist sehr schwermütig und läßt sich daher nicht sehen. Die Gräfin, seine Gemahlin, leitet alles und regiert mit Weisheit. Dieser gräfliche Hof macht einen sehr guten Eindruck: ein schönes Schloß, ein großer Garten, zahlreiche Dienerschaft, eine nach preußischem Muster gekleidete Garde, ein guter Tisch und viel Höflichkeit. Ich fahre dann nochmals zu den Brüdern, um die Frauen zu sehen. Ich finde sie mit allerlei Arbeiten beschäftigt; ihre Sauberkeit ist geradezu entzückend.

12. Juli 1766. Den ganzen Tag verbringe ich in Trübsal. Abends gehe ich zur Gräfin v. d. Leyen, wo es einem gefallen könnte, wenn man in richtiger Gemütsverfassung wäre.

13. Juli 1766. Morgens geht es meiner Frau schlecht, gegen Mittag scheint es sich aber etwas zu bessern, und da heute hauptsächlicher Empfangstag beim Kurfürsten ist, so begebe ich mich zum Diner hin.

In den Zeitungen lese ich eine für mich höchst betrübende Nachricht. Gräfin Camas, Oberhofmeisterin der Königin, ist im Alter von 80 Jahren verstorben. Diese verehrungswürdige Frau hätte Jahrhunderte leben müssen. Nie habe ich eine Frau von solcher Vollkommenheit kennengelernt, ein gediegener, heiterer, gütiger und prächtiger Charakter; alles war vollkommen bei ihr und blieb es trotz ihres Alters. Der Hof der Königin müßte auf ewig um sie Trauer tragen, denn sein ganzer Glanz ist mit ihr erloschen. Der König liebte und achtete sie. Sie war die einzige Dame, die Seine Majestät auszeichnete, und doch hat sie sich deswegen niemals auch nur im geringsten überhoben, im Gegenteil, sie wußte alles nach seinem richtigen Wert einzuschätzen.

14. Juli 1766. Heute ist der Geburtstag meiner Frau, und ich sehe sie leider in einem Zustande, der mir jede Hoffnung nimmt, diesen Tag jemals wieder feiern zu können. Mein Schmerz ist nicht zu beschreiben. Man muß selbst gefühlt haben, was ich fühle, um sich einen Begriff davon machen zu können.

16. Juli 1766. Meine Frau wird von Stunde zu Stunde schwächer. Der Gedanke, sie hier in einem fremden katholischen Lande sterben zu sehen, brächte mich zur Verzweiflung, wenn Gott mir nicht beistünde. Wenn ich sie verliere, verliere ich alles. Aber Gott bleibt mir; er wird mich nicht verlassen.

20. Juli 1766. Ich habe keine Hoffnung mehr. Die zärtliche Liebe, die die Todkranke mir noch bezeigt, ergreift mich im tiefsten Innern. Sie hat nur den einen Gedanken, mir immer noch Beweise ihrer Freundschaft zu geben. Eine Unterredung mit einem Arzte des Grafen von Neuwied verursacht mir noch besonderen Kummer. Er macht mich nämlich darauf aufmerksam, daß man mir, wenn ich das Unglück hätte, meine Frau hier zu verlieren, große Schwierigkeiten wegen ihrer Beerdigung machen würde.

21. Juli 1766. Mit Sterbenden zusammensein heißt, dieselben Qualen und die gleiche Angst durchmachen wie sie. Die Eindrücke, die mich am Sterbebette meiner armen Frau bestürmen, sind schrecklich, und ich vergehe fast vor Rührung, wie sie mir sagt, ich solle sie nun nicht mehr umarmen, sie müsse sich vom Leben losmachen, und so lange sie mich sehe, könne sie den Gedanken an den Tod nicht fassen; sie habe nur für mich leben wollen, ich hätte sie glücklich gemacht und brauchte mir nichts vorzuwerfen.

23. Juli 1766. Um 3 1/2 Uhr verscheidet meine arme Frau wie eine Heilige, nachdem sie ihre Seele Gott empfohlen. In ihren letzten Stunden hat sie noch einen Brief an ihre Mutter schreiben lassen, um mich ihr zu empfehlen. Nie hat eine Frau ihren Gatten so geliebt, wie sie es getan hat. Ich bin ganz niedergeschmettert. Mein Gott gibt mir die Kraft, diesen schweren Schlag zu ertragen. Mein Glück war einzig, mein Verlust ist es nicht minder. Ich habe eine junge, hübsche und reiche Frau verloren, die mich innig geliebt, die keinen anderen Willen hatte als den meinigen und keinen anderen Wunsch als den, mir zu gefallen. Ich habe vier Kinder verloren, die alle der Teueren in die Ewigkeit vorangingen. Ein solch grausames Geschick zu ertragen, erfordert mehr als menschliche Kraft. Mitten in diesem entsetzlichen Schmerz muß ich nun daran denken, meine letzten Pflichten gegen sie zu erfüllen. Da ich mich in der Residenz eines katholischen Kurfürsten befinde, so muß ich es in aller Stille bewerkstelligen. Die ehrenwerte Gräfin von Neuwied hatte mir schon ihren Kammerdiener Trütschler geschickt, damit er mir mit seinen Ratschlägen an die Hand gehe. Ich treffe also zur Überführung der teueren Reste der Entschlafenen nach Neuwied die nötigen Anordnungen. Das Leichenkleid ist aus weißem, mit Spitzen garnierten Seidenstoff. Diese traurigen Pflichten nehmen den ganzen 24. in Anspruch. Mir ist dabei zumute, als hätte ich ein hitziges Fieber.

25. Juli 1766. Um 1 Uhr früh, während in Coblenz alles

schläft, lasse ich die Reste meiner unvergeßlichen Frau auf eine Jacht bringen und fahre in Begleitung des Neuwieder Arztes und des Bendorfer Geistlichen in einer Postkutsche nach Weißenturm, setze hier über den Rhein und komme nach Neuwied. Die Leiche der teueren Entschlafenen kommt um 4 Uhr morgens dort an. Die ganze Dienerschaft des regierenden Grafen von Neuwied wartet mit weißen Wachskerzen am Rheinufer, die Beamten bringen den Sarg nach dem Leichenwagen, und ich steige mit zwei Hofkavalieren in einen Staatswagen, dem andere folgen. So fahren wir zur lutherischen Kirche, wo man unter der Kanzel ein Grabgewölbe errichtet hat. Der Sarg wird nochmals geöffnet, um nachzusehen, ob alles in Ordnung ist, und ich sehe zum letzten Mal das Antlitz der Lieben, von der ich das Glück für den Rest meines Lebens erwartet hatte. Ihre Züge zeigen noch immer die gleiche Anmut wie im Leben. Ich seufze und schweige.

26. Juli 1766. Ich komme nach dem wunderbar schön gelegenen Weilburg. Das Schloß ist alt, aber gut ausgestattet. Der Fürst, dem es gehört, wohnt in Haag als Gemahl der Prinzessin von Oranien. In meiner Jugend habe ich diesen Hof sehr gut gekannt. Er bestand damals aus prächtigen Leuten. Aber nach wem ich jetzt auch frage, immer bekomme ich die Antwort: Sie sind gestorben! Ich übernachte in Wetzlar und besuche hier eine Gräfin Schwerin, eine geborene Gräfin Wied-Runkel, die ich in Berlin als hübsche, junge, bescheidene, bedauernswerte Dame gekannt habe. Leider finde ich sie jetzt kokett und leichtsinnig wieder und mit den Rechtskniffen der Reichskammergerichtsprozesse vertrauter als ein Advokat. Ich suche mich nach Möglichkeit zu zerstreuen, allein alles stimmt mich traurig, und ich gehe einher wie eine wandelnde Maschine.

27. Juli 1766. In Gießen angekommen, höre ich, daß ich durch Hessen weiterfahren muß, da das außerordentliche Regenwetter, das wir den ganzen Sommer hatten, die Wege durchs Gebirge gänzlich unpassierbar gemacht hat. Ich komme daher am 28. in Cassel an. Hier sehe ich mir die schöne Gemäldegalerie, das Schloß, die Bäder, den Park an, kurz all die Sehenswürdigkeiten, die diese Stadt zu einer der schönsten Deutschlands machen. Besonders bewundere ich den Tiergarten, wo man alle möglichen Arten von Vögeln sieht. Ich soupiere bei der Prinzessin Charlotte, bei der ich eine sehr gute Gesellschaft finde, aber mein Kummer läßt mich auch hier nicht los.

29. Juli 1766. Auf abscheulichen Wegen fahre ich weiter und komme nach Gotha. Am selben Abend gehe ich noch an den Hof. Die Herzogin ist anbetungswürdig, sie zeigt unendliche Sanftmut in ihrem Wesen und besitzt die Kenntnisse eines Gelehrten. Meine höchste Bewunderung aber erregt Frau v. Buchwaldt. In meinem Leben habe ich keine solche Frau gesehen, ihre ganze Persönlichkeit ist Geist, ihr ganzes Wesen voller Liebreiz. Ihre Unterhaltungsgabe übersteigt alle Begriffe. Als sie all mein Leid erfährt, erzählt sie mir das ihrige, das dem meinigen ähnlich ist. Sie hat durch ein schreckliches Mißgeschick ihre einzige Tochter verloren, indem diese einen Knochen verschluckte und so den Tod fand.

August 1766. Ich komme in Leipzig an und fahre von dort nach Berlin weiter, immer in tiefstem Seelenschmerz. Zuhause angekommen, vermag ich mich aber nicht mit dem Gedanken abzufinden, jetzt in dem Hause zu weilen, wo alles mir das Bild meines Unglücks vor Augen hält. Ich reise aufs Land zu meinem Schwager Schlippenbach. Trotz der liebevollen Aufnahme will mein Schmerz nicht weichen. Seit drei Wochen bin ich nun schon der Unglücklichste unter den Menschen. Ich suche mich zu beruhigen, aber mein Herz findet nirgends einen Trost.

September 1766. Die Unmenge von Franzosen, die wir jetzt im Lande haben, hat eine gewaltige Umwälzung im Handel und Geldverkehr hervorgerufen. Vor zwei Jahren zirkulierte hier noch Geld im Überfluß, jetzt hat man Mühe, irgendwo noch 1000 Taler zu finden, und die reichsten Kaufleute machen Bankerott. Die Verzweiflung darüber ist allgemein, und wen man hört, der klagt.

Ich mache eine traurige Reise nach Magdeburg zu meiner Schwiegermutter. Ich bleibe 14 Tage in diesem traurigen Magdeburg. Frau v. Häseler erweist mir soviel Freundlichkeiten, daß die Schlippenbachs eifersüchtig werden. Ich bekomme aber darum nicht einen Taler mehr und suche mich mit meinen Angelegenheiten abzufinden, so gut es geht.

Oktober 1766. Die junge Prinzessin von Preußen macht die Reise von Charlottenburg nach Potsdam zu Pferde, sie verbringt überhaupt ihr ganzes Leben im Sattel und erhitzt sich derart, daß ich fürchte, sie wird noch ihre ganze Schönheit verlieren und besonders, was das größte Unglück für den Staat sein wird, sie wird keine Kinder bekommen.

Wir leben in sehr traurigen Zeiten. Die Geldknappheit hat einen ganz ungewöhnlich hohen Grad erreicht. Leute, die für 100 000 Taler Grund und Boden besitzen, sind nicht imstande, 1 000 Taler bares Geld zu finden. Wertobjekte, die vor einem Jahr noch 20 000 Taler galten, werden jetzt für 7 000 verkauft. Kaufleute, Adel und Handwerker klagen in gleichem Maße. Die beständigen Veränderungen im Handelswesen, die neue Regie der Franzosen, die Bank und dazu noch ein umlaufendes Gerücht, die Gehälter sollten in Papier bezahlt werden, rufen eine allgemeine Bestürzung hervor. Der ganze Handel stockt, alles schränkt sich ein, und ein allgemeiner Unmut ergreift die Gemüter. Ich bin überzeugt, daß die Absichten des Herrschers vortrefflich sind; an den großen Gehältern, den beträchtlichen Vorschüssen und Geldsummen, die er den Fremden gibt, sieht man, daß er den Handel zu heben wünscht, allein diese Maßnahmen scheinen den erwarteten Erfolg nicht zu haben.

Gegenwärtig beschäftige ich mich ernstlich mit dem Gedanken, mich in Preußen niederzulassen. Ich bin in einer grausamen Lage und mache schreckliche Tage durch. Ich setze mein ganzes Vertrauen auf Gott; durch seine Gnade allein hoffe ich meine Seelenruhe wiederzuerlangen.

Wir haben gegenwärtig einen Prinzen von Hohenlohe hier, der in die Armee des Königs eintreten will. Er ist ein junger Mann, dem es nicht an Geist fehlt, der aber unglücklicherweise ein schlechter Tänzer ist, ein Fehler, der ihn alsbald lächerlich macht, und die Lächerlichkeit gilt in der hohen Gesellschaft für unverzeihlicher als alle Laster.

Man hört allenthalben nur von Vermögensverlusten, und zwar nicht bloß bei den Kaufleuten, die zum größten Teil schon Bankerott gemacht oder auf dem Punkte stehen, bankerott zu werden, sondern auch beim Adel, der gleich schlimm daran ist. Herr v. Grappendorf, dem sein Vater über 400 000 Taler an barem Gelde und Gütern hinterlassen hatte, befindet sich in Zahlungsschwierigkeiten und hat einen Landreiter im Hause. Marschall, dessen Vater enorme Reichtümer hinterlassen hat, muß sich zurückziehen und hat einen Zahlungsaufschub erbeten, um wiederkommen zu können. Von Herrn v. Kleist, dem Dechanten von Brandenburg, der für einen gutsituierten Mann galt, höre ich eben, daß er außer Landes gegangen ist, nachdem er seine Zahlungsunfähigkeit erklärt hat. Dieser Mann hat auf einmal recht viel Kummer. Er hatte jenes Fräulein v. Schwerin geheiratet, die wegen einer Liebesaffäre mit dem Sänger Porporino seinerzeit vom Hofe der verstorbenen Königin-Mutter entfernt worden war. Er hatte gehofft, sie würde ihren Geschmack für Liebeleien ablegen, aber sobald sie unter die große Gesellschaft kam, machten sich ihre früheren Neigungen wieder geltend. Nachdem sie lange mit Herrn v. Thulmeyer, der jetzt Gesandter in Holland ist, ein Verhältnis unterhalten hatte, ließ sie sich mit dem Artilleriehauptmann du Troussel ein. Der Gatte hatte auch unzweideutige Briefe entdeckt, und ein Mädchen, das im Hause war, hatte ihm erklärt, jener Herr habe mehrere Nächte bei ihr verbracht. Man glaubte deshalb, es würde zu einem Bruche kommen, aber die Sache wurde nach längeren Auseinandersetzungen wieder beigelegt. Durch vieles Bitten hatte sie es fertiggebracht, ihrem Manne die sie belastenden Briefe abzunehmen, und nachdem sie sie verbrannt hatte, schlug sie einen anderen Ton an und behandelte ihrerseits den armen Hahnrei schlecht, der jetzt keine Beweise mehr gegen sie hatte.

In hiesiger Gegend ist eine große Viehsterblichkeit ausgebrochen, so daß mehrere Landstraßen wegen Ansteckungsgefahr gesperrt werden mußten.

Mein Schwager Schlieben, der in Mecklenburg mit seinem Vetter Geschäfte zu erledigen hat, kommt bei dieser Gelegenheit hierher. Es ist ein wackerer Mann, der es durch sein zurückgezogenes Leben auf dem Lande zu geordneten Verhältnissen und zum Wohlstand gebracht hat. Er hat seinen Sohn bei sich, der auf gesellschaftlichem Gebiet noch ein arger Neuling ist und für den es gut wäre, wenn er etwas in die große Gesellschaft käme. Sein Vater erlebt hier seinetwegen einen gewaltigen Schrecken. Er erfuhr eben, daß der König von Preußen den dringenden Befehl erlassen hat, sämtliche jungen Adligen einzuberufen und zusammen nach Potsdam zu schikken. Da er nur diesen einen Sohn hat, so möchte er nicht, daß er zum Militär käme. Ich suche deshalb mit ihm sogleich den Großkanzler Jariges auf, um ihn zu bitten, den jungen Mann als Referendar in Preußen unterzubringen. Wir haben bis jetzt noch keinen sicheren Bescheid, ob er so davor bewahrt wird, in irgendein Regiment gesteckt zu werden.

Aus Dänemark ist ein Graf Reuß, ein Bruder unseres Obermarschalls, eingetroffen. Se. Majestät hatte ihm den Vorschlag machen lassen, hierher zu kommen und das Oberkammerherrenamt zu übernehmen; auch hatte man ihm den Schwarzen Adlerorden und 3000 Taler Gehalt versprochen. Der Mann kam mit seinen sämtlichen Sachen und seiner Familie hierher, mietete eine Wohnung für 1800 Taler, alles in dem festen Glauben, sich auf die gemachten Versprechungen verlassen zu können. Er begab sich dann nach Potsdam, um sich dem König vorzustellen. Dieser richtete einige Fragen an ihn, auf die der Graf nicht so antwortete, daß er Se. Majestät Beifall fand. Die Folge war, daß Se. Majestät ihm nach dem Diner eröffnete, daß er nicht Oberkammerherr werden würde. Man kann sich denken, in welcher Verlegenheit dieser Mann nun ist, der in Dänemark eine sehr gute Stellung aufgegeben hat und unter großen Kosten hierher gezogen ist! Er hat eine äußerst liebenswürdige und sehr reiche Tochter, die sich hier vielleicht verheiratet hätte, wenn ihrem Vater nicht diese Unannehmlichkeit widerfahren wäre.

November 1766. Man erzählt sich mit einem Mal, daß die junge Prinzessin von Preußen guter Hoffnung sei, was wirklich eine große Neuigkeit ist. Man zweifelte schon sehr daran, ob überhaupt eine Nachkommenschaft von ihr zu erwarten sei, und erging sich in den delikatesten Erörterungen. Berlin ist ein Klatschnest. Vielleicht trägt das allgemeine Elend dazu bei, daß man boshaft wird und selbst die harmlosesten Vergnügungen seiner Nächsten übel auslegt. Übrigens müßte eine so große Stadt wie Berlin ein Schauspiel haben; da nun nichts dergleichen vorhanden ist, so füllen viele Menschen ihre Muße mit Klatschen aus.

Über unseren Berliner Hahnreien waltet ein schlimmer Unstern. Es gibt unter ihnen keinen, der nicht Bankerott gemacht hätte oder sich in verzweifelter Lage befände. Grappendorf hat einen Landreiter, Marschall mußte sich einen Zahlungsaufschub erwirken, um sich in Berlin wieder sehen lassen zu können, Münchow ist zahlungsunfähig, Kleist ist für immer verloren, und der Hahnrei aller Hahnreie, der arme Göhren, lebt von der Gnade der französischen Pächter, die seine Frau ihm verschafft hat!

Prinz Hohenlohe fand man anfangs etwas lächerlich, weil er schlecht tanzt und zuviel von seinem Fürstentum spricht, aber Seine Majestät beurteilte ihn nach anderen Gesichtspunkten, empfing ihn sehr gnädig und bewilligte ihm ein Gehalt von 1000 Talern.

Dezember 1766. Die junge Prinzessin von Preußen ist die hübscheste schwangere Frau, die ich je gesehen habe; sie fühlt sich glücklich in dieser Lage und erlaubt sich alle kleinen Launen einer Schwangeren. Sie erhebt sich von der Tafel, wenn sie Lust hat, sie kommt an den Hof in kleiner, runder Robe, während alle anderen Prinzessinnen in großer Toilette erscheinen, und in der Oper hat sie immer einen Arbeitsbeutel mit Naschwerk, das sie mit großem Appetit verzehrt. Sie ist wirklich hübsch wie ein Engel und ohne jede Eitelkeit.

Ich diniere beim Prinzen Heinrich mit dem ewigen Pöllnitz zusammen. Dieser achtzigjährige Alte ist immer noch in Mode. Er steht beim König in einer Art Gunst, so daß viele sich mit ihrem Anliegen an ihn wenden und mancher ihn vielleicht noch beneidet. Aber dem Mann sitzt ja doch der Tod im Nacken! Er erzählt uns von seiner Schauspieldirektion und versichert, der König schlage ihm jede Bitte ab. Er beginnt zu weinen wie ein Kind und schwört, er wolle lieber Kapuziner sein, als ein solches Leben weiterführen. Das sind die schönen Aussichten, die man hat, wenn man am Hofe alt wird und ewig in dieser Welt des Trubels und der Aufregungen bleibt.

Prinz Heinrich macht mit einem Herrn v. Stosch Bekanntschaft, der lange in Italien gelebt hat und auf seinen langen Reisen viel gelernt und gesehen hat. Dieser Mann hat auf recht abenteuerliche Weise sein Glück gemacht. Er ist ein geborener Muzelius aus Berlin, war in das damalige Regiment Hacke eingetreten in der Hoffnung, bald Offizier zu werden, und als ihm das nicht gelang, verließ er das Land und trat in französische Dienste. Er erfuhr dann, daß er in Florenz einen Onkel mütterlicherseits habe, der ein berühmter Altertumssammler war und in guten Verhältnissen lebte. Er machte ihm einen Besuch, der Mann fand Gefallen an ihm, adoptierte ihn, ließ ihn seinen Namen v. Stosch annehmen, schickte ihn dann nach England, Italien und der Türkei auf Reisen und vermachte ihm

Das Brandenburger Tor zu Berlin. Radierung von Chodowiecki, 1764

bei seinem Tode sein ganzes Vermögen. Er hat kürzlich dem König für 30 000 Taler eine Altertums-Sammlung verkauft, die 100 000 wert ist, und lebt hier sehr glücklich, da er von niemandem abhängt.

5. Dezember 1766. Die Fremden halten sich hier wenig auf, da es für sie wenig Vergnügen gibt, weil wir kein Schauspiel haben und niemand offenes Haus hält. Ein Teil der Leute lebt in zerrütteten Verhältnissen oder gar in Not, der andere spart soviel wie möglich, um bis zum Ende des Jahres auszukommen. Unter solchen Verhältnissen kann eine Stadt nicht aufblühen und keinen angenehmen Aufenthalt bieten.

Aus Preußen erhalte ich einen recht betrübenden Brief. Mein Neffe, der einzige Sohn des Grafen Schlieben, der seine Studien beendet und bereits eine Anstellung bei der Justiz hatte, soll dort wieder herausgerissen werden und in ein Regiment kommen. Die ganze Familie ist darüber in heller Verzweiflung.

15. Dezember 1766. Ich besuche Herrn Candy, der an der Spitze der französischen Regie steht. Dieser Mann verspricht Wunderdinge und versichert, das Land werde emporblühen. Bis jetzt ist der Schein noch gegen ihn, denn seit der Einführung dieser Neuerungen scheint die Not täglich zu wachsen.

An der Post sind Veränderungen eingetreten. Vier neue Direktoren, die erst vor vier Monaten eingestellt worden waren, sind festgenommen worden und müssen Berlin sofort verlassen. Ein Franzose namens Morette reist sogleich ab und hinterläßt 4 000 Taler Schulden. Ein gewisser Nicolai wird alsbald nach Preußen zurückgeschickt, von wo er hergekommen war, und ein gewisser Peters kommt ins Gefängnis.

Der Karneval zeigt wenig Leben. An Fremden haben wir weiter nichts als einen alten Baron Huten und einen Chevalier Henri, die beide nicht viel bedeuten. Die allgemeine Unterhaltung dreht sich immer um die Operationen der Franzosen und ihre neuen Maßnahmen. Vor einigen Tagen machte ich Bekanntschaft mit dem Chef dieser Herren von der Regie, Herrn Candy, den der König sehr auszeichnet und der ein kluger Kopf sein soll. Den 24. begab ich mich um 11 Uhr in das Vorzimmer des Königs und traf dort Herrn Candy. Wir sprachen zusammen von gleichgültigen Dingen, und er sagte zu mir am Schlusse, er habe es sehr eilig, sich zurückzuziehen, da er um 4 Uhr wieder zum König befohlen sei. Tatsächlich erwartete ihn Seine Majestät zu dieser Zeit, und da er nicht kam, ließ man ihn überall suchen. Schließlich erfuhr man, daß er mit einem anderen Franzosen nach dem Tiergarten gegangen sei, und als man ihn dann dort suchte, fand man ihn tot am Bassin liegen. Er war mit einem gewissen de Ladre, einem Kollegen, in Streit geraten, sie hatten sich geschlagen, und Candy war auf dem Platze geblieben. Der König ist darüber sehr ungehalten. Marquis d'Argens bemerkte bei dieser Gelegenheit, man brauche sich wegen der vielen Franzosen, die hierher gekommen seien, nicht weiter zu beunruhigen, sie sorgten schon selbst dafür, daß sie weniger würden.

1767

Januar 1767. Unsägliche Niedergeschlagenheit ergreift mich, wenn ich an all das Unglück denke, das im Laufe des vergangenen Jahres mich heimgesucht hat, und ich rufe Gott den Allmächtigen an, daß er mir beistehe in meiner Not und seinen göttlichen Schutz nicht ganz von mir nehme.

Am Neujahrstage ist Empfang am Hofe. Wider Erwarten erscheint auch Seine Majestät der König und beglückwünscht sämtliche fremden Gesandten. Der Rest des Tages vergeht unter gegenseitigem Glückwünschen, aber die Wünsche sind meistens wenig aufrichtig gemeint.

Es ist eine abscheuliche Schmähschrift gegen sämtliche hiesigen Frauen erschienen, und Grappendorf erhält einen fingierten Brief, der den alten Baron Pöllnitz als Verfasser dieses Pasquills erscheinen läßt, Pöllnitz selbst bekommt einen mit Grappendorf unterzeichneten Brief, worin dieser ihn zum Duell fordert. Die ganze Schreiberei ist ohne jeden Witz im Stile eines Kutschers abgefaßt. In dem Pöllnitzschen Brief heißt es von mir, man hoffe, ich würde dieser Komödie beiwohnen. So kommt man manchmal in Geschichten, ohne zu wissen wie. Wenn man auf meinen Rat gehört hätte, so würde man die Sache mit Stillschweigen übergangen und die Briefe ins Feuer geworfen haben; allein der alte Baron Pöllnitz, der schon kindisch wird, erzählt es allen Leuten und macht sich noch gewaltig lächerlich damit. Er schreibt nämlich an den König und bittet ihn, die Sache untersuchen zu lassen. Dieser antwortet ihm aber, er möge sich mit den Königen von Frankreich und England trösten, die auch immer solche Schreiben bekämen.

11. Januar 1767. Mein Neffe Schlieben kommt aus Preußen hier an. Der König hat den ganzen jungen Adel dieses Landes, 30 an der Zahl, hierher kommen lassen, um sie in verschiedenen Regimentern einzustellen. Eltern und Publikum sind darüber voller Aufregung, man weiß indes noch nicht, was hinter dieser Maßregel steckt. Irgendein Übelgesinnter hatte dem König eingeredet, der Adel dieses Landes zeige gar keine Lust am Dienen, und Seine Majestät war dadurch auf den Gedanken gekommen, die ganze dortige Jugend aus ihrer Heimat fortzubringen.

Man hört jetzt überall von Krieg reden. Da Seine Majestät die Kavallerie verstärkt hat, so glaubt man, die Dissidenten-Angelegenheit in Polen und Englands Eifersucht auf Frankreich könne den Krieg herbeiführen. Meiner Meinung nach wird es noch nicht so schnell wieder losgehen, und wir werden wohl noch einige Jahre Ruhe behalten.

1. Februar 1767. Ich befinde mich in einer recht unangenehmen Lage. Ich habe zweimal um die Erlaubnis nachgesucht, nach Preußen gehen zu dürfen, ohne vom König eine Antwort zu bekommen. Mein Gott, warum nur die Großen ihr Vergnügen daran haben müssen, uns Kummer zu bereiten, während es ihnen doch so leicht ist, unsere Liebe zu gewinnen!

Mein Neffe Schlieben, der sich zwölf Tage in Potsdam aufhielt, bekommt endlich eine Fähnrichsstelle im Regiment Anhalt-Bernburg in Halle. Sein Schicksal hat sich also dahin entschieden, daß er sein Leben in einer kleinen Garnison verbringt, auf Wache zieht und von der Wache kommt und die Zeit totschlägt, ohne jemals nach eigenem Gutdünken über sie zu verfügen.

23. Februar 1767. Herr Gualtieri, der Hofprediger des Prinzen Heinrich, ein liebenswürdiger und geistreicher Mann, hat sich mit einem Mal in den Kopf gesetzt, von der alten Familie der Gualtieri in Italien abzustammen. Er hatte sich an den König gewandt, um den Geheimratstitel zu bekommen, in der Hoffnung, dabei eine Anerkennung seiner Abstammung von jener alten Familie zu erlangen. Seine Majestät gewährt ihm seine Bitte, und nun schwelgt er dermaßen im Glück, daß ich um seinen Verstand besorgt bin.

Prinz Heinrich hatte sich kürzlich bei der Freimaureraufnahme des Grafen Schaffgotsch so gut amüsiert, daß man eine neue derartige Veranstaltung ins Werk zu setzen beschloß, und damit die Sache einen noch gefühlvolleren und vergnüglicheren Anstrich bekommen solle, werden auch Damen zugelassen. Wir gründen zu diesem Zwecke einen neuen Orden, Amathunt geheißen. Das Gelübde wird auf Ovids Ars amatoria abgelegt. Die ganze Wohnung ist mit Blumen ausgeschmückt, und während der Zeremonie werden wohlriechende Stoffe verbrannt. Die vier Schwestern Wreech werden in den Orden aufgenommen.

März 1767. Mit schmerzlichem Bedauern ziehe ich aus der

Drei Soldaten. Kupferstich von J. H. Lips nach einer Zeichnung von Daniel Chodowiecki

hübschen Wohnung aus, die ich mir vor einem Jahr in der Hoffnung hatte herrichten lassen, recht lange mit meiner himmlischen Frau darin wohnen zu bleiben. Aber alles ist anders gekommen. Ich habe so viele Opfer bringen müssen, daß ich auch dieses noch auf mich nehmen kann.

April 1767. Nachdem ich wegen eines schlimmen Hustens drei Wochen lang das Zimmer nicht verlassen habe, gehe ich heute wieder aus, um bei Herrn v. Knyphausen zu soupieren. Er hat eine sehr hübsche Wohnung mit vielen Zimmern, die Möbel alle in grünem Damast mit Leisten in weiß und gold, gute Sophas, bequeme Stühle, schöne Spiegel und Uhren, kurz, eine tadellose Wohnung, der man ansieht, daß das Geld nicht gespart wurde. Die Tafel ist ebenso großartig ausgestattet; das prächtige Geschirr stammt zum Teil aus Frankreich, zum Teil aus England. Die Kammerdiener sind gut ausstaffiert, und er als Wirt ist unübertrefflich.

Das Ausgehen macht mir Beschwerden, ich huste stärker als je. Man läßt mich zur Ader, was mich sehr schwächt. Mit meiner Gesundheit steht es schlecht, und ich bleibe noch mehrere Wochen zu Hause.

Mai 1767. Seine Majestät der König übernachtet in Charlottenburg, um die Regimenter zu besichtigen und über jedes eine besondere Parade abzunehmen. Er ist dieses Jahr zufrieden, was sonst gewöhnlich nicht der Fall ist. Die Regimentschefs sind jedesmal in dieser Zeit in fieberhafter Aufregung vor Angst, beim König schlecht wegzukommen.

Prinz Heinrich besucht mich in meiner Krankheit. Ihn plagt gegenwärtig auch ein hitziges Fieber, die erste Leidenschaft für seinen neuen Adjutanten Kaphengst, der sich seiner vollen Gunst erfreut. Warten wir das Ende dieses Romans ab!

6. Mai 1767. Nachdem wir lange gewartet, hören wir Kanonenschüsse; die Prinzessin von Preußen ist um 9 Uhr morgens von einer Prinzessin entbunden worden. Da alle Welt einen Prinzen gewünscht hatte, so ist die Freude nicht sehr groß. Wir begeben uns in Gala zur Prinzessin-Witwe von Preußen, um ihr Glück zu wünschen, ebenso zur Königin. Der König schenkt der hohen Wöchnerin ein Frühstücksservice im Werte von 40 000 Talern. Da die Prinzessin dergleichen aber nicht liebt, so wird ihr dies Geschenk keine Freude bereiten, es wird ihr nur eine Last sein. Ich bin überzeugt, 3 000 Taler bar wären ihr lieber gewesen. Sehr amüsant sind die Worte, die Frau Türk, die Hebamme, an Seine Majestät gerichtet hat; sie sagt: »Sire, da Ihr Neffe nur eine Prinzessin gezeugt hat, so müßten Sie jetzt selbst für einen Prinzen sorgen!« Der König hat viel darüber gelacht.

Am 17. Mai findet die Taufe in Potsdam statt. Der Herzog von Braunschweig ist dazu hergekommen. Die Prinzessin-Witwe von Preußen und die Prinzessin Wilhelmine sind eingeladen, aber mit dem Bedeuten, daß es nur auf zwei Tage sei. Die arme Königin, die einige Hoffnung hatte, bei dieser wichtigen Gelegenheit berücksichtigt zu werden, sieht sich zurückgesetzt. Ihr geht es immer wie Moses; sie sieht das Gelobte Land von ferne, ohne je hineinzukommen. Sie tröstet sich mit ihrem Schönhausen, wo sie sich immer hinflüchtet, wenn sie verstimmt ist.

Welch schrecklicher Verlust! Der junge Prinz Heinrich ist tot! Er erhitzt sich beim Exerzieren, und als er sein Regiment durch Protzen führt, das einer Generalin Kleist gehört, bekommt er die Pocken. Der Prinz von Preußen galoppiert die acht Meilen zu seinem Bruder, so daß er in Fehrbellin dreimal in Ohnmacht fällt. Der König schickt seinen Rat Cothenius, und es wird besser. Der Prinz läßt sich vom Kommandeur seines Regiments, dem Oberstleutnant Arnstädt, berichten, wie der König sich über sein Regiment geäußert habe, und ist glücklich zu hören, daß der König zufrieden gewesen ist. Darauf sagt er: »Wir müssen ja nicht hochmütig werden, sondern suchen, es noch besser zu machen!« Den Tag darauf ist er tot. Unsere einzige Hoffnung ruht jetzt auf dem Prinzen von Preußen, der nicht der Kräftigste ist.

Der König, der sich im Feldlager bei Stargard befand, ist eine Viertelstunde sprachlos gewesen, als ihm General v. Krockow die Trauerkunde brachte.

Endlich erlebe ich einmal eine freudige Überraschung nach jahrelangem Kummer und Gram. Der König erteilt mir die Erlaubnis, nach Preußen zu reisen. Ich freue mich unendlich darauf, meine Heimat wiederzusehen und aus diesem Zanknest Berlin herauszukommen.

2. Juni 1767. Etwas so Schönes wie die Straße von Oliva nach Danzig gibt es nirgends wieder, rechts wie Gärten bepflanzte Höhen und links das offene Meer. Erst kommt man durch prächtige Vororte und dann durch eine sehr schöne Allee in die Stadt selbst. Ich nehme im Schippergilhaus (Schiffergildehaus?) Quartier. Ich finde die Pferde meiner Mutter und meines Schwagers, des Grafen Schlieben, vor, die mich hier abholen sollen. Ich mache die Bekanntschaft unseres Residenten, des Herrn Junk, der ein sehr eingebildeter Mensch ist und wegen seines schlechten Benehmens gegen die ganze Stadt in Danzig verabscheut wird.

Danzig gefällt mir ausgezeichnet. Der holländische Resident gibt mir mit seiner ganzen Familie ein großes Mahl in seinem Garten bei Oliva, der auch eine wunderbare Lage und Aussicht auf das offene Meer hat und voll köstlicher Früchte ist. Das Mahl verrät den gutbürgerlichen Danziger Geschmack; es gibt Rheinwein mit Zucker und viele schlecht servierte Gerichte. Ich sehe indes immer auf die gute Absicht des Gastgebers, und diese läßt nichts zu wünschen übrig.

Nachdem ich so Danzig gründlich durchstreift habe, reise ich am 14. Juni wieder weiter. Ich fahre durch die reichen Güter des Werders, die nur in Holland ihresgleichen haben, und komme abends in Elbing an, das eine recht häßliche Stadt ist. Am 15. breche ich um 5 Uhr morgens wieder auf und bin um 11 Uhr in Preußisch-Holland, wo ich auf einen Augenblick beim Hauptmann Kunheim absteige. Ich treffe hier den jungen Grafen Wartensleben, einen Sohn unseres Oberhofmeisters, der Schulden halber aus dem Garderegiment Tadden ausscheiden mußte und sich hier in Preußen sehr unglücklich fühlt, während ich den Augenblick nicht erwarten kann, wo ich wieder mit meiner Familie zusammen bin. Die Veranlagung des menschlichen Geistes wirkt eben verschieden auf unsere Herzen. Am gleichen Tage komme ich noch zum Diner beim Grafen Dönhoff in Quittainen, einem alten Bekannten vor mir, dessen Wiedersehen mir Freude macht. Sein Haus ist sehr gut bestellt und seine Gattin eine vortreffliche Frau. Ich beschließe meinen Tag bei ihnen recht angenehm.

Anderentags komme ich in Schlodien an und werde mit größter Freundlichkeit aufgenommen. Der regierende Graf ist der rechtschaffenste Mann, den es nur geben kann, und seine ganze Gesellschaft setzt sich aus vortrefflichen Personen zusammen, denen man sofort ansieht, daß sie aus sehr vornehmem Hause sind. Ich bin entzückt von allem, was Dohna heißt. Dieses prachtvolle Schloß zeigt noch den Glanz, in dem diese Familie zu Friedrichs I. Zeit lebte; der Marschall Graf Dohna hat es erbauen und einrichten lassen. Sein Enkel, der jetzige Besitzer, ist abwesend, aber ein französischer Offizier, den er im Dienst hat, macht den Wirt. Am folgenden Tage fahren wir nach dem Mittagessen nach Lauck, wo eine andere Linie der Dohna ihren Sitz hat, und wo ich eine ebenso freundliche Aufnahme finde. Alle diese Häuser sind sehr hübsch eingerichtet und haben alle schöne Gärten. Am 18. reise ich von Schlodien ab. Der Graf erweist mir dazu noch die Aufmerksamkeit, mir Pferde zu stellen, wodurch meine Reise bedeutend beschleunigt wird. Ich fahre durch das Bistum Ermland. In Heilsberg feiert man das Fronleichnamsfest, und ich komme gerade zu einer schönen Prozession. In Schippenbeil, wo der Oberstleutnant Rohr mich sehr freundlich aufnimmt, will ich übernachten, da aber Pferde von Steinort dort eintreffen, so reise ich weiter, komme nachts in Dönhoffstädt an, das ein prachtvolles Schloß ist, und am andern Mittag treffe ich glücklich in Steinort ein. In Drengfurt fand ich schon die Mehrzahl meiner Bauern vor; sie warteten zu Pferde auf mich, um mir das Geleit zu geben, und ich war tief gerührt über diesen Beweis der Anhänglichkeit der armen Leute. In der großen Allee traf ich meinen Schwager Schlieben mit seiner Familie und meinen Nichten

Ysenburg, die mich alle aufs herzlichste begrüßten, und im Dorfe kam mir auch meine Schwester Schlieben entgegen, die ich seit 17 Jahren nicht mehr gesehen hatte. Eine unendliche Rührung überkam mich, besonders als ich an das Bett meiner kranken Mutter trat. Ein so herrliches Gefühl wie die Freude des Wiedersehens geht über alle Freuden und Genüsse, welche die große Welt gewöhnlich bietet und die stets von Mißgunst, Ärger und Verdruß begleitet sind.

Mit süßem Behagen genieße ich das Landleben, das ich tausendmal angenehmer finde, als ich es mir gedacht hatte. Ich lasse im Garten einige Veränderungen vornehmen, lasse Alleen aushauen und bin so mit Leib und Seele bei diesen Arbeiten, daß ich mit Josua ausrufen möchte: Sonne, bleibe stehen! Eine wahre Angst erfaßt mich, wenn ich so einen Tag um den anderen verfliegen sehe. Meine Nachbarn kommen zu mir auf Besuch, unter anderen ein Major Graf Schlieben vom Regiment Tettenborn, ein sehr liebenswürdiger Herr. Die Gesellschaft meiner Nichten bereitet mir ebenfalls viel Vergnügen; es sind recht anmutige, unschuldsvolle und hübsche junge Mädchen. So habe ich nach all dem Leid, das mir widerfahren, doch wieder einmal ein paar frohe Tage.

Juli 1767. Ich mache mit meiner Schwester Schlieben, ihren beiden Töchtern und meinen Nichten Ysenburg einen Besuch in Dönhoffstädt. Die schönen Promenaden und der prächtige Park dieses Ortes bereiten uns einen köstlichen Tag. Am folgenden Tage begeben wir uns nach Heiligelinde, einem hierzulande berühmten Markte. Hier treffe ich eine große Zahl unseres Adels, darunter ziemlich lächerliche Persönlichkeiten, so eine Frau v. Hirsch, geborene Gräfin Geßler, die beschuldigt wird, ein Paar Ohrringe gestohlen zu haben. Auch die Obermarschallin Gröben, geborene Gräfin Truchseß, ist da, eine reizende Dame, die am größten Hofe glänzen könnte. Der Ort liegt prächtig, und wir gehen lange darin spazieren. Anderntags gehe ich mit meinem Schwager und meiner Schwester nach Prassen zu einem Freiherrn Eulenburg. Dieses Gut ist gleichfalls sehr hübsch. Abends begeben wir uns wieder nach Dönhoffstädt, und tags darauf kehre ich mit Vergnügen nach Steinort zurück, wo es mir doch immer am besten gefällt.

August 1767. In aller Ruhe genieße ich das Landleben. Ich reite aus, sehe bei der Ernte zu, fahre auf dem See spazieren, kurz, es gefällt mir in Preußen ausgezeichnet, und wenn Gott es so will, werde ich mit Freuden hierbleiben. Ich bekomme oft Briefe von Berlin. Was ist das doch für eine Welt der Aufregungen! Ich erkenne meinen Prinzen Heinrich gar nicht wieder! Sein Hof gleicht einem Taubenschlag, ein beständiges Kommen und Gehen. Die großen Herren haben sich, scheint es, verabredet, ihr leichtfertiges Leben öffentlich zur Schau zu stellen.

Die Vermählung der Prinzessin Louise mit dem Fürsten von Anhalt findet in Charlottenburg statt, und ich freue mich unendlich, diese Tage in meiner Waldeinsamkeit tausendmal glücklicher zu verbringen, als wenn ich mit in diesem Trubel wäre. Der einzige Kummer, der mich plagt, ist der Gedanke, bald nach Berlin zurückkehren zu müssen, um der Feier der Vermählung der Prinzessin Wilhelmine beizuwohnen. Alle diese Feste haben nicht den geringsten Reiz mehr für mich, und schon der Gedanke, daran teilnehmen zu müssen, verdirbt mir die Laune.

Ich bleibe noch bis zum 24. August in Steinort im wonnigen Genusse der Einsamkeit. Dann reise ich mit meiner ganzen Familie nach Gerdauen, einem schönen Schlosse, das dem Grafen Schlieben, dem Bruder meines Schwagers, gehört.

Am 31. begebe ich mich nach Königsberg, das noch 7 Meilen von Sanditten entfernt ist. Die Gegend hier ist reizend; immerfort kommt man an wohlbestellten adeligen Gütern vorüber. Dieser Teil des Landes steht in nichts dem Herzogtum Magdeburg nach.

September 1767. Bei meiner Ankunft in Königsberg bekomme ich ein lästiges Schnupfenfieber, das mich drei Tage ans Zimmer fesselt. Der ganze Adel schickt mir freundliche Grüße, und sobald ich wieder ausgehe, werde ich fortwährend zu Gastereien eingeladen. Mittags speise ich bei der Oberburggräfin Kunheim, abends bei Herrn v. Pelet, am folgenden Tage zu Mittag bei Marschall Lehwald und abends bei der Gräfin Schlieben, am dritten Tag bin ich beim General Kanitz und abends nochmals bei der Gräfin Schlieben.

Königsberg hat eine prächtige Lage, aber der Handel, für den diese Stadt außerordentlich günstig gelegen ist, liegt darnieder, während er in Danzig in höchster Blüte steht. Das macht die Freiheit, deren sich letzteres erfreut. Am Sonntag gehe ich nach Strittkeim, Landkein, Lehden und Greibau, lauter Güter, die mir meine Mutter abtritt. Ich finde sie etwas heruntergekommen, aber meine Freude, mich wieder an dem Ort zu befinden, wo ich geboren bin und meine erste Jugend verlebt habe, ist darum nicht minder groß, und die Felder und die Gegend zu durchwandern, hat für mich einen besonderen Reiz.

Am 15. früh trete ich von Steinort die Rückreise nach Berlin an, nachdem ich von meiner Mutter rührenden Abschied genommen. Meine Schwester Schlieben und meine Nichte Ysenburg begleiten mich bis Rössel, wo wir noch zusammen speisen.

Am 29. mittags komme ich abgespannt und verdrossen in Berlin an. In Preußen hatte ich stets eine gute und angenehme Gesellschaft um mich, ging spazieren und lag meinen Geschäften ob. Toilette war mir Nebensache. Jetzt befinde ich mich auf einmal wieder in einer ganz anderen Lage. Den ganzen Tag muß ich mich mit unnützen Dingen abgeben; beständig laufe ich umher und habe keine ruhige Minute für mich. Jetzt heißt es zunächst an Luxussachen denken, selbst wenn man kaum das Notwendige hat.

Dezember 1767. Ich verabrede mit Herrn Stosch und dem Kapitän Schwerin eine Reise nach Hamburg. Wir brechen am 1. um 1 Uhr nachts auf, fahren über Wittstock, Perleberg, Lenzen, Lübtheen, Boizenburg und kommen um 2 Uhr nachmittags in Escheburg an. Wir hofften an diesem Tage noch nach Hamburg zu gelangen, hören hier aber, daß die Tore schon um 4 Uhr geschlossen werden. Wir müssen uns also gedulden und den Nachmittag hier zubringen, was uns umso mehr ärgert, als wir erfahren, daß wegen der Adventszeit nur zweimal in der Woche Theater ist; denn wir hatten darauf gerechnet, es möglichst oft besuchen zu können. Nachdem wir unsern Ärger durch saftige Flüche über die alten Bräuche der Hamburger Luft gemacht, verbringen wir den Abend noch recht heiter in Gesellschaft unseres Postmeisters, der ein Original ist, wie man ein zweites nicht leicht findet.

4. Dezember 1767. Um 10 Uhr kommen wir in Hamburg an und logieren in dem Londoner Gasthof. Wir begeben uns sofort in das Patriotische Kaffeehaus, wo alle Kaufleute zusammenkommen, bevor sie zur Börse gehen. Dieses Schauspiel ist

Volkstümliches Flugblatt zur goldenen Hochzeit Friedrichs mit Elisabeth Christine am 12. Juni 1783: »Es leb' dies höchste Ehepaar / Der Welt zum Glück noch viele Jahr«, sagt das zu dem Bild gehörige Gedicht zuletzt.

für mich noch neu und interessiert mich daher sehr, ebenso auch die Börse, wo man alle diese großen Kaufherren mit bewundernswertem Eifer sich um ihre Interessen wehren sieht. Alle Religionen und Staaten sind hier zusammengewürfelt, und die Gewinnsucht ist das einzige Motiv, das die zwei- bis dreitausend Menschen beherrscht, die hier beisammen sind. Wir sehen auch den Magistrat in seiner vorweltlichen Tracht.

Nach dem Mittagessen machen wir Besuche und gehen dann in das französische Lustspiel, wo »Melanide«, die »Indierin« und die Operette vom in sich selbst verliebten Musiker gegeben wird. Die weiblichen Rollen werden gut gespielt, die männlichen dagegen sehr gewöhnlich. Abends speisen wir bei Herrn Hecht, unserem Residenten, der als einziges Verdienst einen ausgezeichneten Koch besitzt, sonst aber ein wenig angenehmer Herr ist.

Es gefällt mir in Hamburg außerordentlich. Wir besichtigen die große Kauffahrteiflotte und gehen alle Tage auf die Börse. Beim Kaufherrn His sehe ich eine sehr schöne Wohnungseinrichtung, die selbst in einem Königspalast Bewunderung erregen würde. Ich diniere bei einem englischen Kaufherrn namens Jennings, dessen reizende Frau eben aus Schottland angekommen ist. Man bewirtet uns ausgezeichnet und mit so echt englischem Schick, daß wir uns danach einen richtigen Begriff von einem wohlhabenden englischen Hause machen können. Ich besuche mehrere Konzerte und finde überhaupt, daß in Hamburg ein reges Leben herrscht, und daß es auf dem Wege ist, eine feine Stadt zu werden.

16. Dezember 1767. In Berlin finde ich bei meiner Rückkehr dieselben Verhältnisse vor, wie sie bei meiner Abreise bestanden hatten. Die Königsfamilie ist ziemlich veruneinigt und die privaten Gesellschaften ungefähr ebenso.

Stammbaum der Hohenzollern

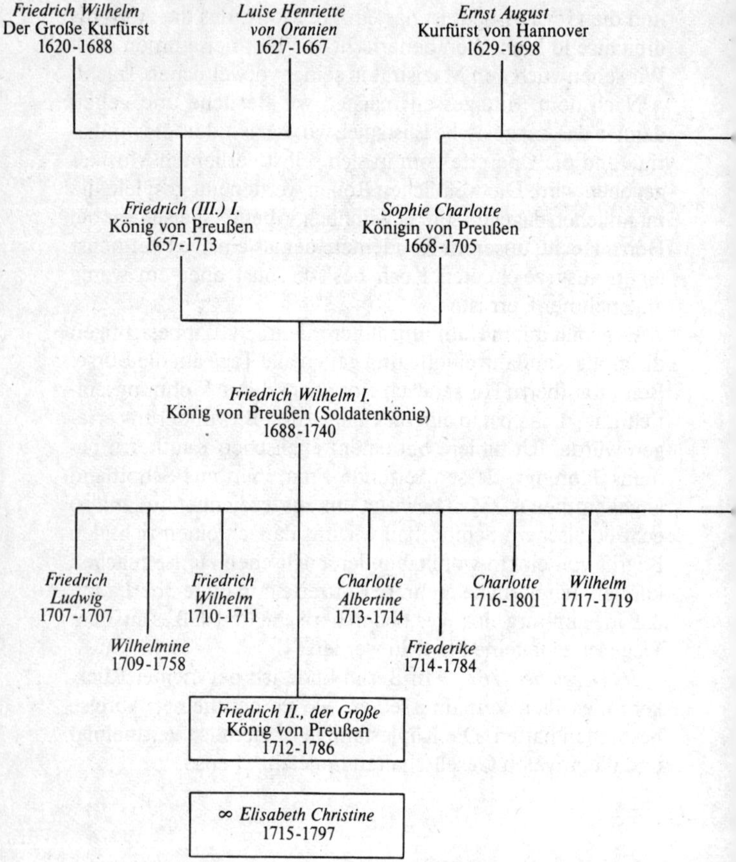

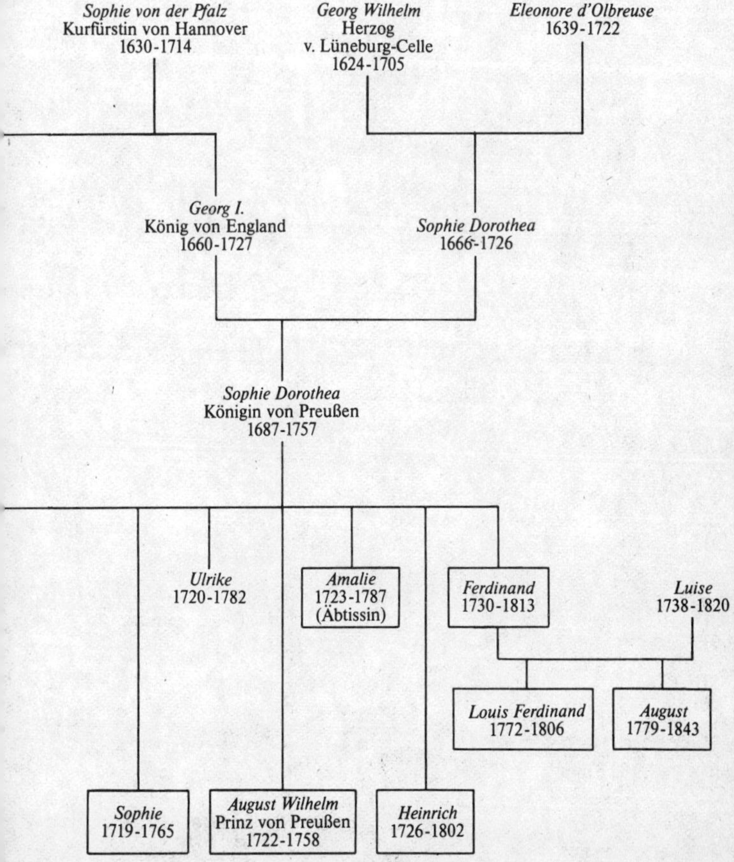
Sophie von der Pfalz
Kurfürstin von Hannover
1630-1714
Georg Wilhelm
Herzog
v. Lüneburg-Celle
1624-1705
Eleonore d'Olbreuse
1639-1722
Georg I.
König von England
1660-1727
Sophie Dorothea
1666-1726
Sophie Dorothea
Königin von Preußen
1687-1757
Ulrike
1720-1782
Amalie
1723-1787
(Äbtissin)
Ferdinand
1730-1813
Luise
1738-1820
Louis Ferdinand
1772-1806
August
1779-1843
Sophie
1719-1765
August Wilhelm
Prinz von Preußen
1722-1758
Heinrich
1726-1802